부작위범의 인과관계

부작위범의 인과관계

김 정 현 지음

경인문화사

서 문

이 책은 필자의 박사학위논문을 일부 수정·보완한 책이다.

부작위(不作爲). 한자어로는 '작위가 아닌 것'이라는 태생적으로 소극적이고 애매한 개념. 2023년 현재 국립국어원 표준국어대사전에서 '부작위'는 법률용어로, '마땅히 하여야 할 일을 일부러 하지 아니함'이라고 정의되고 있다. 무릇 법률가들의 용어로 여겨져 오던 이 단어는, 세월호 사건을 시작으로, 가습기 살균제 사건, 최근의 소위 계곡 살인사건에 이르기까지 부작위에 의한 살인죄라는 문구로 그 개념이 사회 일반에 널리 알려지게 되었다.

전통적으로 특정한 범죄의 결과가 발생하였는데 아무도 처벌되지 않는다는 점에 대한 불편감은 부작위범의 가벌성의 범위를 확장시켜 온 반면, 가시적인 인간의 동작이 존재하지 않음에도 불구하고 이를 형법의 판단대상으로 삼는 데에 대한 불편감은 그 가벌성의 범위를 제한해 왔다. 시대적 흐름에 따라 논의의 기조가 변화하면서 부작위범에 대한 논의는 오랜기간에 걸쳐 이루어졌으나, 의외로 아직도 학문적 합의가 도출되었다고 보기 어려운 쟁점들이 산재한다. 부작위범의 인과관계 또한 그러한 영역들 중 하나로, 교과서적으로는 주로 작위범과 같다/다르다는 정도로만 서술되고 있는데, 구체적으로 어떠한 점에서 어떻게 같은지 혹은 다른지에 대한 언급은 거의 찾기 어렵다.

　형법상 작위의 경우 특정 행위자의 행위가 인과의 흐름에 적극적으로 개입하고, 결과 발생의 계기를 고의로 작출한다. 이와 달리, 부작위의 경우에는 결과의 발생을 향하여 이미 진행 중인 기존의 인과의 흐름에 개입하지 않는 소극적인 것으로, 인과적인 측면에서 보자면 누구의 부작위든 모든 부작위가 동일시된다. 이 책에서는 이를 논의의 출발점으로 삼아, 기존의 연구들을 토대로 부작위범의 인과관계를 보다 구체화해보려고 시도하였다.

　간략히 언급해보자면, 이 책에서는 부작위범의 인과관계를 판단함에 있어 자연과학적인 차원(인과관계)과 규범적인 차원(객관적 귀속)의 두 단계가 구별될 수 있음을 논증하고, 각 단계에서 부작위와 관계를 가지는 판단 대상으로서의 '결과'의 의미가 다름을 제시해보았다. 즉, 인과관계의 판단 단계에서는 부작위와 현실적으로 발생한 '구체적인 결과'와의 관계를, 인과관계가 인정됨을 전제로 한 객관적 귀속 단계에서는 부작위와 기술된 구성요건적 결과인 '추상적인 결과'와의 관계를 판단한다는 것이 그것이다.

　나아가 위의 검토를 기초로 집단적 의사결정을 통하여 부작위범을 실현하게 된 경우를 인과관계의 측면에서 접근해보았다. 집단의 의사결정에 반대한 개별구성원에게 형사책임을 지우기 위해 공동정범의 성립이 그 해결책으로 제시되기도 한다. 그러나 타인의 의사표시를 저지할 공동의 의무를 인정하기 어려운 이상 결국 개별 구성원의 단독정범으로서의 형사책임을 검토하게 되고, 이 때 다시 개별 구성원의 행위와 결과와의 인과관계의 판단이 다시 의미를 가지게 된다.

부작위범의 인과관계 문제는 자칫 인간의 사고 속에만 존재하는 것으로 여겨질 소지가 있으나, 이 책에서 검토한 것과 같이 세월호 사건이나 가습기 살균제 사건 등 실제 장면에서 의미를 가지기에, 이 연구가 유사한 사안들의 해결을 위한 단초를 제공할 수 있기를 바란다.

이 짧은 머리말을 작성하는 데에 어째서인지 수개월이 소요되었다. 학자의 운명은 박사학위 논문대로 간다더니, 오랫동안 부작위를 한 셈이 되어버리고 말았기에, 무의식적으로 박사학위논문을 떠나보내기 아쉬웠던 것은 아닐지 변명해본다. 이 책을 통해 비로소 학위논문을 일단락 짓는다는 의미를 부여하며, 동시에 앞으로는 연구자로서 보다 적극적인 작위연구행위를 할 수 있기를 다짐한다.

석·박사학위 전 과정을 지나 지금까지 연구자로서의 모든 순간들을 버텨나갈 수 있도록 도움을 주신 이용식 교수님, 제자의 부족한 연구를 하나의 글로 완성할 수 있도록 학위논문 심사과정 내내 애정을 다해 조언해주셨던 이상원 교수님, 한인섭 교수님, 장영민 교수님, 오영근 교수님께 다시 한 번 감사의 말씀을 올린다. 오랜 시간 이 책의 출판을 기다려주신 서울대학교 법학연구소와 경인문화사 관계자 여러분들, 이 책의 교정을 보아주신 이다빈 선생님께도 거듭 감사한 마음을 전한다.

그리고 뭐든 한 박자 느린 딸이 언제든 원하는 삶을 살아갈 수 있도록 무한히 지지해주시는 부모님, 많이 사랑합니다. 건강하세요.

차례

제1장
서론

두 가지 사례를 보자.

[사례 1]

부모 甲, 乙은 아이 A와 함께 물놀이를 하러 갔다. 甲, 乙은 눈 앞에서 A가 물에 빠져 허우적대는 것을 바라보며, 차라리 잘 되었다며 A를 구하지 않았다. A는 물에 빠져 사망하였다.

[사례 2]

丙은 원수 B를 살해하려고 그의 집 근처에서 잠복하며 기다리고 있었다. 눈 앞에 B가 지나가자 丙은 총을 쏘았다. 총알은 명중했고, B는 그 자리에서 사망하였다.

위 사례에서 甲, 乙, 丙의 죄책은 무엇일까?

[사례 1]은 부작위범의 대표적인 사례로, 甲, 乙에게는 부작위에 의한 살인죄가 성립하고, [사례 2]는 작위범의 대표적 사례로, 丙에게는 작위에 의한 살인죄가 성립한다.

그렇다면 A와 B의 사망 원인은 무엇일까? B의 사망 원인은 총알의 관통으로 인한 것이고, 이를 丙의 탄환 발사행위에 의한 것이라고 보기에 큰 무리가 없다. 한편, A의 사망원인은 익사로, A가 사망한 것은 A가 물에 빠졌기 때문이지, 甲과 乙이 구조하지 않았기 때문이 아니다. 다시 말해 甲과 乙의 부작위, 즉 불구조행위와 A의 사망 간에 당연히 인과가 인정되지는 않는다.

그런데도 형법은, 혹은 일반적으로 사람들은, B의 사망의 결과를 丙이 총을 쏜 행위에서 비롯된 것이라고 보는 것과 마찬가지로, A의 사망의 결과를 甲과 乙의 불구조행위, 즉 부작위에서 비롯된 것으로 보려고 한다.

사안을 아주 조금 변형시켜보면 우리의 인과에 대한 일반적인 생각
은 보다 분명해진다.

[사례 1-1]

A는 아버지 甲과 아버지의 친구 丁과 함께 물놀이를 갔다. A는 발을 헛디뎌
허우적대고 있었다. 甲과 丁은 A를 구할 수 있음에도 구하지 않았고, A는 사망
하였다.

위 [사례 1-1]에서 甲과 丁의 부작위는 모두 A의 사망의 결과와 인과
관계가 있는가? 아니면, 甲의 부작위만 인과관계가 인정되고, 丁의 부작
위는 사망의 결과에 대해 인과관계가 부정되는가? 만약 그렇다면 당시
그 물가에 있던 익명의 사람의 불구조행위는 어떠한가?

[사례 1-2]

3층 높이의 집에 불이 났다. 어머니 甲과 아이 A가 함께 집에 있었는데, 이웃
들이 창 밖에서 아이를 받아줄 준비를 모두 마쳤음에도 甲은 차마 아이를 던지
지 못했고, A는 결국 불에 타(혹은 연기에 질식하여) 사망하였다.

위 [사례 1-2]에서 甲의 부작위와 A의 사망의 결과 간에는 인과관계가 인
정되는가? 인정된다면, 甲의 부작위를 A사망 결과에 귀속시킬 수 있는가?
적극적으로 한 행위와 발생한 결과 간의 인과관계와 소극적으로 아
무것도 하지 않은 것과 결과 간의 인과관계의 검토 방법과 내용, 그리고
그 구조는 과연 동일한가? 애당초, 그것을 같다고 볼 수 있는 것인가? 어
떠한 결과가 발생한 것에 대해 나는 아무것도 안했는데도(가만히 있었
을 뿐인데도) 내 탓이라고 할 수 있는가? 이 간단한 일련의 물음들이 본
연구를 시작한 단초가 되었다. 찾아보아도 이렇다 할 연구가 이루어져

있지 않았기에, 다른 수많은 의문들과 마찬가지로 생각으로만 끝날 뻔했던 것이, 한 사건으로 인해 실제로 연구에까지 이르게 되었다.

2014년 4월 16일, 500명 가까이 탑승한 배 한 척이 대한민국 바다에서 전 국민이 지켜보는 가운데 침몰했다. 300여 명의 승객이 사망하였고, 5명의 승객은 2021년 현재까지 실종상태이다. 사망한 승객의 다수는 수학여행길에 오른 고등학생들이었고, 선장 등 승무원들은 승객들에게 선실에서 대기하라는 방송만 한 채, 아무런 구조행위를 하지 않고 배에서 탈출하여 생존하였다. 우울, 분노, 절망 등의 감정들이 온 나라를 휘감았다.

구조의무 있는 자들은 구조의무를 행하지 않았고, 결과적으로 몇 백 명의 사람이 사망하였다. 누군가는 (형사)법적으로 그들의 사망에 대하여 책임을 져야 할 것이었다. 수백 명의 사망은 대체 누구의 탓인가? 이 물음을 형사법적으로 치환해보면, 사망의 결과를 누구에게 귀속시킬 것인가의 문제이다. 발생한 결과를 특정인의 행위에 귀속시킬 수 있으려면, 그 행위와 결과 간에는 인과관계가 인정되어야 한다. 사망한 승객들은 선원들의 부작위로 인해 사망하였는가? 선원들의 부작위가 아니라, 현장에 도착해있던 해경의 부작위로 인한 것은 아닌가? 이러한 의문점들은 모두 당해 사건(대법원 2015. 11. 12. 선고 2015도6809 전원합의체 판결)의 형사소송절차에서 치열하게 다투어진 쟁점이었다.

당해 사건은 피고인만 15인이고 대법원 판결문만 50여 쪽에 이르는 사안으로, 살인죄의 고의, 부작위범의 동가치성, 부작위범의 공범문제 등 다양하고도 중요한 여러 쟁점이 문제되었다. 이 책에서는 그 중 부작위범의 인과관계에 대해 집중하여 사안을 다루어 보고자 한다. 전 심급에 걸쳐 피고인들은 거의 모든 공소사실에 대하여, 자신들의 행위(작위, 부작위 모두를 포함하는)와 발생 결과 사이에 인과관계가 존재하지 않음을 주장하였고, 법원은 일부 이를 인정하기도, 부정하기도 하였다.

대법원은 구조의무 있는 선장이 이를 이행하지 않은 점에 대하여 부작위에 의한 살인죄의 성립을 인정하였다. 그런데 다른 승무원들에 대하여는 살인죄의 고의와 그들의 부작위와 피해자들의 사망과의 인과관계를 부정하여 살인죄의 성립을 인정하지는 않았다. 그러면서 동시에 선장을 제외한 다른 승무원들에 대하여 유기치사죄의 성립을 인정하며, 유기행위와 사망 간의 인과관계를 긍정하였다. 부작위의 살인행위와 부작위로 이루어진 유기행위의 대상이 되는 부작위는 외형적으로 동일하고, 발생한 사망의 결과도 동일한데, 살인죄의 인과관계는 부정되고, 유기치사죄의 인과관계는 긍정되는 차이를 가져오는 이유는 무엇인가?

이미 이 짧은 서두에서도 수많은 의문이 제기되었다. 이 책의 논의는 위 질문들에 대하여 가능한 한 성실하게 답을 찾아가는 과정이 될 것이다. 형사법에서 가장 규범적인 영역이라고 여겨지는 부작위범, 그 중에서도 매우 규범적인 판단이 요구되는 인과관계. 이에 대하여 우리는 어떠한 과정을 거쳐 어떻게 판단을 하는 것이 그나마 합리적인 선택일지를 탐구하는 것, 그것이 이 연구의 목적이다.

위와 같은 연구목적의 실현을 위하여, 제2장에서는 부작위범의 인과관계의 범죄체계론적 지위를 우선적으로 파악하기 위하여, 부작위범의 개념과 전반적인 구조를 검토하는 것으로 시작한다. 여기에서는 부작위를 형법상 행위로 볼 수 있는지, 그렇다면 부작위범의 성립요건이 무엇인지를 중심으로 논의하기로 한다. 이어서 제3장에서는 과연 부작위범에서도 인과관계가 존재하는지 여부에 대하여 논의하고, 인과관계를 인정한다면 그 내용을 무엇으로 보아야 할 것인지에 대한 기존의 논의를 비판적으로 검토해본다. 부작위범의 인과관계에 대한 작위범과의 유사성과 차이성에 대하여 나름의 분석을 하면서, 나아가 부작위범에서의 인과관계와 객관적 귀속의 내용상의 구별을 시도해보는 것이다. 이러한 내용을 바탕으로 제4장에서는 실제 부작위범의 인과관계가 사안에서 어떻게 문제가 되고 있는지를 세월호 사안을 중심으로 살펴보고, 이어서 유기치사죄의 인과관계의 내용을 부작위에 의한 살인죄의 인과관계와 비교해본다. 나아가, 부작위와 결과 사이에 제3자의 행위 혹은 제3의 사정

이 개입된 조금 더 복잡한 사례의 경우의 인과관계를 파악해보고자 시
도하고, 특히 최근 우리나라에서 가습기 살균제 사건 등 제조물책임의
문제로 포섭되고 있는 사안들에서 집단의사결정의 인과관계의 문제를
검토해본다. 한편, 부작위범의 객관적 귀속의 내용으로서 의무위반 관련
성을 과실범의 그것과 비판적 검토 없이 동일하게 보는 견해에 대하여,
부작위의무와 과실범에서의 주의의무의 차이점을 제5장에서 살펴본 후
글을 마무리한다.

제2장
부작위범의 개념과 구조

제1절 부작위범의 의의와 종류

Ⅰ. 부작위범의 의의

1. 부작위는 행위인가?

범죄와 형벌에 관한 모든 법률적 판단의 전제는, 그 판단의 대상이 오직 인간의 행위라는 것이다. 인간의 행위만이 형사법상의 유무죄를 결정하는 판단대상이 될 수 있다는 시각에서, 존재론적으로 외부세계에 아무런 물리적 변화를 가져오지 않은 부작위를 행위로 볼 수 있을 것인가가 문제된다.

오늘날 부작위가 작위와 함께 형법상의 행위(Handlung)의 두 가지 기본형태를 이루고 있다는 것에 대하여는 다툼이 없다. 다시 말하여 범죄는 보통 적극적인 행위(작위 - Begehung, Tun)에 의하여 실행되지만 때로는 결과의 발생을 방지하지 않는 부작위(Unterlassung)에 의하여도 실현될 수 있다는 데에는 이견이 없다. 그러나 과거에는 부작위자체가 행위가 아니라는 생각이 오히려 지배적인 시절도 있었다.[1] 존재론적 측면에서는 부작위는 작위와 본질적으로 구별되는 무(無, Nichts)에 지나지 않기 때문이다. 그렇다면 어떻게 현재와 같이 부작위를 형법상의 행위로 볼 수 있게 되었는지, 왜 부작위를 형법상의 행위로 보아야 하는지를 검토하여야 할 것이다.

---

[1] Radbruch, Der Handlungsbegriff in seier Bedeutung für das Strafrechtssystem, 1903, S.140. 그에 의하면 행위는 유의적 작용(Willkürliche Bewirken)을 의미하지만, 부작위는 유의적 작용이 아니므로, 'A'와 '~A(not A)'를 통합하는 상위개념이 있을 수 없고, 따라서 범죄론의 개념은 행위가 아니라 구성요건실현의 개념으로 보아야 한다고 하였다.

2. 왜 부작위를 행위로 보는가?

구성요건에 해당하고, 위법하며, 위책한 인간의 행위임이 인정될 때 비로소 범죄가 성립한다는 범죄체계론적 사고는 현대 형법상 확고히 자리잡았다. 이 때 '행위'를 법적 개념으로 볼 것인지, 법적 평가에 앞서는 순수한 사실적 개념으로 볼 것인지에 따라 행위에 대한 정의가 달라진다. 행위의 개념은 시대의 흐름에 따라 변화해 왔는데, 대략적인 내용은 아래와 같다.

가. 인과적 행위론

인과적 행위론은 '자연적 행위론' 또는 '자연적·인과적 행위론'이라고도 하며, 행위를 유의성(有意性)과 유체성(有體性)을 지니는 것으로 본다. 즉, 인간의 의사에 기한 행동이 외부적으로 어떠한 변화를 일으키는 데에 일정한 작용을 한 것을 형법에서의 행위라고 한다.[2] 인과적 행위론을 주장하는 학자에 따라 다소 다른 점이 존재하나, 공통점은 이 때의 의사를 단지 신체적 동작을 야기하는 원인으로 이해하는 데에 있다. 인과적 행위론은 행위와 그로 인한 구성요건의 실현의 모든 객관적·인과적인 것은 '위법', 모든 주관적·정신적인 것은 '책임'과 관련짓던 고전적 범죄체계론의 근거가 된 이론이다. 자연주의적인 인과적 행위론의 입장에 따르면 거동성이 없는 부작위를 행위개념에 포섭시키기는 어렵다.

---

[2] 각 행위론의 보다 자세한 논의는 김남일/류지영, "부작위의 행위성", 논문집 제17권, 군산대학교, 1990, 138면 이하; 한정환, "형법에서의 행위", 사회과학논집 제5호, 선문대학교 사회과학대학, 2002, 150면 이하 참조.

나. 목적적 행위론

한편, 목적적 행위론은 Welzel이 주장한 견해로,[3] 행위란 목적한 행동을 실행하는 것이라고 이해한다. 이로써 모든 객관적 요소는 위법에, 모든 주관적 요소가 책임에 속한다고 보던 종래의 고전적·신고전적 범죄체계론에 대하여 수정이 가해지는 계기가 되었고, 독일은 물론 한국에서도 이 영향이 1970년대 이후로 나타나게 되었다.[4] 목적적 행위론적 입장에서는 부작위를 행위목표에 대한 수단이라고 설명하여 이를 행위개념에 포함시키고자 시도하였다.[5] 그러나 목적적 행위론에서의 목적적 행위는 주관적 목적성을 의미하는데, 부작위에는 목적성의 징표라고 할 수 있는 실현의사(Verwirklichungswille)가 인정되기 어렵기에 역시 부작위의 행위성을 인정하기 어렵다.

다. 사회적 행위론

이와 달리, 행위를 규범적·법적 개념으로서 '의사에 의하여 지배되거나 지배될 수 있는 사회적으로 중요한 인간의 행태'라고 이해하는 사회적 행위론에 의할 때, 비로소 부작위는 법적 행위기대라는 규범적 가치판단요소에 의하여 사회적 중요성을 가지는 인간의 행태가 되어 작위와 함께 행위의 기본 형태를 이루게 된다. 사회적 행위론도 주장자에 따라 구체적인 내용은 조금씩 달라지지만, 행위의 사회적·법적 의미를 추구하는 데에 그 공통점이 있다. 이에 따르면 작위는 인과의 연관에 대한 적극적인 작용과 조종에 본질을 두고 있음에 반하여, 부작위는 가능하고

---

3) Welzel, Das Deutsche Strafrecht(이하 'Strafrecht'), 11. Aufl., 1969, S.33.
4) 한정환, "형법에서의 행위", 152면.
5) Gössel, Zur Lehre vom Unterlassungsdelikt, Zeitschrift für die gesamte Strafrechtswissenschaft (이하 'ZStW') 96, 1984, S.329.

기대되는 특정한 행위를 하지 않는 데에 그 본질이 있다. 이러한 의미에서 부작위는 '단순한 무위'가 아니라 요구되는 특정한 행위를 하지 않는 것을 의미하게 된다.

라. 소결

인간의 삶은 적극적 행위에 의하여 형성되는 동시에, 끊임없는 자연의 인과적 공격에 대응 내지 방어하면서 형성되기도 한다. 우리의 삶 자체라고도 할 수 있는 의, 식, 주의 행위가 바로 그것이다. 일견 죽음으로 향하는 자연의 인과적 흐름에 인간은 끊임없이 저항하고, 방어하여, 그로써 비로소 살아내는 것이 인간의 삶이라는 것이다.

이러한 관점에서 접근해보면 인간의 삶은 '자연적' 인과과정과, '인간'의 이에 대한 대응으로써 형성된다고 볼 수 있다. 그렇다면 인간의 행위는 '사회적' 의미체로, 규범적이고 인과적인 망 속에서 이루어지는 것이라고 하겠다. 인과성은 인간의 거동에 의해서만 비롯되는 것이 아니라, 인과적 지식을 토대로 하여 예견 가능한 범위 내에서 자연적 인과에 편승하는 것 역시 인간의 인과성이라고 규정할 수 있을 것이다. 즉, 행위성을 자연적 사태와 구별되는, 인간의 성취물이라는 관점으로 바라보면, 행위성은 규범적인 개념으로 정립해볼 수 있게 되고, 따라서 부작위는 지극히 행위성을 띠는 것으로 분류가 가능하다.

3. 작위와 부작위의 구별

작위와 부작위는 대부분의 경우에는 쉽게 구별이 가능하다. 통상적으로 외부적 관점에서 에너지를 투입하여 인과적 경과를 일정한 방향으로 조종하면 작위이고, 사태의 진전을 그대로 방치하면서 개입하지 아니하면 부작위라고 볼 경우 별 문제가 없다. 그러나 행위에 작위와 부작위

의 요소가 모두 포함되어 있어서 형법적 판단의 대상이 작위인지 부작
위인지 명백하지 않을 때에는 그 구별이 문제 된다. 예를 들어 무의미한
연명치료를 중단하기 위해 인공심폐장치를 제거한 경우, 인공심폐장치
의 제거라는 작위와 치료의 중단이라는 부작위 중 어느 것을 문제삼아
야 할지 불분명하다.6) 따라서 이러한 경우 작위와 부작위를 구별하는
방법이 비중 있게 논의되어왔다.7) 아래에서는 기존에 논의되어 온 작위
와 부작위의 대략적인 구별기준을 제시해보기로 한다.

---

6) 그 구별이 크게 문제된 사안이 소위 보라매병원 사건(대법원 2004. 6. 24. 선고
2002도995 판결)이다. 의사에 대하여 제1심 법원(서울 남부지방법원 1998. 5.
15. 선고 98고합9 판결)은 환자의 생명과 신체를 보호해야 할 지위와 의무가 있
다고 보고 의사의 치료중단으로 환자가 사망한 것에 대하여 '부작위'에 의한
살인죄의 정범의 죄책을 인정하였다. 그러나 제2심법원(서울고등법원 2002. 2.
7. 선고 98노1310 판결)은 의사인 피고인들에 대한 비난은 피고인들이 소극적
으로 치료행위를 중단한 점에 있다기 보다는 처의 퇴원요청을 받아들여 적극
적으로 퇴원에 필요한 조치를 취한 점에 집중하여, 의사인 피고인들에게 살인
죄의 '작위'에 의한 방조범을 인정하였다. 대법원은 원심의 판단을 그대로 받
아들였다(대법원 2004. 6. 24. 선고 2002도995 판결).

7) 이와 관련된 비교적 최근의 문헌으로는 김성돈, "형법상 작위와 부작위의 구
별", 성균관법학 제14권 제1호, 성균관대학교 비교법연구소, 2002, 75-87면; 김성
룡, "조건설·미수론 및 죄수론 관점에서 본 작위와 부작위의 구별: 보라매 병
원 사건", 법학논고 제19집, 경북대학교 법학연구원, 2003, 122-138면; 김재경,
"형법상 작위와 부작위의 구별", 원광법학 제25권 제1호, 원광대학교 법학연구
소, 2009, 273-292면; 김준호, "형법상 작위와 부작위의 구별 기준", 저스티스 제
148호, 한국법학원, 2015, 123-145면; 양화식, "작위와 부작위의 구별", 성균관법
학 제14권 제1호, 성균관대학교 비교법연구소, 2002, 15-42면; 윤종행, "작위와
부작위의 구별", 연세법학연구 제11권 제1호, 연세법학회, 2005, 187-217면; 이석
배, "형법상 이중적 의미를 가지는 행위의 작위·부작위 구별과 형사책임의 귀
속", 형사법연구 제25권, 한국형사법학회, 2006, 55-84면; 한상훈, "판례평석: 치
료중단과 작위, 부작위의 구별", 법학연구 제15권 제1호, 연세대학교 법학연구
원, 2005, 249-274면 등 참조.

가. 자연적 관찰방법

작위와 부작위의 구별을 원칙적으로 법률 이전의 자연적 관찰방법에 의하여야 한다는 견해이다.[8] 이 입장에서는 먼저 고의이든 과실이든 사람의 의사에 기초한 신체동작, 즉 에너지 투입으로 인해 결과가 야기되었는지를 묻는다. 이에 따르면 위의 연명치료 중단의 예에서, 치료의 중단이라는 부작위보다는 장치의 제거라는 작위를 문제 삼게 될 것이다.

나. 평가적 관찰방법

한편, 작위와 부작위가 병존하는 경우 작위와 부작위를 구별하는 것은 법적 비난의 중요성이 어디에 있는가에 따라 판단해야 할 평가문제라고 해석하는 견해가 있고,[9] 이를 평가적 관찰방법이라고 한다.[10] 작위와 부작위의 구별은 자연과학적·인과적 분류가 아니라 법적 평가의 대상이라는 것을 근거로 한다.[11]

---

8) 오영근, 형법총론 제3판, 박영사, 2014, 160면.

9) Schönke/Schröder(이하 'S/S')-Strafgesetzbuch(이하 'StGB') Kommentar, 29. Aufl., 2014, §13 Rn.158; Wessels/Beulke/Satzger, Strafrecht Allgemeiner Teil(이하 'AT'), 46. Aufl., 2016, Rn.708.

10) 김일수/서보학, 새로쓴 형법총론(이하 '형법총론') 제12판, 박영사, 2014, 348면; 신동운, 형법총론 제9판, 법문사, 2015, 122면; 정성근/박광민, 형법총론 전정2판, 성균관대학교 출판부, 2015, 455면.

11) 김성돈, 형법총론 제4판, 성균관대학교출판부, 2015, 539면 이하는 ① 의심스러울 때는 작위를 먼저 판단하는 견해, ② 규범적 척도에 따라 판별하는 견해, ③ 자연과학적 척도에 따라 판별하는 견해의 세 가지 견해로 나누는데 ③ 을 다시 인과관계의 존부와 에너지투입 유무의 두 가지 견해로 나누어 검토한다. 그는 ③의 두 가지 방법을 사용하여 구별하는 것이 바람직하다고 하며, 보라매 병원 사건도 에너지투입설에 가깝다고 판단하였다. 박상기, 형법학 제3판, 집현재, 2016, 53면은 작위와 부작위의 구별에 관한 견해로 ① 행위의 사회적 의미에 따라 작위와 부작위 가운데 어느 것이 더 주요한지를 판단하는 방법, ②

다. 검토 순서

평가적 관찰방법에 대하여, 작위와 부작위의 구별에 있어서 법적 비난의 중점이 어디에 있는가는 법률 심리 결과에 의하여 비로소 얻어질 수 있는 것이므로, 이를 처음부터 요구하는 것은 비합리적이라는 비판이 있다. 이에 따르면 작위와 부작위의 구별이 명백하지 않을 때에는 먼저 작위가 구성요건에 해당하고 위법·유책한가를 검토하여 작위를 형법적 평가의 대상으로 하고, 그렇지 않은 경우에 한하여 부작위가 문제된다고 해석한다.[12] 이에 따르면 특히 신체적 활동이 있었는지, 또한 그것이 발생한 결과와 인과관계가 있는지를 고려해야 하며,[13] 이러한 의미에서 부

의심스러울 때에는 작위를 인정하는 견해, ③ 인과관계를 기준으로 하는 견해의 세 가지를 나누어 설명하고 있다. 이 중 ①의 견해는 본문의 평가적 관찰방법과 동일한 것으로 보이고, 저자는 작위와 부작위를 구별하기 위해 먼저 일정한 법익침해의 결과를 지향하는 신체적 활동이 있었는가 여부와 이러한 적극적 행위와 발생한 결과 간에 인과관계가 있는지를 확인하여야 한다고 한다. 이러한 요건을 갖추면 작위, 갖추지 않으면 부작위라는 것이다. 같은 책 54면은 위의 보라매병원 사건에서 대법원이 신체적 활동이나 물리적 화학적 작용을 중시한다는 점에서 법익침해에 이르게 된 인과관계를 중심으로 판단하고 있다고 해석한다. 한편, 작위와 부작위의 구별을 과실범과 고의범의 경우로 나누어서 검토하는 문헌으로는 임웅, 형법총론 제8정판, 법문사, 2016, 560면; 정성근/박광민, 형법총론, 467면; 정성근/정준섭, 형법강의총론, 박영사, 2016, 363면.

12) 배종대, 형법총론 제12판, 홍문사, 2016, 705면; 이재상/장영민/강동범, 형법총론 제9판, 박영사, 2017, 119면. 작위범의 성립을 먼저 검토하고, 작위범이 성립하지 않는 경우 부작위범의 성립을 검토하는 것이 검토의 편의상 바람직하다는 견해로 오영근, 형법총론, 161면.

판례는 세무공무원이 범칙사건을 수사하고 관계서류를 작성하면서 그 혐의사실을 고의로 은폐하기 위하여 허위로 진술조서 등을 작성, 행사한 경우 허위공문서 작성·행사죄만이 성립될 뿐, 직무유기죄가 성립되지 않는다고 판시한 바 있다(대법원 1971. 8. 31. 선고 71도1176 판결 등).

13) Jescheck-Leipziger Kommentar(이하 'LK'), StGB, 10. Aufl., §13 Rn.92; Jescheck/Weigend, Lehrbuch des Strafrechts: AT, 5. Aufl., 1996, S.603; Kühl, AT, 8. Aufl., 2016, §18 Rn.16; Rudolphi-Systematischer Kommentar(이하 'SK') zum StGB, Bd.2, 1989, §13 Rn.6; 박상기,

작위는 작위에 대하여 보충관계에 있게 된다.[14]

대법원은 작위와 부작위가 공존하는 사건에서 "어떠한 범죄가 적극적 작위에 의하여 이루어질 수 있음은 물론 결과의 발생을 방지하지 아니하는 소극적 부작위에 의하여도 실현될 수 있는 경우에, 행위자가 자신의 신체적 활동이나 물리적·화학적 작용을 통하여 적극적으로 타인의 법익상황을 악화시킴으로써 결국 그 타인의 법익을 침해하기에 이르렀다면, 이는 작위에 의한 범죄로 봄이 원칙이고, 작위에 의하여 악화된 법익상황을 다시 되돌이키지 아니한 점에 주목하여 이를 부작위범으로 볼 것은 아니며, 나아가 악화되기 이전의 법익상황이, 그 행위자가 과거에 행한 또 다른 작위의 결과에 의하여 유지되고 있었다 하여 이와 달리 볼 이유가 없다."고 판시하였다.[15]

형법학, 53면.

14) 박상기, 형법학, 55면; 배종대, 형법총론, 705면; 오영근, 형법총론, 162면; 원형식, 판례중심 형법총론, 진원사, 2014, 362면; 이정원, 형법총론, 신론사, 2012, 433면; 이재상/장영민/강동범, 형법총론, 120면. 한편, 정성근/박광민, 형법총론, 467-468면과 정성근/정준섭, 형법강의총론, 363-365면은 부작위가 작위에 대하여 보충관계에 있다고 보는 '작위우선설'과 평가적 관찰방법에 의하는 견해를 '중점설', 자연과학적 관찰에 따른 '에너지투입설'로 나누어 구별되는 견해로 제시하고, 중점설을 지지한다. 김성천/김형준, 형법총론 제7판, 소진, 2015, 154면은 작위우선검토설과 부작위우선검토설, 비난중점설의 세 가지로 나누고 비난중점설을 지지한다. 원형식, 형법총론, 363면 이하는 결과가 과실에 의한 작위 및 고의에 의한 부작위에 의하여 야기된 경우, 자신의 구조행위를 중단한 경우, 원인에 있어 자유로운 부작위의 경우에는 작위우선의 원칙의 예외가 인정된다고 한다. 반면, 이상돈, 형법강론, 법문사, 2015, 225면 이하는 의문이 들수록 행위를 부작위범으로 보고 논증해야 한다고 하여 부작위를 우선적으로 검토해야 한다는 견해를 제시하는데, 김성천/김형준, 형법총론, 154면은 이 견해를 부작위우선검토설로 분류하고 있다.

15) 대법원 2004. 6. 24. 선고 2002도995 판결. 소위 보라매병원 사건. 이에 대한 (특히 작위와 부작위의 구별을 다루는) 판례평석으로는 김성돈, "세칭 보라매병원 사건에 대한 1심법원판결과 2심법원판결의 비교, 분석", 법조 제52권 제4호, 법조협회, 2003, 71-99면; 김성룡, "조건설·미수론 및 죄수론 관점에서 본 작위와

Ⅱ. 부작위범의 종류

법규범에는 하지 말아야 할 것을 규정하는 금지규범과 해야 할 것을 규정하는 명령규범이 있다. 작위범이 하지 말아야 할 작위를 함으로써 금지규범에 위반하는 범죄라면, 부작위범은 기본적으로는 부작위로써 명령규범에 위반하는 범죄를 말한다.16) 우리 형법은 대부분 작위를 금지하는 금지규범 형태로 이루어져 있고, 일부의 명령규범 형태(예를 들어, 다중불해산죄(형법 제116조), 퇴거불응죄(형법 제319조 제2항)) 규정이 존재한다. 따라서 행위 자체에 대한 작위와 부작위의 구별에 이어, 작위범과 부작위범의 규범적인 구별이 필요해진다. 작위범과 부작위범을 나누는 것은 두 가지 기준에 의할 수 있을텐데, 먼저 ① 구성요건규정 형식이 '~한 자'와 같이 작위로 되어 있으면 작위범이고, '~하지 아니한 자'와 같이 부작위로 되어 있으면 부작위범이라는 형식적 구별과, ② 범죄의 현실적인 실현형태를 기준으로 하여 적극적인 작위로 범죄를 실현하면 작위범이고, 소극적인 부작위로 범죄를 실현하면 부작위범이라는 실질적 분류를 해 볼 수 있을 것이다.17)

이와 같은 구별의 연장선상에서, 부작위범의 구별이 중요한 의미를

부작위의 구별 : 보라매 병원 사건", 122-138면; 김혁돈, "치료중단행위의 작위성에 관한 소고", 법학연구 제23권, 한국법학회, 2006, 305-323면; 정웅석, "세칭 보라매병원사건의 제1심, 제2심 판결에 관한 형사법적 고찰", 의료법학 제4권 제1호, 대한의료법학회, 2003, 153-193면; 김재경, 부작위로서의 연명치료중단행위, 2015, 중앙대학교 박사학위논문 등 참조.

16) 배종대, 형법총론, 703면; 신동운, 형법총론, 119면; 이상돈, 형법강론, 220면; 이재상/장영민/강동범, 형법총론, 118면; 임웅, 형법총론, 563면; 정성근/박광민, 형법총론, 465면. 이는 진정부작위범을 전제로 한 것이고, 오영근, 형법총론, 159면은 부작위범은 '해야 할 작위를 하지 않음으로써' 금지규범을 위반하는 범죄라고 설명하는데 이는 부진정부작위범을 전제로 한 것으로 보인다. 이상돈, 형법강론, 223면은 금지규범과 명령규범간의 호환성을 긍정한다.

17) 임웅, 형법총론, 561면.

가진다. 부작위범은 통상 진정부작위범과 부진정부작위범으로 분류된다. 진정부작위범과 부진정부작위범을 구별하는 방법으로는 위의 작위범과 부작위범의 구별과 같이, 형식설과 실질설이 주장된다.[18]

형식설은 우리나라의 통설적 입장으로, 형법이 구성요건으로 부작위를 두고 있는가의 형식적 기준으로 구별하는 견해이다.[19] 이에 따르면 진정부작위범은 구성요건의 규정형식이 부작위로 되어있는 경우 - 부작위형식의 구성요건은 현실적으로도 항상 부작위로만 실현할 수 있다 - 를 말하고, 부진정부작위범은 규정형식이 작위로 되어 있는 구성요건을 현실적으로는 부작위로 실현하는 경우를 말한다. 이에 따르면 「형법」상 퇴거불응죄(제319조 제2항)와 다중불해산죄(제116조), 전시공수계약불이행죄(제117조), 전시군수계약불이행죄(제103조), 집합명령위반죄(제145조 제2항) 등이 진정부작위범의 예가 되고,[20] 영아살해죄(제251조)나 살인죄(제250조) 등을 부작위로 실현한 경우에는 부진정부작위범의 예가 된다.

한편 범죄의 내용과 성질이라는 실질적 기준에 의하여 구별하는 견해인 실질설은 독일의 다수설적 입장이다.[21] 실질설에 따르면 진정부작

---

18) 형식설과 실질설에 대한 보다 자세한 논의는 류화진, "부작위범의 적용범위 제한에 관한 소고", 법학연구 제26권 제1호, 충북대학교 법학연구소, 2015, 199-201면 참조.

19) 김성돈, 형법총론, 546면; 김성천/김형준, 형법총론, 156면; 김일수/서보학, 형법총론, 353면(원칙적으로는 형식설, 예외적으로 실질설을 고려하는 입장); 배종대, 형법총론, 718면; 신동운, 형법총론, 126면; 오영근, 형법총론, 163면; 이상돈, 형법강론, 231면; 이재상/장영민/강동범, 형법총론, 121면; 임웅, 형법총론, 562면; 정성근/박광민, 형법총론, 457면; 정성근/정준섭, 형법강의총론, 366면. 판례가 형식설을 취한다는 해석으로 신동운, 형법총론, 125면; 이상돈, 형법강론, 222면.

20) 그 외에도 「국가보안법」상의 불고지죄(제10조)나 「경범죄처벌법」의 각종 행태들 등도 해당한다. 특별법상의 진정부작위범 규정을 상세히 제시한 문헌으로 천진호, 형법총론, 준커뮤니케이션즈, 2016, 976-978면.

21) Bockelmann/Volk, AT, 4. Aufl., 1987, S.132; Jescheck/Weigend, AT, S.547; Rudolphi-SK, §13 Rn.10 등; 우리나라에서는 박상기, 형법학, 314면. 실질설을 독일의 통설이라고 분류하는 견해에 대하여 이러한 분류가 타당하지 않다는 견해로 오영근,

위범은 단순한 부작위에 의하여 구성요건이 충족되는 범죄 - 거동범 - 이고,[22] 부진정부작위범은 부작위 이외에 결과의 발생을 필요로 하는 범죄 - 결과범 - 이다.[23] 이렇게 볼 경우 진정부작위범의 작위의무에서는 단순한 거동으로서 작위만이 요구됨에 반하여, 부진정부작위범의 작위의무에서는 일정한 결과발생까지도 방지할 것이 요구된다는 점에서 작위의무의 성질이 달라지게 된다.

형법총론, 163면. 그에 따르면 독일의 통설도 독일의 형법규정에 따라 진정부작위범과 부진정부작위범을 구분하고 있다고 분석하는데, 일응 타당하다고 보인다. 형식설과 실질설의 논쟁이 특별히 실익이 없다는 견해로는 배종대, 형법총론, 707면.

　독일 형법은 우리 형법 제18조와 유사하게 제13조에서 '부작위에 의한 작위범'이라는 표제 하에 '결과가 발생하지 아니할 것을 법적으로 보증해야 하는 자가 결과를 방지하지 아니한 경우'라고 규정하고 있다. 그러나 그 외에 제323조c에서 긴급구조의무(구조를 요하는 타인을 구조할 능력이 있고 구조하는 것이 자신에게 피해가 되지 않는 경우에는 요구조자를 구조해야 할 의무)를 인정하는 - 상부상조의 원리(Solidaritätsprinzip)에 입각하여 구조의무를 이행하지 아니한 단순한 부작위 자체를 처벌하는 - 일반적인 규정을 두고 있다는 점이 우리와 다르다. 참고로 독일형법 제323조c의 내용은 "사고, 공공위험 또는 긴급상황 발생시, 필요하고 제반사정에 비추어 기대가능한 구조, 특히 자신에 대한 현저한 위험 및 기타 중요한 의무의 위반 없이도 가능한 구조를 제공하지 않는 자는 1년 이하의 자유형 또는 벌금형에 처한다"고 한다.

22) 단, 예를 들어 특정범죄가중처벌 등에 관한 법률 제8조가 조세를 납부하지 아니한 부작위범에 대하여 포탈세액에 따라 가중처벌하고 있다는 점에서 결과범인 진정부작위범도 있을 수 있다(임웅, 형법총론, 563면).

23) 정성근/정준섭, 형법강의총론, 366면은 부진정부작위범의 대부분이 결과범이지만 거동범에 대해서도 부진정부작위범이 성립할 수 있다고 보고, 그 예로 폭행죄, 모욕죄, 위증죄 등을 들고 있다.

III. 소결 - 부작위 '행위'와 결과

행위성을 자연적 사태와 구별되는 인간의 성취물적인 관점으로 바라 볼 경우, 부작위도 작위와 함께 형법상의 '행위'로서의 의미를 가질 수 있음을 살펴보았다. '부작위'는 이처럼 태생적으로 형법상의 행위에 해 당하는지를 판단할 때부터 규범적인 평가가 필요한 개념이다. 외부적으 로 아무런 물리적인 힘이 작용하지 않는 것처럼 보이지만, 기실 자연적 인 인과 흐름을 끊임없이 막아서는 '부작위'라는 행위를 범죄로 구성하 는 부작위범에 대한 해석은 형법의 어떠한 영역보다도 규범적 사고를 요한다. 부작위범 중에서도 그 성립에 결과를 요하는 결과범의 경우에 는, 아무 것도 하지 않은 행위(즉 부작위)에 대하여 어떻게 부작위자에게 결과에 대한 형사책임을 묻게 될 것인가에 대한 고민, 즉 인과관계와 귀 속에 대한 검토에 대한 논의가 무엇보다 필요하게 된다.

제2절 부작위범의 체계 및 구조

진정부작위범, 부진정부작위범을 불문하고, 부작위범 또한 범죄인 이상, 행위성을 전제로 구성요건해당성·위법성·책임을 그 성립요건으로 하는 것이 일반적이다. 다만, 진정부작위범은 구성요건의 규정형식이 애당초 부작위로 되어 있어, 부작위행위와 작위의무가 법문에서 직접 도출되므로 이론상 별다른 문제를 발생시키지 않는다.[24] 그러나 부진정부작위범의 경우 형법상 작위의 형식으로 규정된 구성요건을 부작위에 의하여 실현하는 범죄이므로,[25] 가벌성확장의 방지에 더욱 유의할 필요가 있다. 이러한 관점에서 부진정부작위범의 성립요건으로 작위의무자의 부작위에 의한 범행이 작위를 통한 법적 구성요건의 실현에 상응할 것을 일반적으로 요구하게 되는데, 이것이 동가치성(同價値性)의 문제이다. 동가치성의 체계상 지위를 놓고 견해의 대립이 있었으나, 대체로 오늘날은 부진정부작위범의 구성요건해당성의 문제로 보는 것이 일반적인 경향이며, 이 책에서도 그와 같이 검토한다. 동가치성의 문제로 크게 두 가지 쟁점 - 하나는 부작위자가 보증인일 것임을 요한다는 것이고, 다른 하나는 부작위의 행위정형이 작위의 그것과 동등하게 평가될 수 있어야 한다는 것이다 - 이 논의된다. 이러한 이해를 바탕으로 아래에서는 부작위범의 성립요건 내지 그 구조를 살펴보기로 한다.

---

24) 임웅, 형법총론, 563면.
25) 부진정부작위범을 부작위에 의한 작위범(Begehungsdelikt durch Unterlassung)이라고 하는 것도 여기에서 기인한다.

I. 일반적 행위가능성

부작위범의 구성요건해당성을 판단하기 전에, 어느 누구라도 이 법이 요구하는 작위를 할 수 있다는 의미로서의 행위가능성이 있어야 한다.[26] 일반적 행위가능성은 부작위범에서는 행위의 개념에 해당한다. 즉, 애당초 일반적 행위가능성이 없다면 애당초 부작위범의 문제는 생길 수 없다. 객관적으로 불가능한 것은 사회적으로 중요한 인간의 행태라는 의미에서 부작위라고 할 수 없기 때문이다.[27] 이 단계에서는 행위자가 어떤 적극적인 작위에 의해 자신의 소극적인 부작위로부터 벗어날 수 있는 일반적 형편과 처지에 놓여 있었는가 하는 점이 검토되어야 한다.[28]

일반적 행위가능성은 일정한 시간적, 장소적 상황과 연관되어 있는 것이 보통이며, 따라서 낙동강에 빠진 자녀에 대하여 서울에 있는 부모에게는 애당초 작위가능성이 없으므로 부작위행위 자체가 부정된다.[29] 이 외에도 인간 일반에게 가능한 행위인가를 기준으로 하여 부작위의 개념성립 자체를 부인할 수 있다. 예를 들어 인질범에게 억류되어 있는 아버지가 같은 인질범에게 감금되어 죽어가는 아들을 구조할 수 없는 경우처럼, 절대적 폭력 하에서의 무위는 부작위가 될 수 없다.[30] 일반적 행위가능성은 이처럼 부작위의 행위개념에 포함되는 요소로서, 구성요건요소인 개별적 행위가능성이나 책임요소인 기대가능성과는 구별되는 개념이다.[31]

---

26) 김일수/서보학, 형법총론, 353-354면; 원형식, 형법총론, 368면; 정성근/박광민, 형법총론, 472면.
27) 배종대, 형법총론, 707면; 이재상/장영민/강동범, 형법총론, 127면.
28) 김일수/서보학, 형법총론, 354면.
29) 정성근/박광민, 형법총론, 472-473면; 정성근/정준섭, 형법강의총론, 367면.
30) 김일수/서보학, 형법총론, 354면.
31) 원형식, 형법총론, 368면.

Ⅱ. 구성요건해당성

1. 객관적 구성요건요소

가. 구성요건적 부작위의 존재

부작위범의 객관적 구성요건에는 작위범의 구성요건해당행위에 상응하는 구성요건적 부작위가 존재하여야 한다. 구성요건적 부작위의 표지로는 구성요건적 상황, 명령된 행위의 부작위, 개별적인 행위가능성의 표지를 들수있다. 이는 부작위 일반에 공통된 구성요건적 부작위의 요소이다. 이 외에도 부진정부작위범에만 특유한 구성요건적 부작위의 요소가 있는데, 보증인지위와 동가치성의 문제가 그것이다.

1) 구성요건적 상황

부작위범에서 부작위는 해야 할 행위를 하지 않는 것이므로 일정한 상황에서만 작위의무가 현실화된다. 따라서 부작위범에서는 먼저 구성요건적 상황이 존재할 것을 요한다. 구성요건적 상황이란 법익이 침해될 위험에 처한 상황으로서 일정한 동작, 즉 작위가 요구되는 객관적 사태이다.[32] 구성요건적 상황은 진정부작위범에서는 명시적으로 규정되어 있으므로, 그를 확인하기 쉽다. 예컨대 전시군수계약불이행죄(형법 제103조 제1항)의 '전쟁 또는 사변', 집합명령위반죄(형법 제145조 제2항)에서 '천재·사변 기타 법령에 의해 잠시 해금된 경우' 등이 이에 해당한다.

---

32) 임웅, 형법총론, 564면. 김성돈, 형법총론, 547면; 이재상/장영민/강동범, 형법총론, 127면은 '구체적인 작위의무의 내용을 인식할 수 있는 사실관계', 김일수/서보학, 형법총론, 355면; 정성근/박광민, 형법총론, 473면; 정성근/정준섭, 형법강의총론, 367면은 '작위의무의 내용과 작위의무자의 신분을 인식시켜주는 사정'이라고 정의한다.

그러나 부진정부작위범의 구성요건적 상황은 기술되지 않은 구성요건요
소이므로 이론적으로 해결해야 하는데,[33] 일반적으로 작위를 하지 않음
으로써 생기는 구성요건적 결과발생 내지 구성요건실현의 위험이라고
할 수 있을 것이다.[34]

2) 명령된 행위의 부작위

위의 구체적 상황 하에서 행위자가 규범이 요구하는 작위를 하지 아
니한 때 구성요건적 부작위가 인정된다. 애당초 작위의무가 없거나 규범
의 요구에 반하지 아니하는 때에는 부작위범이 성립하지 않으며, 명령규
범에 의하여 요구되는 행위를 하지 않은 때에만 부작위범이 성립할 수
있다. 이 때, 명령된 행위는 작위범과 같이 정형성을 가지고 있는 것이
아니므로 한 번에 여러 개의 행위 유형이 요구되는 것도 가능하다. 그
경우에는 행위자가 명령된 수 개의 행위 중 아무 것도 행하지 않은 경우
에 구성요건적 부작위가 성립하고, 그 중 한 가지 행위라도 이행했다면
부작위가 되지는 않는다. 즉, 여기에서의 부작위는 작위의무를 전혀 이행

---

33) 신동운, 형법총론, 137면; 임웅, 형법총론, 563-564면; 정성근/박광민, 형법총론,
    473면; 정성근/정준섭, 형법강의총론, 367면.
34) 이재상/장영민/강동범, 형법총론, 127면. 한편 김일수/서보학, 형법총론, 356면;
    정성근/박광민, 형법총론, 473면; 정성근/정준섭, 형법강의총론, 367면은 이에
    더하여 '신분'도 구성요건적 상황에 포함될 수 있는 것처럼 서술하고, 그 예로
    서 진정부작위범은 다중불해산죄(형법 제116조)의 '다중'이나 집합명령위반죄
    (형법 제145조 제2항)의 '법률에 의하여 체포 또는 구금된 자'를, 부진정부작위
    범은 영아살해죄(형법 제251조)와 영아유기죄(형법 제272조)의 '직계존속'을 들
    고 있다. 그러나 신분 자체를 구성요건적 상황의 범주로 포섭시킬 수는 없을
    것이다. 구성요건적 상황이란 작위가 요구되는 '상황'을 의미하므로, 위의 예
    중 다중불해산죄를 본다면 공무원의 해산명령을 받고 있는 상황이 구성요건적
    상황이 되는 것이라 할 것이다. 한편, 신동운, 형법총론, 138면은 사례를 통하여
    보호법익이 아직 침해되지는 않았지만 구성요건이 곧 실현될 수 있는 상황, 즉
    침해될 '위험발생'이 인정되는 상황이면 구성요건적 상황이 인정됨을 지적하고
    있다. 일응 타당하다고 보인다.

하지 않은 것을 의미하는 것이지, 불성실 이행의 경우, 즉 작위행위를 하였으나 결과발생의 방지효과를 거두지 못한 경우를 의미하지 않는다.[35]

한편, 행위자가 작위의무를 다하였지만 효과가 없었을 때에는 적어도 고의에 의한 부작위범은 성립할 여지가 없다. 다만 행위자에게 과실이 있는 경우에는 부작위에 의한 과실범이 성립할 수 있다.[36]

3) 개별적 행위(작위)가능성

앞의 '일반적 행위가능성'이 부작위범에 있어서 행위의 개념에 해당하는 반면, 구체적인 행위자가 명령된 행위를 객관적으로 할 수 있었을 것이라는 '개별적 행위가능성'은 부작위범의 구성요건요소로 분류된다. 일반적 행위가능성이 있어 행위로서 인정된다 하더라도 구체적인 행위자의 작위의무 이행이 애당초 불가능하다면, 즉, 개별적 행위가능성이 부정된다면, 규범은 불가능한 것을 요구할 수 없으므로 작위의무 위반은 부정될 것이다.

이 단계에서 검토하는 개별적 작위의무의 이행가능성 유무는 통찰력 있는 제3자의 입장에서 객관적·구체적으로, 사전적으로 판단하게 되고,[37] 이 때의 작위가능성의 판단은 사실적인 것으로, 책임요소로서 규범적 판단이 이루어지는 기대가능성과 구별된다 할 것이다.[38] 따라서 개별적 작위가능성을 검토할 때에는 결과방지를 위한 구조장비의 유무, 신체적 조건, 기술적 수단유무, 결과방지의 용이성 여부 등 객관적·사실적 상황을 고려하여야 한다. 예컨대 수영을 전혀 할 줄 모르는 아버지가 물에 빠진 아들을 구조하지 못한 경우에는 개별적 작위의무의 이행가능성

---

35) 김성돈, 형법총론, 547면; 김성천/김형준, 형법총론, 157면; 신동운, 형법총론, 140면.
36) 김일수/서보학, 형법총론, 356면; 원형식, 형법총론, 369면; 이재상/장영민/강동범, 형법총론, 127면; 정성근/박광민, 형법총론, 473면.
37) 김성돈, 형법총론, 547면.
38) 임웅, 형법총론, 565면.

이 부정되어, 구성요건적 부작위는 성립하지 않게 되는 것이다.[39]

4) 결과방지가능성

한편, 앞의 일반적 작위가능성과 개별적 작위가능성이 인정된다 하여
도, 결과발생의 방지가 애당초 사전적으로 불가능하다면 구성요건해당
성을 인정하기는 어렵다.[40] 결과발생을 방지할 가능성이 없거나, 결과발
생을 방지하기 위한 노력이 더 이상 필요하지 않게 된 경우에 부작위가
부정된다.[41] 이러한 상황 하에서는 결과발생을 방지하도록 기대하는 것
이 무의미하다.

예컨대 제3자가 이미 결과발생 방지조치를 효과적으로 취해놓은 경
우나, 피보증회사가 이미 사실상 도산해버려서 채권회수를 위한 노력이
아무런 변화를 가지고 올 수 없는 경우가 이에 해당한다. 대법원은 "은
행장인 피고인이 은행보증회사채의 상환금을 발행회사로 하여금 자체자
금으로 상환하게 하는 조치를 취하지 아니하였다 하여도 위 회사가 그
당시 은행보증회사채의 채무를 자체자금으로 상환할 수 있는 능력이 있
었다는 사실이 전제되지 않는 이상 그러한 조치는 불가능하거나 실효성
이 없는 것으로 피고인의 이러한 소위가 은행에 대한 업무상배임죄가
된다고 볼 수 없다."[42]고 판시하였다. 이는 사전적으로 행위가능성 - 은
행장이 회사에 대하여 상환조치행위를 할 가능성 - 은 인정되나, 상환조
치행위를 하였다 하더라도 결과를 방지할 수 없었던 것으로 결과방지가
능성을 부정함으로써 부작위에 의한 업무상배임죄의 구성요건해당성이
부정된다고 한 사례라 하겠다. 한편, 대법원은 "사용자가 모든 성의와 노

---

39) 김일수/서보학, 형법총론, 357면; 정성근/박광민, 형법총론, 474면.
40) 이상돈, 형법강론, 239면은 개별적 행위가능성과 사전적 결과방지가능성을 동
　　일한 의미로 파악하고 있으나, 이는 구별된다고 보아야 할 것이다.
41) 신동운, 형법총론, 139면.
42) 대법원 1983. 3. 8. 선고 82도2873 판결.

력을 다했어도 임금의 체불이나 미불을 방지할 수 없었다는 것이 사회
통념상 긍정할 정도가 되어 사용자에게 더 이상의 적법행위를 기대할
수 없다거나, 사용자가 퇴직금 지급을 위하여 최선의 노력을 다하였으나
경영부진으로 인한 자금사정 등으로 도저히 지급기일 내에 퇴직금을 지
급할 수 없었다는 등의 불가피한 사정이 인정되는 경우에는 그러한 사
유는 근로기준법 제36조, 제42조 각 위반범죄의 책임조각사유로 된다."[43]
고 판시하여, 구성요건해당성 단계의 결과발생방지가능성과 책임단계의
기대가능성을 구별하고 있다고 보인다.[44]

나. 결과의 발생

진정부작위범은 단순거동범에 해당되는 경우가 대부분이므로, 결과
의 검토 및 부작위와 결과 사이의 관련성이 애당초 문제되지 않겠으나,
이와 달리 결과범의 결과는 작위범에서와 마찬가지로 부진정부작위범의
구성요건요소에 속한다. 객관적 구성요건 중 결과범에서의 결과에 관하
여는 작위범과 부작위범 사이에 차이가 없으므로, 중한 결과로 인하여
가중효과가 생긴다거나 기수 미수의 문제도 작위범과 동일할 것이다.[45]

다. 인과관계 및 객관적 귀속 - 위치지움

이 부분은 이 책의 핵심적 내용으로서, 제3장 이하에서 상세히 다루
고자 한다. 부작위범의 인과관계는 그 검토가 필요한지부터 논쟁이 있는
데, 외계의 변화 없이 인간의 사고로만 문제를 해결해야 한다는 난점이
있어, 치열하게 다툼이 있는 것 같으면서도 실질적으로 다른 점이 없는

---

43) 대법원 2001. 2. 23. 선고 2001도204 판결.
44) 같은 취지로 신동운, 형법총론, 139-140면.
45) 같은 취지로 김일수/서보학, 형법총론, 371면.

것 같아 보이기도 한다. 우리나라의 다수설인 인과관계 긍정설의 입장에 따르면 특히 결과범인 부작위범[46]의 경우 부작위범의 성립을 위하여는 부작위와 구성요건적 결과 사이에 인과관계가 있어야 한다.

여기에서는 부작위범 전반의 체계와 구조를 살피는 중인만큼, 부작위범의 인과관계의 체계적 지위를 검토한 후, 그 인정여부와 내용에 대한 상세한 논의는 후술하기로 한다.

우리나라의 대부분의 문헌은 부작위범의 인과관계를 성립요건으로 요구하면서, '작위범과 마찬가지'라는 표현을 사용한다. 이로써 작위범과 마찬가지로 부작위범에서도 인과관계를 객관적 구성요건요소의 하나로 파악하고 있는 것으로 미루어 짐작해볼 수 있다. 요컨대 부작위의 인과관계도 기본적으로는 형법상의 인과관계라는 점에서는 변함이 없으므로,[47] 체계적인 지위도 그와 같이 볼 수 있으리라는 것이다.

진정부작위범은 결과범이 아니므로 부작위와 결과 간에 인과관계를 판단할 필요가 없다는 견해가 다수이고, 따라서 부진정부작위범의 경우에만 인과관계가 문제된다고 본다. 일부는 진정부작위범과 부진정부작위범의 구별을 하지 않고, 일반적으로 부작위범의 성립요건으로서 인과관계를 논하기도 한다.

인간의 자유를 가장 크게 제한하게 되는 형벌을 부과한다는 점에서, 다른 어떠한 법의 영역보다 형사법의 영역에서는 체계론적 사고와 검토 순서가 중요한 의미를 가진다고 생각한다. 부작위범에서 인과관계는 범죄 체계론 중 어디에 위치하는가에 대한 의문은 그 체계적 지위에 대한

---

46) 대다수의 문헌은 '부진정부작위범'이라고 표현하나, 진정부작위범과 부진정부작위범의 구별과 거동범과 결과범의 구별이 정확히 일치하는 것이 아니다. 대부분의 부진정부작위범이 결과범인만큼, 용어가 가리키는 대상에는 큰 차이가 없을 것이나 인과관계가 성립요건으로 필요한 부작위범을 지칭하는 표현으로는 '결과범인 부작위범'이 보다 적확할 것이다.

47) 이용식, "부진정부작위범에 있어서 작위가능성과 결과회피가능성의 의미내용 -부작위범의 실행행위와 인과관계의 구별-", 고시계 제50권 제7호, 2005, 34면.

질문이면서, 그 검토의 실익은 결여시의 효과를 무엇으로 볼 것인지의 문제에서 가장 유의미하게 나타나지 않나 한다. 만약 부작위범에서, 다른 구성요건요소를 모두 갖추고 있는데, 인과관계만 결여되어 있다면 그 효과는 어떻게 보아야 할 것인가? 이를 논의하는 문헌은 거의 보이지 않는다. 만약 작위범에서라면 미수범이 성립될 것이다. 물론 미수범 처벌규정이 있는 경우에 한하여 처벌되겠지만, 기본적으로 인과관계가 부정될 경우 기수범의 성립이 부정될 뿐 미수범은 성립된다. 대다수의 문헌과 같이 작위범과 부작위범의 인과관계의 위치 내지 지위를 동일하게 파악한다면, 부작위범에서도 마찬가지 결과에 도달하게 될 것이다.[48]

부작위범에서 인과관계의 결여의 효과가 크게 언급되지 않는 이유는 아마도 판례에서 사건화가 되지 않은 것이 큰 이유 중 하나라고 보인다. 부작위범의 성립요건으로서 인과관계 자체를 명시적으로 언급한 판결은 지금까지 거의 존재하지 않았는데, 최근 대법원이 세월호 사건에서 부작위범의 인과관계가 다투어져 비교적 상세히 언급하였다.[49] 이는 제4장에서 상세히 다루기로 한다.

2. 주관적 구성요건요소

고의가 구성요건실현의 인식과 의사를 의미한다는 고의범에 적용되는 원칙은 부작위범에 대해서도 적용되어,[50] 부작위범에 있어서도 객관적 구성요건요소에 대한 고의(인식 및 의사)를 요한다. 다만 부작위범에 있어서는 실현의사에 의하여 행하는 적극적인 작위가 없다는 점에서 고의의 내용도 작위범의 경우와는 다소 차이를 나타낼 수 있을 것이다. 이러한 입장에서 살펴보면 진정부작위범의 경우 고의도 작위범의 고의와

---

48) 박상기, 형법학, 62면은 부진정부작위범에 대해 미수범 성립을 긍정한다.
49) 대법원 2015. 11. 12. 선고 2015도6809 전원합의체 판결.
50) 김성돈, 형법총론, 549면; 이재상/장영민/강동범, 형법총론, 139면.

구조가 같으므로 구성요건적 상황과 개별적 작위의무가능성을 인식하고
부작위로 나아간다는 의사가 있으면 고의를 인정할 수 있게 된다. 그리
고 진정부작위범의 경우 고의범만 처벌하고 있어, 과실범의 경우에는 불
가벌이 된다.[51]

　　그런데 부진정부작위범에 있어서는 작위범의 구성요건요소 외에 기
술되지 아니한 객관적 구성요건요소가 존재하므로, 고의의 대상이 불문
의 구성요건요소에까지 미치게 되어,[52] 모든 부작위범의 주관적 구성요
건요소로서 구성요건적 상황의 존재, 요구되는 행위의 부작위 및 개별적
인 행위능력에 대한 인식을 필요로 한다. 부진정부작위범의 경우 구성요
건적 결과와 결과방지의 가능성에 대한 인식도 고의의 내용이 된다. 다
만 이에 대한 인식은 막연한 가능성의 인식으로 족하다 할 것이다.[53]

　　대법원은 부진정부작위범의 고의에 대하여, "반드시 구성요건적 결과
발생에 대한 목적이나 계획적인 범행의도가 있어야 하는 것은 아니고
법익침해의 결과발생을 방지할 법적 작위의무를 가지고 있는 사람이 의
무를 이행함으로써 결과발생을 쉽게 방지할 수 있었음을 예견하고도 결
과발생을 용인하고 이를 방관한 채 의무를 이행하지 아니한다는 인식을
하면 족하며, 이러한 작위의무자의 예견 또는 인식 등은 확정적인 경우
는 물론 불확정적인 경우이더라도 미필적 고의로 인정될 수 있다"고 판
시한 바 있다.[54]

　　한편, 위의 요소들에 관한 착오가 있으면 구성요건적 착오로 다루어
진다. 부작위범에서 중요한 착오유형은 보증인지위를 인식하지 못하거
나 보증인의무를 인식하지 못하는 경우라 할 것이다. 이분설적 태도를
취하면 보증인의 지위는 고의의 인식 대상으로서, 이에 관한 착오는 구

---

51) 김성돈, 형법총론, 549면; 정성근/박광민, 형법총론, 474면.
52) 김성돈, 형법총론, 562면; 임웅, 형법총론, 577면.
53) 이재상/장영민/강동범, 형법총론, 139면.
54) 대법원 2015. 11. 12. 선고 2015도6809 전원합의체 판결 등.

성요건적 착오가 되지만, 보증인의무는 위법성 요소이므로 고의의 대상
이 되지 않고, 착오는 위법성의 착오가 된다 하겠다.[55]

3. 부진정부작위범의 동가치성

앞서 설명한 것처럼, 부진정부작위범의 경우 작위의 형식으로 규정되
어 있는 구성요건은 금지규범을 전제로 하는 것이지 명령규범을 예상한
것이 아니므로, 부작위범의 일반적 구성요건 이외에 부작위가 작위와 같
이 평가될 수 있을 것을 요한다. 이것이 동가치성의 문제이고, 일반적으
로 동가치성의 제1요소로 보증인지위, 제2요소로 행위정형의 동가치성
이 논의된다.

가. 보증인지위

1) 의의

부작위가 작위와 같이 평가될 수 있기 위해서는 구성요건에 해당하
는 결과의 실현을 방지할 지위에 있는 자, 즉 보증인일 것을 요한다. 이
를 보증인지위라고 한다. 모든 사람의 부작위가 작위와 같이 평가되는
것이 아니라 보증인의 지위에 있는 자의 부작위만 작위와 같이 평가될
수 있다. 형법 제18조가 "위험의 발생을 방지할 의무가 있거나 자기의
행위로 인하여 위험발생의 원인을 야기한 자가 그 위험발생을 방지하지
아니한 때에는 그 발생된 결과에 의하여 처벌한다"고 규정하고 있는 것
도 이러한 의미라고 이해된다.

보증인지위를 인정하기 위하여는 ① 보호법익의 주체가 위협되는 침
해에 대하여 스스로를 보호할 능력이 없고, ② 부작위범에게 그 위험에

---

55) 박상기, 형법학, 63면; 이재상/장영민/강동범, 형법총론, 140면.

대하여 법익을 보호해야할 의무, 즉 작위의무(보증인의무)가 있고, ③ 부작위범이 이러한 보호기능에 의하여 법익침해를 야기할 사태를 지배하고 있을 것을 요한다.[56] 이 중 보증인지위를 인정하기 위한 가장 중요한 요소는 법적인 의무로서, 보증인의무이다. 이는 특히 그 체계적 지위와 관련하여 문제된다.

2) 체계적 지위

보증인지위 또는 그 근거가 되는 작위의무의 체계적 지위를 어떻게 볼 것인가에 대하여, 두 가지를 모두 위법성요소로 보는 견해와, 모두 구성요건요소로 보는 견해, 보증인지위는 구성요건요소로 보증인의무는 위법성요소로 보는 견해의 세 가지로 크게 대립된다.

가) 위법성요소로 보는 견해

부진정부작위범에서의 작위의무위반을 위법성의 요소로 이해하고 부작위범의 동가치성은 위법성의 특수한 요건이라고 보아, 보증인지위와 보증인의무를 모두 위법성 요소로 파악하는 견해이다.[57]

그러나 이 견해에 따르면 보증인의 지위에 있지 아니한 자의 부작위도 일단 구성요건에 해당한다고 보게 되어 부진정부작위범의 구성요건해당성을 부당하게 확대하게 되고, 범죄성립의 검토순서가 위법성→구성요건해당성 순서로 이루어지게 되어 구성요건의 징표적 기능을 부정한다는 점에서 범죄론 체계와도 일치하지 않는다.[58]

---

56) 김일수/서보학, 형법총론, 357면; 이재상/장영민/강동범, 형법총론, 130면; 정성근/정준섭, 형법강의총론, 372면.
57) 유기천, 형법학: 총론강의 초판, 박영사, 1960, 120면; 정창운, 형법학총론, 박문서관, 1958, 138면.
58) 이재상/장영민/강동범, 형법총론, 131면; 임웅, 형법총론, 567면; 정성근/박광민, 형법총론, 477면.

나) 구성요건요소로 보는 견해(보증인설)

보증인의무와 그것의 기초가 되는 보증인지위까지 일괄하여 구성요
건요소로 보는 견해로, 위법성설의 결함을 제거한 것으로, Nagler에 의하
여 보증인설(Garantentheorie)이 주장되었다.[59] 그에 따르면 결과발생을
방지해야 할 작위의무에 의하여 개인은 일정한 법익이 침해되지 않을
것을 법적으로 보증할 보증인(Garant)이 되는 것이며, 보증인지위에 있는
자의 부작위만이 작위에 의한 구성요건실현과 동가치가 될 수 있다. 예
를 들어 유아에게 수유를 하지 않아 아사(餓死)한 경우, 유아가 아사하지
않도록 보증해야 할 일정한 법률적 지위에 있는 자만이 형법상의 작위
의무자로서 수유의무를 지며, 그 자의 작위의무위반행위만이 구성요건
에 해당할 수 있다는 것이다. 이렇게 볼 경우 보증인의 지위에 있는 자
만이 부진정부작위범의 행위의 주체로서 구성요건해당성이 인정되어,
부진정부작위범을 진정신분범의 하나로 이해하게 된다.[60]

그러나 작위범에 있어서는 법적 의무가 구성요건요소가 아님에도 불구
하고 부작위범의 작위의무를 구성요건요소라고 하는 것은 부당하며,[61] 부
진정부작위범의 위법성을 적극적으로 인정할 수 있는 근거가 없게 된다.[62]

다) 이분설

위의 보증인설을 수정하여, 보증인지위는 부진정부작위범의 구성요
건요소이나 보증인의무는 위법성의 요소라고 구별하는 입장으로, 오늘
날의 통설적 견해이다.[63] 작위범의 구조와 비교해보면, 일정한 위법행위

---

59) Nagler, Die Problematik der Begehung durch Unterlassung, Gerichtsaal(이하 'GerS')
　　111, 1938, S.1ff.
60) 임웅, 형법총론, 567면.
61) 이재상/장영민/강동범, 형법총론, 131면; 임웅, 형법총론, 567면.
62) 정성근/정준섭, 형법강의총론, 371면.
63) 김일수/서보학, 형법총론 359면; 이재상/장영민/강동범, 형법총론, 131면; 임웅,
　　형법총론 568면; 정성근/박광민, 형법총론, 478면; 정성근/정준섭, 형법강의총

를 하지 말아야 할 의무 즉 부작위의무가 위법성 요소이고, 이에 대한 착오를 위법성의 착오로 다루기 때문에, 부진정부작위범에서의 결과방지의무도 위법성의 요소로 파악하는 것이 논리 일관된다는 것이다. 이 견해를 따를 경우, 보증인지위에 대한 착오는 구성요건착오가 되고 보증인의무에 대한 착오는 금지착오가 된다. 구성요건요소설과 위법성요소설의 결함을 모두 시정한 견해로서,[64] 부진정부작위범의 경우 작위범과 동일한 규정이 적용되는 만큼 이 견해가 타당하다고 보인다.

3) 보증인지위의 발생근거와 내용
가) 형식설과 기능설

부진정부작위범에 있어서는 보증인지위 특히 작위의무를 결정하는 가치기준을 명백히 하는 것이 가장 중요한 과제가 된다. 그런데 종래의 통설은 부진정부작위범이 작위의무 있는 자가 주체로 될 수 있는 신분범이라는 사실을 인정하면서도, 작위의무에 관하여는 그 발생근거만을 문제삼아 법령·계약·조리 또는 선행행위에 의하여 작위의무의 근거가 인정되면 족한 것으로 보고 있다.[65] 이를 형식설(formelle Rechtspflichttheorie) 또는 법원설이라고 한다.

그러나 형식설은 선행행위로 인한 작위의무가 형법의 동가치판단에 선행하는 초형법적 특수의무를 전제로 하는 것이 아니므로 형식설과 일치하지 않고,[66] 형법적 의무위반과 부작위와 작위의 동등성은 형법의 관점에서 판단해야 할 것임에도 불구하고 이를 사법적 사고에 예속시킨

론, 371면.

(64) 정성근/박광민, 형법총론, 478면.

(65) 배종대, 형법총론 732면; 유기천, 형법학, 123면; 정영석, 형법총론, 삼중당, 1961, 108면; 진계호, (신고) 형법총론, 대왕사, 1984, 147면; 황산덕, 형법강의, 진명문화사, 1965, 70면.

(66) Schünemann, Die Unterlassungsdelikte und die strafrechtliche Verantwortlichkeit für Unterlassungen, ZStW 96, 1984, S.291.

것은 부당하다.[67] 그리고 형식설에 의하여서는 작위의무의 내용과 한계를 명확하게 정할 수 없다는 비판도 있다.[68]

　Armin Kaufmann은 보증인의무를 실질적 관점에서 판단할 것을 주장하고 이를 법익의 보호기능에 의한 보증인의무인 보호의무(Obhutspflichten)와 위험에 대한 감시의무에 따른 안전 또는 지배의무(Sicherungs-oder Be-herrschungsplichten)라고 하는 기능설을 주장하였다. 기능설은 작위의무의 내용과 한계를 명백히 할 수 있는 형법상의 기준을 제시한 점에서는 형식설보다 타당해 보인다.[69] 그러나 보증인의무의 발생근거를 전혀 고려하지 않고 기능설에 의하여 설명할 경우에는 역시 그 범위가 지나치게 확대될 우려가 있다. 이러한 의미에서 형식설과 기능설을 결합하여 보증인의무를 파악하는 것이 타당할 것이다.[70]

나) 작위의무 및 보증인지위의 발생근거

　작위의무는 법령, 계약 등 법률행위, 선행행위로 인한 경우는 물론, 신의성실의 원칙이나 사회상규 혹은 조리상 작위의무가 기대되는 경우에도 인정된다. 법령에 의한 작위의무의 예로는 민법상의 친권자의 보호의무(민법 제913조), 친족간의 부양의무(민법 제974조), 부부간의 부양의

---

67) Otto AT, S.131; Schünemann, ZStW 1984, S.292.

68) Bockelmann/Volk, AT, S.137; Jescheck/Weigend, AT, S.621.

69) Bockelmann/Volk AT, S.138; Schünemann, ZStW 1984, S.293. 이재상/장영민/강동범, 형법총론, 127면; 이정원, 형법총론, 443면.

70) 김일수/서보학, 형법총론 494면; 박상기, 형법학 316면; 손동권/김재윤, 새로운 형법총론, 율곡출판사, 2011 371면; 신동운, 형법총론, 138면; 오영근, 형법총론, 289면; 이재상/장영민/강동범, 형법총론, 127면; 이형국, 형법총론, 법문사, 2007, 414면; 임웅, 형법총론 535면; 정성근/박광민, 형법총론 462면; Jescheck-LK §13 Rn.19; Jescheck/Weigend, AT, S.621; Rudolphi-SK, §13 Rn.25; S/S-StGB, §13 Rn.8; Fischer, StGB, 64. Aufl., 2016, §13 Rn.5. 그러나 이러한 통설적인 견해(절충설적 입장)에 대하여, 최근 문헌 중 부작위범의 성립을 제한하려는 취지에서 형식설로 돌아가자는 입장으로 류화진, "부작위범의 적용범위 제한에 관한 소고", 211면.

무(민법 제826조) 등을 들 수 있다. 여기에서의 법령은 반드시 사법에 한하지 않고, 공법에 의하여도 작위의무가 발생할 수 있다.[71] 경찰관직무집행법 제4조의 경찰관의 보호조치의무, 의료법 제15조의 의사의 진료와 응급조치의무, 도로교통법 제54조의 운전자의 구호의무 등이 이에 해당한다.

한편 계약에 의하여 양육 또는 보호의무를 지고 있는 경우에도 작위의무가 발생한다. 고용계약에 의한 보호의무, 간호사의 환자간호의무, 신호수의 직무상의 의무 등이 계약에 의한 작위의무의 예로, 일상생활에서 발생하는 많은 사고에 대해서는 계약에 따른 작위의무를 근거로 부작위범의 죄책을 물을 수 있다. 선장이나 승무원은 위의 수난구호법 제18조 제1항에 따른 구조조치의무를 부담할 뿐만 아니라 선박의 해상여객운송사업자와 승객 사이의 여객운송계약에 따라 승객의 안전에 대하여 계약상 보호의무를 부담하므로, 선박이 조난 위험에 처했을 때에는 서로 협력하여 승객이나 다른 승무원을 적극적으로 구조할 의무를 진다.[72]

통설은 법령이나 계약 이외에도 사회상규 또는 조리에 의하여 작위의무가 발생하는 것을 인정하고, 동거하는 고용자에 대한 고용주의 보호의무, 관리자의 위험발생방지의무, 목적물의 하자에 대한 신의칙상의 고지의무 등이 여기에 해당한다고 하고 있다.[73] 이에 대하여 작위의무는 윤리적 의무가 아니라 법적의무이므로 조리에 의한 작위의무를 인정하는 것은 작위의무를 불명확하게 할 뿐 아니라, 조리에 의한 작위의무는 사실상 다른 유형에 포함될 수 있다는 이유로 조리에 의한 작위의무를 부인하는 견해도 있다.[74]

---

71) 이재상/장영민/강동범, 형법총론, 127면.
72) 대법원 2015. 11. 12. 선고 2015도6809 전원합의체 판결 등.
73) 김일수/서보학, 형법총론, 493면; 유기천, 형법학, 124면; 이재상/장영민/강동범, 형법총론, 128면; 정영석, 형법총론 109면; 진계호, 형법총론 148면; 황산덕, 형법강의, 71면.
74) 김성천/김형준, 형법총론, 202면; 오영근, 형법총론, 294면; 임웅, 형법총론, 532

이 외에도 자기의 행위로 인하여 위험발생의 원인을 야기한 자에게는 그 선행행위에 근거하여 작위의무가 발생하기도 한다. 자동차를 운전하여 타인에게 상해를 입힌 자는 피해자를 구조해야 할 보증인이 되고, 과실로 불을 낸 사람은 불을 꺼야할 보증인이 되며,[75] 미성년자를 감금한 자는 탈진상태에 빠져 있는 피해자를 구조할 보증인이 되는 것이다.[76] 그리고 어린 조카를 저수지로 데리고 가서 미끄러지기 쉬운 제방 쪽으로 유인하여 걷게한 자는 물에 빠진 피해자에 대한 보증인이 된다.[77]

한편, 보증인지위의 발생은 부작위범과 피해자 사이의 보호관계로 인하여 위험으로부터 법익을 보호해야 할 의무, 즉 보호의무에서 발생하는 경우와 위험원에 대한 책임, 즉 안전의무에 기한 것으로 나누어볼 수 있다.

대법원은 부하직원의 배임행위를 방치한 은행지점장에게는 배임죄의 방조가 성립하고,[78] 백화점의 상품관리를 담당하는 직원이 가짜상표가 새겨진 상품을 판매하는 점주의 행위를 방치한 때에는 상표법위반 등의 방조죄가 성립한다고 판시하였다.[79]

나. 행위정형의 동가치성

결과발생을 방지해야 할 의무 있는 보증인의 부작위라는 것만으로 부작위를 작위와 같이 평가할 수는 없다. 따라서 부진정부작위범에 있어서 부작위를 작위와 같이 평가하기 위하여는 그 부작위가 작위에 의한

면. 이에 대하여 작위의무의 발생근거를 법률, 계약, 선행행위로 제한하는 것은 타당하지 않으나, 작위의무가 단순한 윤리적·도덕적 의무에 확대되어서도 안되므로 조리에 의한 작위의무는 극히 제한된 범위에서 인정되어야 한다는 견해는 이재상/장영민/강동범, 형법총론, 128면.

75) 대법원 1978. 9. 26. 선고 78도1996 판결.
76) 대법원 1982. 11. 23. 선고 82도2024 판결.
77) 대법원 1992. 2. 11. 선고 91도2951 판결.
78) 대법원 1984. 11. 27. 선고 84도1906 판결.
79) 대법원 1997. 3. 14. 선고 96도1639 판결.

구성요건의 실행과 같이 평가될 수 있는 요소를 갖추어야 한다. 여기에서 부진정부작위범에 특수한 동가치성의 문제로 보증인지위와 행위정형의 동등성을 검토할 필요가 도출된다. 즉, 부진정부작위범이 성립하기 위해서는 부작위가 작위에 의한 구성요건의 실현과 같이 평가될 수 있어야 한다. 이 때 행위정형의 동등성 또는 상응성을 어떻게 이해할 것인가에 대하여는 견해가 대립한다.

종래 부작위의 동가치성은 부작위가 작위와 같이 평가될 수 있는 행위라는 강력한 요소가 보일 것을 요한다고 하거나,[80] 부작위가 작위에 의한 구성요건의 실현과 같을 정도의 위법성을 갖추어야 한다거나,[81] 불법과 책임에 있어서 작위에 의한 구성요건의 실현과 동일시될 것을 요한다고 해석되어 왔다. 그 결과 작위의무 위반에 대하여 별도의 벌칙규정이 있는 경우에는 그 규정의 위반죄가 되는 데에 그치고, 발생한 결과에 대한 부진정부작위범이 성립하지는 않는다. 사고운전자가 도주한 것만으로는 부작위에 의한 살인죄가 성립하지 않는다는 것이다.[82] 그러나 이러한 태도는 부작위가 언제 불법이나 위법성 및 책임에 있어서 작위와 같이 평가받을 수 있는가에 대하여 아무런 기준을 제시하지 못하며, 근본적으로는 행위정형의 동등성을 지나치게 과대평가하였다는 비판이 있다.[83]

한편, 행위정형의 동등성은 부작위에 의한 구성요건적 결과가 구성요건에서 요구하는 수단과 방법에 의하여 발생할 것을 요한다는 의미에 지나지 않는다.[84] 예컨대 살인죄·상해죄·손괴죄 또는 방화죄와 같이 결

---

80) 오영근, 형법총론, 303면; 유기천, 형법학, 126면; 임웅, 형법총론, 536면.
81) 진계호, 형법총론, 149면.
82) 유기천, 형법학, 126면.
83) 이재상/장영민/강동범, 형법총론, 133면.
84) 김일수/서보학, 형법총론, 502면; 배종대, 형법총론, 730면; 손동권/김재윤, 형법총론, 326면; 신동운, 형법총론, 144면; 이재상/장영민/강동범, 형법총론, 133면; 이형국, 형법총론, 414면; 정성근/박광민, 형법총론, 470면.

과가 발생하면 처벌되는 범죄에 있어서는 행위정형의 동가치성은 특별
한 의미를 갖지 않는다는 것이다.

반면, 구성요건적 결과가 일정한 방법에 의하여 발생될 것을 요하는
범죄에 있어서는 부작위가 구성요건이 요구하는 방법에 해당하여야 한
다. 따라서 범죄 행위의 태양이 부작위에 의하여 충족될 수 있는가의 문
제는 결국 각칙상 개별범죄의 구성요건 해석에 의하여 결정된다고 할
것이다. 예를 들어 사기죄(형법 제347조)는 사람을 기망하여 재물의 교
부를 받거나 재산상의 이익을 취득해야 성립하며, 공갈죄(형법 제350조)
는 폭행 또는 협박에 의하여 재물의 교부를 받을 때에 성립하고, 특수폭
행죄(261조)나 특수협박죄(284조)는 단체 또는 다중의 위력을 보이거나
위험한 물건을 휴대한 경우에만 성립된다. 특수한 행위자요소를 요건으
로 하는 범죄, 예컨대 허위진단서작성죄(233조)는 의사·한의사·치과의사
등의 신분을 가진 자, 폭행·가혹행위죄(125조)는 인신구속의 직무를 행
하는 자만이 부작위범이 될 수 있다. 이에 반하여 자수범에 있어서는 범
죄의 불법내용이 자수에 의한 실행에 의하여 달성될 수 있는 것이므로
부작위범이 성립할 여지가 없다고 해야 할 것이다.[85]

판례는 "부작위행위자에게 피해자의 법익을 보호해야할 법적 작위의
무가 있을 뿐 아니라, 부작위행위자가 그러한 보호적 지위에서 법익침해
를 일으키는 사태를 지배하고 있어 작위의무의 이행으로 결과발생을 쉽
게 방지할 수 있어야 부작위로 인한 법익침해가 작위에 의한 법익침해
와 동등한 형법적 가치가 있는 것으로서 범죄의 실행행위로 평가될 수
있다"고 한다.[86]

---

85) 이재상/장영민/강동범, 형법총론, 133면.
86) 대법원 2015. 11. 12. 선고 2015도6809 전원합의체 판결 등.

Ⅲ. 위법성

부작위범에 있어서도 구성요건해당성이 위법성을 징표한다는 점은 작위범의 경우와 같다. 따라서 구성요건에 해당하는 부작위의 위법성은 위법성조각사유의 존재에 의하여 조각될 수 있다.

부작위범의 위법성조각사유와 관련하여 특히 문제되는 점은 의무의 충돌(Pflichtekollision)이다. 둘 이상의 의무를 동시에 이행할 수 없는 상태에서, 그 중 하나의 의무를 이행하기 위하여 다른 의무의 이행을 방치한 결과, 방치한 의무불이행, 즉 부작위가 구성요건에 해당하는 경우를 말한다. 예컨대 두 아들이 물에 빠졌는데 둘 중 한사람만을 구할 시간적 여유밖에 없는 경우, 아버지가 한 명은 구하고, 다른 한 명은 구하지 못하여 익사한 경우를 상정해 볼 수 있겠다.[87] 작위범의 경우에는 행위자가 결과발생을 야기하는 행위를 하지 않음으로써 수 개의 부작위의무가 동시에 이행될 수 있어서 의무의 충돌은 일어나지 않는다. 그러나 부작위범의 경우 행위자가 여러 개의 작위의무를 동시에 이행해야 할 때, 그 동시이행이 불가능한 경우에는 선택적으로 작위의무를 이행할 수밖에 없다.[88] 의무의 충돌의 경우, 행위자가 높은 가치의 의무나 동가치의 의무를 이행하기 위하여 부작위로 나아간 때에는 부작위의 위법성이 조각된다.[89]

작위의무와 부작위의무가 충돌하는 부진정 의무의 충돌 사례의 경우, 행위자의 행위가 작위에 해당하여 작위범의 성립여부가 문제되는 경우에는 작위범의 긴급피난에 해당하여 처음부터 의무의 충돌이 문제되지 않고, 행위자의 행위가 부작위인 경우에도 긴급피난이 적용될 수 있

---

87) 김성돈, 형법총론, 563면; 임웅, 형법총론, 577-578면.
88) 김성돈, 형법총론, 563면.
89) 김성돈, 형법총론, 566면; 이상돈, 형법강론, 247면; 이재상/장영민/강동범, 형법총론, 128면; 임웅, 형법총론, 578면.

다.90) 긴급피난에 있어서 충돌하는 이익이 동등한 경우에는 피난행위자
의 책임이 조각되는 반면, 동등한 가치의 의무가 충돌하는 경우 위법성
이 조각된다는 차이가 발생하게 된다.91)

이 때 충돌하는 의무의 서열관계는 위험에 처한 이익의 가치, 위험에
의 근접도, 결과발생의 개연성의 정도, 보호대상에 대한 행위자의 관계
등을 종합적으로 고려하여 판단하게 된다. 만일 충돌하는 의무의 가치서
열에 관하여 행위자가 주관적으로 착오를 일으킨 결과, 객관적으로 낮은
가치의 의무를 이행하고 높은 가치의 의무를 방치하였다면, 작위의무에
관한 착오가 있는 것으로서 위법성의 착오에 해당하여 착오에 정당한
이유가 있는 경우 책임이 조각될 것이다.92)

IV. 책임

부작위범의 책임비난도 작위범과 같이 책임능력과 위법성의 인식, 기
대가능성 및 책임고의·과실을 필요로 한다. 부작위범에서의 위법성의 인
식은 작위의무를 이행하지 않는 부작위가 위법하다는 인식이고, 위법성
의 인식가능성은 이를 인식할 수 있었던 경우를 의미한다.93) 따라서 자
신의 부작위가 위법하다는 인식이 없으면 위법성의 착오 - 금지의 착오 - 에
는 형법 제16조가 적용되어 정당한 이유가 있는 경우에 책임이 조각된다.94)

---

90) 김성돈, 형법총론, 564면; 이재상/장영민/강동범, 형법총론, 128면; 정성근/박광
　　민, 형법총론, 474면; 정성근/정준섭, 형법강의총론, 369면.
91) 임웅, 형법총론, 578면.
92) 임웅, 형법총론, 578면.
93) 임웅, 형법총론, 579면은 작위범에서의 위법성 인식은 자신의 작위행위가 법적
　　으로 금지된다는 인식인 것과 달리, 부작위범에서의 위법성 인식은 자신의 작
　　위행위가 법적으로 '요구(명령)'된다는 인식을 말한다고 한다.
94) 임웅, 형법총론, 579면; 이재상/장영민/강동범, 형법총론, 128면; 정성근/박광민,
　　형법총론, 474면.

부진정부작위범의 경우 작위의무의 범위를 좁게 파악하여 자신은 작위의무가 존재하지 않는다고 오신하는 포섭의 착오와, 의무의 충돌에서 의무의 우열에 관한 착오가 있는 경우에도 금지착오가 된다. 회피불가능한 금지착오가 있거나 책임조각사유가 존재하면 책임이 조각된다.[95]

부작위범의 책임조각사유로 특히 중요한 것은 기대불가능성인데,[96] 부작위범에 있어서의 기대가능성은 작위의무의 범위와 행위능력을 결정하는 자료가 되므로, 단순한 책임조각사유가 아니라 구성요건요소에 해당한다는 견해도 있다.[97] 그러나 기대가능성의 기능을 작위범과 부작위범의 경우에 따라 달리 평가해야 할 이유는 없고, 행위가능성과 기대가능성은 구별되어야 하므로, 기대불가능성은 부작위범에 있어서도 책임조각사유로 해석함이 타당하다고 생각된다.[98]

V. 검토

형법규범은 1차적으로 일반인을 수범자로 하는 행위규범으로서 기능한다. 실제로 작위범의 금지규범은 대부분 그 수범자가 일반인이다. 그러나 부진정부작위범, 보다 정확하게는 작위범의 금지규범이 적용되는 부작위범의 경우에는 일반적인 금지규범과는 다르게 보아야 할 것이다. 작위를 금지하는 규범에서 발생하는 부작위의무는 규범의 성질상 객관적 당위로서 수범자의 일반적 능력을 고려하게 되지만, 부작위를 금지하는 규범에서 발생하는 작위의무는 개별적인 상황에서 구체적 행위자를

---

95) 김성돈, 형법총론, 567면.
96) 김일수/서보학, 형법총론, 373면.
97) Fischer, StGB, §13 Rn.16; S/S-StGB §13 Rn.155.
98) 이재상/장영민/강동범, 형법총론, 128면; 정성근/박광민, 형법총론, 475면; 정성근/정준섭, 형법강의총론, 369면.

수범자로 함이 전제된다.[99] 이것을 전제로 하여 제2장에서는 오늘날 통설적 견해에 따라 특히 결과범인 부작위범의 성립요건을 구성해 보았고, 현재 그 성립요건의 항목에 대하여는 크게 다툼이 없는 것으로 보인다. 그러나 부작위범의 인과관계의 인정여부와 그 내용에 대한 해명은 여전히 충분하지 않다. 이에 대하여 장을 바꾸어 보다 상세한 논의를 시도해 보고자 한다.

---

99) 이용식, "부진정부작위범에 있어서 작위가능성과 결과회피가능성의 의미내용", 35-36면.

제3장
부작위범의 인과관계

　　부작위범의 인과관계를 논함에 있어서 가장 먼저 던질 수 있는 질문
은 부작위와 결과 간에 인과관계가 과연 존재하는가이다. 이는 외계의
변화에 아무런 물리적인 영향을 미치지 않은 부작위가 적극적인 결과에
인과적이라고 할 수 있는지의 문제이다. 이 관점에서 보면 부작위범의
인과관계의 존부(유무)의 문제는 그 논의가 필요한지 여부와 같은 논의
라고 볼 수 있다. 논리적인 논의의 순서는, 부작위범에서 인과관계라는
것이 인정된다고 해야만 그 내용을 논할 수 있을 것이다. 그러나 실제로
는 부작위범의 인과관계를 인정한다면 그 내용이 무엇인지를 이야기할
수 있어야만 인과관계의 인정에 대한 근거가 정립되어 존부에 대한 주
장이 가능하므로, 부작위범의 인과관계의 존부와 내용에 대한 범주화를
명확히 분리하기는 쉽지 않다. 그럼에도 불구하고, 과연 부작위범에도
인과관계가 존재하는지, 존재한다면 그 내용을 어떻게 구성할 수 있는지
에 대해 논리적 순서에 의한 검토를 통하여 보다 타당한 결론을 도출해
보고자 한다.

제1절 부작위범의 인과관계의 존부 – 인정여부

Ⅰ. 논의의 범위

범죄의 유형에는 실행행위를 하기만 하면 구성요건이 전부 실현되는 거동범이 있는 반면, 행위자의 신체 거동 이외에 일정한 결과발생을 요구하는 결과범이 있다. 즉, 결과범에서는 거동범에 비해 결과발생이라는 추가적인 구성요건요소가 필요하다. 이 때의 결과발생은 실행행위와 동떨어진 결과발생이 아니라, 일정한 연관관계를 가지는 결과발생이어야 한다. 이러한 연관관계를 인과관계라고 할 것이며, 결과범에서 행위와 결과 간의 인과관계가 필요하다는 점에 대해서는 이견이 없다.

부작위범의 종류를 진정부작위범과 부진정부작위범으로 나누는 분류에 따르면 거동범인 진정부작위범의 경우 결과발생이 필요 없고 부작위의 존재만으로 범죄가 성립하기 때문에 인과관계가 문제될 여지가 없다는 견해가 다수이다.[1] 이 견해에 따르면 진정부작위범과 달리, 부진정부작위범은 대부분 결과의 발생에 의하여 기수에 도달하는 결과범이다. 작위범과는 달리 부작위범의 경우 단순히 구성요건적 결과를 방지하지 않은 것에 불과하므로, 과연 부작위범에서 인과관계가 존재하는가라는 근본적인 문제가 제기된다.[2] 이와 달리 인과관계가 진정부작위범과 부진정부작위범 공통적인 성립요건이라고 보는 견해도 있다.[3] 다시 말하면 전자의 견해는 부진정부작위범의 경우에만 인과관계가 문제된다고 보는

---

1) 류화진, "부작위범의 인과관계", 비교형사법연구 제7권 제1호, 한국비교형사법학회, 2005, 100면; 정대관, 부진정부작위범에 관한 연구 : 특히 객관적 구성요건요소를 중심으로, 성균관대학교 박사학위논문, 1991, 111면; 정성근/박광민, 형법총론, 485면; 천진호, 형법총론, 994면.
2) 이재상/장영민/강동범, 형법총론, 147면.
3) 배종대, 형법총론, 707면 이하.

것이고, 후자의 견해는 부작위범의 일반적인 경우 인과관계를 그 성립요
건으로 보는 것이다.

그러나 진정부작위범과 부진정부작위범을 법규범의 형식에 의해 구
별하는 입장은 그 규정이 기본적으로 작위범을 전제로 한 것인지(부진
정부작위범) 부작위범을 전제로 한 것인지(진정부작위범)의 문제일 뿐,
범죄성립요건에 결과발생을 요건으로 하는지의 여부에 따라 결정되는
결과범과 거동범의 구별의 문제와 논리필연적으로 연결되는 것은 아니
다. 이는 다른 차원의 논의이기 때문에, 엄밀히 말하면 부작위범의 인과
관계는 부진정부작위범에서 논해지는 것이라기보다는, 결과를 구성요건
요소로 하는, 결과범인 부작위범에서 검토를 필요로 함을 구체적인 논의
에 앞서 명확히 할 필요가 있다.

Ⅱ. 연혁적 검토 – 시대사조에 따른 논의의 흐름

1. 의의

이 책의 부작위범의 인과관계에 대한 논의는 부작위가 과연 결과에
대하여 인과적일 수 있는지에 대한 의문으로 시작해 보고자 한다. 이는
부작위범의 인과관계에 대한 논의가 처음 시작될 때 제기된 질문과도
일치한다.

이에 대해 독일에서는 자연과학적 사고가 형법 이론에 강한 영향을
미쳤던 19세기 이래로 활발한 논의가 되어왔으나,[4] 혹자는 아래의 견해
대립에 대해 "형사법상 가장 무익한 주제"라고 평가하기도 하였다.[5] 그
러나 형법에서 행위자의 귀책범위의 기초적 윤곽을 정하는 인과관계는

---

4) Roxin, Strafrecht Allgemeiner Teil(이하 'AT'), Bd. Ⅱ, 2003, §31 Rn.37f.
5) Liszt/Schmidt, Lehrbuch des deutschen Strafrecht, 26. Aufl., 1927, S.164.

부작위범을 포함한 다양한 범죄형태에 과연 보편·타당하게 적용될 수 있는지 설득력 있게 설명되어야 하며, 실제 문제되는 사안들이 분명히 존재하고 있다. 우리나라의 논의가 시작되기 훨씬 전부터 독일에서 논의가 이루어졌기에, 그 논쟁이 이루어진 시간순서에 따라 먼저 살펴보고, 차례로 현재의 우리나라에서의 논의에 도달해보고자 한다.

2. 독일에서의 논의

가. 인과력/작용력으로서 부작위

Feuerbach는 부작위범에 관하여 일반적인 규칙을 세우려고 시도하였으나,[6] 당시의 학자들은 부작위의 인과관계를 경험상 당연한 것으로 생각하여 크게 문제삼지 않았다.[7] 그러다가 19세기 중반 형법 전반에 자연과학적 사고가 영향을 미치면서 부작위범의 인과관계를 증명하려는 노력들이 나타났다. 이 당시의 부작위범의 인과관계에 관한 논의는 기본적으로 모든 범죄가 잠재적 범죄자가 결과에 이르는 데에 인과관계를 필요로 하고, 그리고 인과관계는 실재하는 힘으로 구성되어 결정된다는 가정에 기초하고 있었다.[8] 여기에서의 '인과력(wirkkraft)'은 자연과학적 의미로 실제로 작용하는 힘이 결과를 야기하는 것을 의미한다. 이러한 부작위의 인과력을 증명하기 위해, 학자들은 오랜 시간 열심히 노력해왔으나, 한편으로 이러한 노력은 실패했다고 평가하기도 한다. 그러나 현재의 부작위범의 인과문제를 판단해보기 위해, 여기에서 그 이론적 시도를 살펴보는 것은 의미가 있다.

---

6) Feuerbach, Lehrbuch des Gemeinen in Deutschland Gültigen Peinlichen Rechts, 11. Aufl., 1832, §24.

7) Maurach/Gössel/Zipf, Strafrecht AT, Band 2, 7. Aufl., 1989, S.184.

8) Roxin, AT II, §31 Rn.38f.

이러한 시도는 초반에는 주로 부작위는 무(無)이므로 무에서 유(有)
가 발생할 수 없다는 이유에서, 부작위 자체에는 인과관계를 인정하지
아니하고, 결과에 대하여 원인력을 준 부작위 이외의 작위에서 그 원인
을 구하려는 것들이었다. 그러한 견해들을 소개해보면 아래와 같다.

먼저 Luden의 견해로, 부작위 자체가 아니라 부작위시에 행해진 작위
의무자의 다른 적극적 행위가 결과에 대한 원인이라는 견해이다.[9] 타행
위설이라고 흔히 불리는 이 견해에 따르면, 부작위범의 결과를 방지해야
할 때에 다른 작위를 하였다는 점에 인과의 요소가 있다고 보아, 예를 들
면 구조의무 있는 자가 구조에 필요한 적당한 조치를 취하지 않고 도주
한 경우에 그 도주행위가 결과에 대해 인과가 있는 것으로 보게 된다.

한편, 부작위에 앞서서 행해진 작위가 결과에 대한 원인이라는 견해
로, Klug, Glaser, Merkel 등이 주장하였다. 부작위범에 있어서는 이러한
동시적인 행위가 아니라, 그 선행행위에 원인이 있다는 것이다(선행행위
설).[10] 이에 따르면 예를 들어 어머니가 고의로 영아에게 젖을 주지 않
아 아이가 아사(餓死)한 경우, 부작위에 선행한 외출 등을 원인으로 보게
된다.

위 타행위설이나 선행행위설의 경우 부작위에 반드시 다른 작위가
개입되는 것은 아니라는 점, 설령 작위가 있다고 하여도 부작위와 개념
적으로 관계가 없는 다른 요소인 작위를 통하여 인과성을 찾는다는 점
에서 비판 받고 있다.[11]

이와 달리, Buri, Binding 등에 의하여 주장된 것으로, 결과발생을 방지
하려는 작위에의 충동을 억제하는 심리작용 내지 간섭현상에 원인이 있
다고 보는 견해도 있다(간섭설).[12] 이에 따르면 범죄를 범하려는 결의,

---

9) Luden, Abhandlungen aus den gemeinen deutschen Strafrecht, Bd. 2, 1840, S.219ff.
10) Merkel, Kriminalische Abhandlungen II: von den Unterlassungsverbrechen, 1867, S.81.
11) 신양균, 형법상 인과관계와 객관적 귀속에 관한 연구, 연세대학교 박사학위논
   문, 1988, 116면 이하.

즉 결과발생을 방지하려고 하는 행위충동을 억제하려는 심리작용에 부작위의 원인력이 있으므로, 부작위범의 인과관계는 존속하는 행위충동을 억제해야 하며, 결과를 실제 야기한 행위의사를 제거해야 한다.

그러나 행위충동의 억제를 무의식적 과실 부작위라고는 하기 어렵고,[13] 원래의 구조충동을 억누른다는 행위자의 내면상태는 경험적 견지에서 매우 모호하며, 위험한 범죄인의 경우 허구적이라는 비판이 있다. 나아가 간섭설과 같이 내심의 과정만에 기하여 처벌하는 것은 형법의 근본원리와도 모순되며, 인식 없는 과실에 의한 부작위범에 대한 설명도 불가능하다는 비판도 있다.[14]

한편, 자연과학적 사고를 기초로 하는 입장이 극대화되어 부작위의 인과성을 전적으로 부정하는 견해도 있다(인과관계 부정설). Liszt, Beling, Welzel 등에 의해 주장되었는데, 이들은 인과개념은 법적인 것이 아니라 존재범주라고 보아, 실제로 일어난 사건의 상호관계 속에서의 법칙적 관련이며, 그 자체로서 현실적인 것이라고 한다.[15] 그에 따르면 부작위는 자연적·물리적으로 무(無)이기 때문에 작위에 있어서와 같은 결과의 현실적 야기가 없고, 단지 결과방지의 작위의무만 있어 작위의무에 위반하여 결과를 방지하지 않았다는 관계만 있을 뿐이므로 부작위와 결과 사이의 인과관계가 성립할 가능성은 부정된다.

그러나 현대적인 입장에서 볼 때, 자연적인 관점에 기한 견해들은 형법상의 인과관계를 물리상의 인과관계와 혼동한다는 비판을 면하기 어렵다.[16] 같은 맥락에서, 위의 견해들이 제시되었던 당시에도 지배적인 시대사조였던 자연과학적 사고방식 대신, 규범적 관점에서 인과관계를

---

12) Binding, Die Normen und ihre Übertretung, Bd. II, 2. Aufl., 1914, S.560ff.; Buri, Über die Begehung der Verbrechen durch Unterlassung, GerS 21, 1869, S.196ff.

13) Roxin, AT II, §31 Rn.38f.

14) Schünemann, ZStW 1984, S.287ff.

15) Welzel, Strafrecht, S.43.

16) 이재상/장영민/강동범, 형법총론, 형법총론, 153면.

보아야 한다는 견해가 등장하였다(법적 인과관계설). 이 견해는 윤리적·법적 관찰방법에 근거하여 인과관계를 판단하려고 했다는 점에서, 인과관계를 사실적·존재론적인 것으로 보던 이전의 다른 견해와 확연히 구별되는것으로 평가된다.[17] 단, 이 때의 법적 인과관계설은 인과관계를 더 이상 형법적 판단에 대한 실재하는 것으로 파악하지 않고, 현실적 필요에 의해 규범적 개념으로 파악한다.

이는 Bar, Kohler 등에 의해 주장되었는데, 부작위 자체에 원인력(인과성)은 없으나, 부작위로 나아간 자에게 결과발생을 방지할 작위의무는 있으므로, 작위의무자의 작위의무위반이 결과에 대하여 법적 원인이 된다는 견해이다.[18] 이에 따르면 부작위는 단순한 무위가 아니라, 무엇인가 기대되는 것을 하지 않은 것이고, 작위가 기대될 수 있는 한에서만 부작위가 인과적이고 이로써 가벌성이 인정된다고 보게 된다. 즉 부작위를 외부세계의 결과에 대한 원인이라기보다 법적 결과에 대한 원인으로 보는 견해로, 이에 의하면 부작위범의 인과관계는 결과방지에 대한 법적 의무에 지나지 않게 된다.

나. 법률요건으로서 부작위

위에서 살펴 본 것과 같이, 부작위 이외의 것에서 결과와의 인과관계를 찾으려던 노력을 거치면서, 결과를 향한 부작위가 실재하는 인과력(wirkkraft)이 원인이 될 수 있다는 견해는 더 이상 주장되지 않게 되었다.[19] 그리고 부작위범이란 규범적으로 기대된 행위를 하지 않음으로써 구성요건상 금지되어 있는 결과를 실현시킨 경우이므로, 그 결과발생의

---

17) 류화진, "부작위범의 인과관계", 113면.
18) Bar, Gesetz und Schuld im Strafrecht, Bd.2, 1907, S.244ff.; Kohler, Studien aus dem Strafrecht, Bd. 1, 1889, S.47f.
19) Roxin, AT II, §31 Rn.39f.

원인력은 부작위자체에서 결과발생의 원인력을 구하여야 한다는 생각이 지배적이 되었다. 그리하여 그 과정에서 인간의 사고가 개입되는 규범적 개념으로서 인과관계를 파악하고자 하는 시도들이 생겨났다.

Mezger는 인과관계 개념을 원인과 효과의 두 개의 과정 사이의 관계에 관한 정보를 제공하는 '관계개념'이라고 하였다.[20] 그는 부작위범에 관하여 '기대(요구)된 행위(ewartete Handlung)'의 의미를 강조하였는데, 이것은 현재까지 부작위범을 이해하는 중요한 단서가 되고 있다. 그는 부작위범의 인과관계는 부작위 그 자체가 아니라 인간의 사고 내에서 작위범과 같은 방식과 형식으로 구성되어 있는데, 부작위의 경우에는 어떠한 기대된 행위가 특정한 결과발생을 저지하였을 것이라는 판단이 될 때 그 결과에 대해서 인과관계가 있다고 주장하였다.[21]

한편, 부작위범의 인과관계에 관하여 지지된 독일의 유력설이 '합법칙적 조건설(gesetzmäßige Bedingung)'이다. 그 선두에서 합법칙적 조건설을 주창한 Engisch는 작위범에서 하나의 행위가 일정한 구성요건적 결과에 대해 인과적이라고 할 수 있기 위해서는 그 결과가 행위에 시간적으로 뒤따르면서 외부세계의 변화와 법칙적으로 연관되어 있을 때라고 한다.[22] 그는 이 합법칙적 조건설을 부작위에도 적용할 수 있다고 하였는데, 구성요건적 결과가 발생되는 것을 막아줄 인과관계가 있는 행위를 하지 않음으로써 결과가 발생하는 경우, 그 부작위와 결과 사이에는 합법칙적 조건 관계가 인정된다. 즉, 부작위로 인하여 허용되지 않는 결과가 발생한 것에 주목하여, 이를 법적으로 연결된 것으로 보아 부작위의 결과의 인과를 고려할 수 있다.[23] 요컨대 합법칙적 조건공식에 의하여

---

20) Mezger, Strafrecht: ein Lehrbuch(이하 'Strafrecht'), 3. Aufl., 1949, S.111ff.
21) Mezger, Strafrecht, S.136.
22) Engisch, Die Kausalität als Merkmal der strafrechtlichen Tatbestände(이하 'Die Kausalität'), 1931, S.21ff. Engisch의 합법칙적 조건설에 대한 상세한 분석은 장영민, "인과관계론에 관한 보완적 연구 -합법칙적 조건설과 중요설을 중심으로-", 형사정책연구 제18권 제3호, 한국형사정책학회, 2007, 111면 이하.

부작위의 인과성을 인정할 수 있다는 것이다. 그는 특히 부작위범에서
'부정(Negation)' 개념을 사용하였는데, 자연법칙적으로 가능한 작위행위
에서 결과저지라는 인과적 연결이 진행되지 않았기 때문에 다른 원인과
다른 합법칙적 관계에 의해 결과가 발생하였다는 것이다.

　Engisch와 동일한 결론에 도달한 Puppe는, '부정'의 개념으로 부작위
범의 인과를 설명하는 것은 허용될 뿐 아니라, 불가결이라고 지적하였
다.24) 예를 들어 환자가 심한 통증에 스스로 굴복하기도 했지만, 의사에
게 방문하지도 않았기 때문에 결국 사망한 경우처럼, 결과는 적극적으로
요건을 갖추는 경우 뿐 아니라, 소극적으로 결과방지를 야기시키는 요소
의 누락 내지 방지에 의해서도 달성된다는 것이다.25) 요컨대 Puppe는 부
정조건이 결과에 대한 충분조건이 될 수 있다고 본다.

　Hilgendorf는 합법칙적 조건공식이 부진정부작위범에도 제한없이 적
용된다고 하였다.26) 예를 들어 A가 물에 빠졌는데, 옆에 있던 숙련된 구
조대원 甲이 구조하지 않고 가만히 있었다면, 甲의 행위는 A의 사망에
인과적이고, 甲의 행위와 A의 사망 간에 합법칙적 연관이 있다는 것이다.

---

23) Engisch, Die Kausalität, S.29ff.

24) Puppe, Der Erfolg und seine kausale Erklärung im Strafrecht, ZStW 1980, S.899.

25) Puppe, ZStW 1980, S.900. 아이의 생명이 위독한 긴급상황에서 부모가 의사를
　　부르는 등 응급처치를 지체하여 아이가 사망한 경우, 의사가 아이의 생명을
　　실제로 구할 수 있었을지 확실하지 않더라도, 부모의 부작위가 아이의 죽음에
　　대하여 충분한 부정적 조건이 된다고 한다.

26) Hilgendorf, Fragen der Kausalität bei Gremienentscheidungen am Beispiel des Leder-
　　spray-Urteils, Neue Zeitschrift für Strafrecht(이하 'NStZ') 1994, S.564.

다. 최근의 논의

현재 독일의 통설적 입장은 부작위의 인과관계를 부정하는 견해이다.[27] 그 중 Welzel은 부작위범의 정범은 구성요건해당 결과를 야기한 것에 대하여 처벌받는 것이 아니라, 결과를 방지하지 않은 것으로 처벌받는 것이라고 하였다.[28] 그는 인과개념을 법적인 것이 아니라 존재범주로 파악하여, 현실적인 것만 인과개념에 포섭시킨다.[29] 따라서 부작위와 결과 사이의 인과관계는 존재하지 않는다고 보게 되는 것이다. 한편 Arthur Kaufmann은 부작위는 행위가 전혀 아무 것도 야기하지 않는 것을 의미하며, 그러한 부작위는 절대 인과적이지 않다고 언급하였다.[30] 이는 인과관계는 실재하는 것이 아니라, 오직 관념에서 존재하는 것이라는 입장에서 기인한다. Jescheck과 Weigend는 범주로서의 인과관계는 힘을 필요로 하는데, 부작위는 그것을 단지 결여한 실질적인 에너지원천을 필요로 한다는 입장이다.[31]

---

27) Jescheck/Weigend, AT, S.618; Roxin, AT II, §31 Rn.40f. 같은 분석으로 송문호, "독일형법상 부작위의 인과관계 -법철학적 관점에서의 분석을 중심으로-", 형사법연구 제14호, 한국형사법학회, 2000, 267면. 이와 달리, 현재 독일과 우리나라의 통설을 모두 부작위의 인과관계를 긍정하는 견해라고 소개하며, 그 내용은 부진정부작위범에 있어 발생된 결과를 행위자에게 귀속시키기 위해서 부작위와 결과 사이에 인과관계가 있어야 하며 객관적 귀속이 가능해야 한다고 것으로 보고 있는 문헌으로 정성근/박광민, 형법총론, 485면; 류화진, "부작위범의 인과관계", 117면.

28) Welzel, Strafrecht, S.212f.

29) Welzel, Strafrecht, S.43.

30) Arthur Kaufmann, Die Bedeutung hypothetischer Erfolgsursachen im Strafrecht, Festschrift für(이하 'FS-') Eb. Schmidt, 1961, S.214.

31) 독일에서 부작위범의 인과를 긍정하는 견해로는 Armin Kaufmann, Die Dogmatik der Unterlassungsdelikte(이하 'Die Dogmatik'), 1959, S.156. 그는 '인과력'을 긍정하는데, '부작위'의 하나의 요소로서 '작위의 부존재' 자체의 인과력을 인정하면서, 한편 Engisch가 주장하는 조건관계를 전제로 하고 있다.

이처럼 인과개념을 어떻게 구성해 나가는가에 따라, 인과의 존부를 달리 판단하게 된다. 한편, 부작위범의 인과관계를 긍정할지 부정할지에 따라 인과관계의 내용을 달리 구성하게 된다. 이와 같이 양방향적 영향을 미치고 있는 인과관계의 존부와 내용 문제 중 이 절에서는 그 존부에 대하여 살펴 본 바, 구체적으로 인과 내용을 어떻게 구성할 것인지에 대하여 절을 바꾸어 논의하겠다.

제2절 부작위범의 인과관계의 내용

부작위와 발생된 결과 간의 인과관계는 물리적 의미의 인과관계로는 확인할 수 없다는 점에 대해서는 대부분의 학자들이 공감하고 있다.[49] 인과관계란 유(有)와 유의 관계이므로 무(無)와 유의 관계를 논할 수 없다거나, 존재론적으로 무인 부작위는 그 자체로서 어떠한 결과발생도 야기할 수 없다는 것이다.[50] 부작위라는 현상의 본질이 부작위자가 진행 중에 있는 인과적 연쇄에 대하여 영향력을 개입시키지 않았다는 점에 있기 때문이다.[51] 무에서 유가 생길 수 없다는 전제에 있는 한 부작위범의 인과관계를 설명할 수 없다. 그럼에도 불구하고 행위와 결과 사이의 인과관계의 유무 내지 존부의 검토는 행위자에게 형사책임을 귀속시키기 위해 반드시 필요한 단계이다.

그렇다면 인과관계의 유무의 판단기준은 무엇인가? 인과관계의 유무에 대한 판단은 인과관계의 '내용'이 무엇인지를 파악함으로써 자연스럽게 가능해질 것으로 생각된다. 즉, 인과관계의 내용이 무엇인지 정의내릴 수 있다면, 그 내용을 충족시킨 경우에는 인과관계가 존재한다 할 것이고, 충족시키지 못한다면 인과관계는 부정될 것이다. 이에 본 절에서는 먼저 우리 형법의 조문을 살펴본 후, 부작위범의 인과관계의 내용을 검토해보고자 한다.

---

49) 송문호, "독일형법상 부작위의 인과관계", 267면.
50) 김봉태, "부작위범에 관한 제문제 -부작위범과 인과관계-", 법학연구 제31권 제 1호 통권 제39호, 부산대학교 법학연구소, 1989, 120면; 류화진, "부작위범의 인 과관계", 101면.
51) 김성돈, 형법총론, 551면.

I. 관련 법 조문의 구조 및 해석

현행 우리 형법 제18조는 '부작위범'이라는 표제하에 "위험의 발생을 방지할 의무가 있거나 자기의 행위로 인하여 위험발생의 원인을 야기한 자가 그 위험발생을 방지하지 아니한 때에는 그 발생된 결과에 의하여 처벌한다."고 규정하고 있다. 이 조문에 대한 현재의 해석논의는 주로 부진정부작위범의 성립요건의 문제와 관련하여 이루어지고 있는 것으로 보인다.[52] 그런데 해당 조문은 '위험발생'과 '결과의 발생'을 언급하면서도, 그 사이의 관계에 관하여는 언급하지 않고 있기 때문에 과연 부작위범의 인과관계는 동조에 의하여 해결될 수 있는 것인지, 혹은 바로 그 앞에 자리하고 있는 형법 제17조의 '인과관계' 조문에 따라야 하는 것인지에 대한 의문이 제기된다.

형법 제17조 [인과관계] 어떤 행위라도 죄의 요소되는 위험발생에 연결되지 아니한 때에는 그 결과로 인하여 벌하지 아니한다.

형법 제18조 [부작위범] 위험의 발생을 방지할 의무가 있거나 자기의 행위로 인하여 위험발생의 원인을 야기한 자가 그 위험발생을 방지하지 아니한 때에는 그 발생된 결과에 의하여 처벌한다.

두 조문의 순서와 배치에 따라, 현재의 해석론으로서는 (비록 언급하

---

52) 류부곤, "부작위범의 불법구조 - 부작위범의 불법근거와 형법 제18조의 해석을 중심으로," 비교형사법연구 제15권 제1호, 한국비교형사법학회, 2013, 344면 이하; 류화진, "위험 개념에 근거한 부작위범의 보증인지위", 홍익법학 제12권 제2호, 홍익대학교 법학연구소 2011, 195면 이하; 오병두, "부진정부작위범의 입법형식과 형법 제18조의 성립경위", 형사법연구 제23호, 한국형사법학회, 2005, 57면 이하; 조상제, "현행 부작위범 규정(형법 제18조)의 개정방안", 안암법학 제25권, 안암법학회, 2007, 441면 이하 등 참조.

는 문헌 자체가 많지는 않지만) 인과관계 측면에서 작위범과 부작위범 간에 별 차이가 없으므로 제17조가 그대로 적용될 수 있다는 입장과, 부작위범에서는 작위범과는 달리 인과관계에 특별한 성격이 부여되고 있는 것으로 보아 동조의 적용을 부정하는 견해로 나누어지는 것으로 이해된다. 이때, 두 견해는 공통적으로 기본적으로 형법 제17조는 작위범을 규율대상으로 하고 있음을 전제로 하고 있는 것으로 보인다. 그렇다면 논의의 순서는 먼저 부작위범을 규율하고 있는 제18조의 규정이 부작위범의 인과관계까지 정하고 있는지를 살펴보고, 만약 그에 대한 규정이 아니라고 판단된다면, 인과관계의 일반 규정인 형법 제17조가 적용될 것인지를 다음으로 검토하여야 할 것이다. 다만 문언적으로는 어느 규정이 부작위범의 인과관계를 다룬 것인지 명확하지 않기 때문에, 적용법규를 판단하기 전에 해당 조문들의 입법연혁을 살펴볼 필요가 있다.

1. 입법연혁적 검토

현행형법의 해석 단계에 도달하기 위해서 형법 제18조의 전반적인 입법연혁을 살펴보되, 부작위범의 인과관계로 논의를 집중해나가는 방향으로 검토하기로 한다.

가. 형법 제18조의 입법경과

우리 현행형법은 2016. 12. 20. 법률 제14415호로 일부개정되어 같은 날부터 시행되고 있다. 현행형법 제18조는 1953. 9. 18. 형법이 처음 제정되어 법률 제293호로 같은 해 10. 3.부터 시행된 이래로 개정되지 않고 동일한 규정이 유지되고 있다.[53]

---

53) 다만, 1984. 12. 31. 대통령령 제11601호로 법무부가 형사법개정특별위원회규정을 제정, 1985년 법무부에 형사법개정특별심의위원회가 발족하여 형법전의 전

우리 형법상 최초의 부작위범에 관한 규정의 입안에 대한 언급은 1948년 조선법제편찬위원회의 형법기초요강에 있었다.[54] 같은 해 대한민국 정부가 출범함에 따라, 법전편찬위원회가 새로 구성되어 1949. 11. 12. 초안을 완성하여 정부로 이송하였고, 정부는 이 초안을 1951년 국회에 제출하였다. 이 정부 초안의 제18조는 현행형법 제18조와 동일한 내용을 규정하고 있었다.[55] 법전편찬위원회가 제시한 '형법초안이유설명서'에는 정부초안 제18조에 대하여 부진정부작위범의 위법성에 대한 규정이라고 표현하여 현행형법에는 부작위에 의하여 작위범을 범할 때의 작위의무에 관한 명문규정이 없었으므로, 독일형법 1930년 개정안 제22조를 참조하여 이를 신설하였다고 하고 있다.[56]

현행 형법 제18조는 입법사적으로 보면 독일형법의 1927년 초안 제22조와 일본형법의 1931년 가안 제13조를 모델로 한 것이라고 한다.[57] 1931

면개정작업이 이루어졌다. 부작위범에 대하여는 형법개정법률안 제15조가 "부작위에 의한 작위범"이라는 표제 하에 "결과의 발생을 방지하여야 할 자가 그 결과의 발생을 방지할 수 있었음에도 이를 방지하지 아니한 때에는 그 발생된 결과에 의하여 처벌한다. 다만 형을 감경할 수 있다."고 규정하고 있었다. 이때 구체적으로 참고된 외국의 입법례로 독일 1975년 형법 제13조, 오스트리아 형법 제2조, 일본 1974년 개정형법초안 제12조가 명시되어 있었다. 당시 개정안의 경과에 대해서는 특별심의위원회 위원장이었던 김종원, "형법총칙의 개정경위에 대하여", 형사법연구 제9호, 한국형사법학회, 1996, 29면 이하; 오병두, 부진정부작위범의 입법형식에 관한 연구 : 한국, 독일 및 일본의 입법사를 중심으로, 서울대학교 박사학위논문, 2005, 180면 이하 참조.

54) 형법 제18조의 입법경위 및 부작위범의 전반에 관련된 상세한 연혁적 논의는 오병두, 부진정부작위범의 입법형식에 관한 연구, 134면 이하 참조.

55) 정부초안 제18조는 "위험의 발생을 방지할 의무가 있거나 자기의 행위로 인하여 위험발생의 원인을 야기한 자가 그 위험발생을 방지하지 않았을 때에는 그 발생된 결과에 의하여 처벌한다."고 하여 "않았을"과 "아니하였을"의 문구의 차이가 있을 뿐이다.

56) 그러나 독일형법 1930년 개정초안에는 부진정부작위범에 관한 규정이 삭제되었으므로, 이는1927년 초안 제22조의 오기(誤記)로 보인다.

57) 오병두, 부진정부작위범의 입법형식에 관한 연구, 134면.

년의 일본 개정형법가안(총칙) 제13조는 "죄가 되는 사실의 발생을 방지하는 법률상의 의무를 갖는 자가 그 발생을 방지하지 않는 때는 작위에 인(因)하여 그 사실을 발생시킨 자와 동일하게 이를 처벌한다. 작위에 인하여 사실발생의 위험을 발생시킨 자는 그 발생을 방지할 의무를 진다"고 규정하고 있었다.[58] 한편, 독일형법 1927년 개정초안 제22조는 부진정부작위범을 규정하면서, 부작위에 의한 일정의 결과를 발생시켰다고 인정되는 경우에, 행위자로서 당해 결과의 발생을 방지할 법률상 의무가 있는 한 처벌해야 한다는 뜻을 규정하였다.[59] 우리 형법 제18조가 독일형법과 일본형법의 영향 중 어느 것의 영향을 더 받았는지에 대한 견해를 달리할 수 있겠으나,[60] 일본형법개정가안 제13조는 독일의 1925년 초안 제14조의 인과관계 중심의 입법형식과 1927년 초안 제22조의 작위의무 중심의 입법형식을 혼합적으로 계수한 바, 양 형법이 우리 현행 형법 제18조에 영향을 미칠 수밖에 없었다 할 것이다.

---

58) 일본개정형법가안의 성립과정에 대한 자세한 논의는 오영근, "일본개정형법가안이 제정형법에 미친 영향과 현행 형법해석론의 문제점", 형사법연구 제20호, 한국형사법학회, 2003, 114면 이하 참조.

59) 오병두, 부진정부작위범의 입법형식에 관한 연구, 26면은 1927년 초안 제22조를 "① 결과를 방지하는 것을 부작위한 자는 결과의 발생을 방지할 법적 의무를 지는 경우에만 처벌을 받는다. ② 자신의 작위에 의하여 일정한 결과가 발생할 위험을 야기한 자는 그 위험을 방지할 의무를 진다."고 번역하고 있다. 부진정부작위범을 규정한 동 조항은 1930년 독일형법 초안에서는 삭제되었다. 삭제경위는 오병두, 같은 글, 28면 이하 참조. 한편, 오영근, "일본개정형법가안이 제정형법에 미친 영향과 현행 형법해석론의 문제점", 113면은 부작위범과 관련하여, 현행 일본형법에는 규정을 두지 않았음에도 불구하고, 일본의 개정형법가안이 부작위범을 규정한 점을 근거로 우리의 제정형법 제18조가 일본개정형법가안의 영향을 받았다고 본다. 유사한 취지의 언급은 염정철, 형법총론, 한국사법행정학회, 1966, 98면.

60) 오병두, 부진정부작위범의 입법형식에 관한 연구, 162면; 오영근, "일본개정형법가안이 제정형법에 미친 영향과 현행 형법해석론의 문제점", 119면은 일본개정형법가안의 영향이 보다 크다고 보고 있다.

위와 같은 입법과정을 거친 형법 제18조는 부진정부작위범의 성립요건에 관하여 모든 것을 규정한 것이 아닌 바, 각 요건에 대한 해석론이 존재해왔는데, 아래에서는 형법 제18조를 둘러싼 해석론을 인과관계와 관련된 논의로 제한하여 살펴보고자 한다.

나. 부작위범의 인과관계에 대한 논의

1) 현행 형법 제정 이전의 논의

현행 형법이 제정되기 이전부터 학자들이 부작위범에 대하여 언급함에 있어, 부작위범의 인과관계를 중요하게 다루었다는[61] 점이 흥미롭다. 최근의 논의에서는 오히려 논쟁의 실익이 없다는 평가까지 있는데도 말이다.

당시 학자들은 공통적으로 부작위범의 인과관계에 대하여 작위범과 마찬가지로 인정될 수 있다고 보았는데,[62] 논의의 주요 쟁점은 인과관계를 작위의무와 구별되는 요소로 볼 수 있는가였던 것으로 보인다. 당시의 다수 입장은 부작위범의 인과문제가 작위의무와 구별된다는 입장을 취함으로써, 기존의 부작위의 원인력을 작위의무 자체에서 도출할 수 있다는 입장에 대하여 인과관계와 위법성 차원의 작위의무를 혼동한 것이라고 비판하였다.[63] 작위의무는 위법성의 요소라는 이러한 입장의 연장선상에서 형법 제정 전, 1951년 법전편찬위원회 형법초안의 제18조[64]에

---

61) 오병두, 부진정부작위범의 입법형식에 관한 연구, 148-149면.
62) 이건호, 신조선법학전집 제3권, 서울통신대학, 1949, 73면은 "최근의 학설과 판례의 경향은 일반적으로 부작위의 인과성을 긍정하는데 별다른 이설이 없는 것 같다"고 하였다.
63) 심현상, 형법총론, 건민문화사, 1947, 87-88면.
64) "위험의 발생을 방지할 의무가 있거나 자기의 행위로 인하여 위험발생의 원인을 야기한 자가 그 위험발생을 방지하지 않았을 때에는 그 발생된 결과에 의하여 처벌한다."고 규정하였는데, 이는 현행 형법 제18조와 거의 유사하다.

대하여 인과관계의 문제가 해결된 것이 아니라 위법의 문제를 해결한 것이라는 평가가 이루어지기도 하였다.[65] 즉, 형법 제18조는 부작위를 작위와 동등한 차원에서 규율하기 위한 취지의 규정이며, 그 핵심적인 표지가 의무위반성에 있다고 본 것이다. 현재로서는 당연히 두 가지 개념은 구별되는 것으로 여겨지지만, 1950년을 전후로 비로소 기존에는 작위의무의 내용으로 파악되던 부작위범의 인과관계가 체계적으로 분리되어 나오는 과정을 거치게 된 것으로 보인다.

한편 당시의 문헌들은 부작위범의 인과관계의 유무를 (작위범과 같이) 조건설에 의하여 결정한다고 하면서,[66] 인과관계의 유무는 조건설에 의하고, 인과관계의 범위의 문제는 상당인과관계설에 의한다고 구분한다고 한다. 후자의 경우 표현은 상당인과관계설이라고 하지만 오히려 이는 현재의 범죄체계론에 비추어 볼 때, 인과관계의 존부를 (합법칙적)조건설에 의하여 판단한 후, 행위를 결과에 귀속시킬 수 있는지를 살펴보는 객관적 귀속의 2단계로 나누어 판단하는 다수설적 입장과 유사한 검토방법이라고 생각된다. 현재의 관점에서 보면, 상당인과관계설이건 합법칙적 조건설이건, 인과관계의 유무 내지 존부를 판단함으로써 기수와 미수를 구별짓는 역할을 하는 것이지, 학설로써 인과의 범위를 결정짓는 것은 아니기 때문이다.

한편, 위험관계설 - 사회적으로 위험성을 가진 범위 내에 있어서만 인과관계를 인정할 수 있을 것이라는 견해 - 이 주장되기도 했다. 그에 따르면 부작위의 인과관계에 관하여는 결과의 발생을 방지할 수 있었던 자의 부작위에 한하여 그 원인력을 인정하여야 할 것이라고 한다.[67]

---

65) 장승두, 형법요강, 청구문화사, 1950, 53면.
66) 심현상, 형법총론, 87면; 이건호, 신조선법학전집, 74면.
67) 장승두, 형법요강, 50면 이하.

2) 형법 제정 후의 해석론의 전개양상

형법 제18조가 종래의 학설과 판례를 입법화한 것이기에, 형법이 제정된 1953년 직후의 논의는 위의 형법 제정 이전의 학설상황과 크게 다르지 않았다. 부작위의 원인력은 일반적으로 긍정되며,[68] 부작위의 인과관계의 문제가 작위의무와는 구별된다는 점,[69] 그리고 작위와 부작위의 인과관계는 동일하다는 점[70] 등이 일반적으로 인정되었다.[71] 다만 형법 제정 이전 시기에는 일본형법의 영향이 보다 강했던 것과 달리, 시기상으로 해방 이후 점차 독일형법의 영향이 강해지기 시작한 것으로 보인다.

당시 부작위범의 인과관계를 판정하는 기준에 관하여는 아래와 같은 견해의 대립이 있었다. 우선, 작위의 가능성 내지 결과방지가능성을 부작위범에서 인과관계를 인정하기 위한 요건으로 보는 견해가 있었는데,[72] 그에 따르면 일정한 결과를 방지할 수 있는 자가 이를 방지하지 않았을 때 그 부작위는 결과에 대하여 원인력이 인정된다. 이러한 관점에서 부작위범의 인과관계는 작위범과 동일하며, 다시 말해 인과관계를 인정하기 위하여는 작위가능성이 인정되면 족하다는 것이다. 덧붙여 그들은 인과관계가 사실판단 내지 객관적 관계라는 점을 언급하였다.[73]

한편, 독일형법의 영향으로 Mezger의 기대행위설에 따라 부작위의 원인력을 인정하는 견해가 당시 우리나라의 통설로 여겨지고 있다.[74] 이

---

68) 백남억, 형법총론, 문성당, 1955, 173면; 손해목, "부작위범에 관하여", 법정 제17권 제4호, 법정사, 1962, 48면; 황산덕, 형법강의, 56면.

69) 남흥우, "부작위범", 법정 제16권 제9호, 법정사, 1961, 44면; 정영석, 형법총론, 116면; 손해목, "부작위범에 관하여", 49면; 이건호, 신조선법학전집, 9면.

70) 백남억, 형법총론, 173면; 남흥우, "부작위범", 44면.

71) 보다 자세한 연혁적 논의의 검토는 오병두, 부진정부작위범의 입법형식에 관한 연구, 165면 이하 참조.

72) 정창운, 형법학총론, 87면; 정영석, 형법총론, 132면; 남흥우, "부작위범", 44면; 이건호, 신조선법학전집, 9면.

73) 정영석, 형법총론, 116면; 이건호, 신조선법학전집, 9면.

74) 백남억, 형법총론, 171면; 손해목, "부작위범에 관하여", 48면; 옥조남, 정해 형

에 따르면 결과방지가능성을 인과관계 요소로 보지 않고, 부작위가 없었다면, 즉 법에 의해 기대되는 작위행위가 있었다면 그 결과가 발생하지 않았으리라고 객관적으로 인정되는 범위 내에서 그 부작위는 결과에 대한 원인이 된다는 것이다.[75] 이러한 기대행위설적 견해 또한 결과적으로는 부작위범의 인과관계의 유무를 조건설의 가설적 인과관계와 다를 바 없다는 점을 인정하면서,[76] 그 성립범위를 제한하여야 한다는 점에서는 앞의 결과방지가능성설과 그 논의 방향을 같이한 것으로 보인다. 기대된 행위와 결과방지가능성을 부작위범의 인과관계의 내용으로 보는 것은 뒤에서 좀 더 살펴보겠지만 현재까지 유지되고 있다.

십년 단위로 그 이후 논의의 흐름을 간략히 살펴보자면, 1960년대의 견해들은 형법 제18조가 부작위범의 인과관계를 규정하고 있다고 이해하는 견해가 다수였던 것으로 보인다. 세부적으로는 형법 제18조가 단순히 결과책임을 규정한 조문이 아니며, 결과에 대하여 원인행위인 위험발생행위와 인과관계 있는 결과에 한하여 책임을 지우겠다는 취지로 해석하는 견해[77], '위험발생을 방지하지 아니한 때'가 인과관계를 규정한 것으로, 준인과관계설을 입법화하였다는 견해[78] 등이 나타나고 있다. 이러한

법강의:총론, 범조사, 1959, 102면; 황산덕, 형법강의, 56면 등.

75) 백남억, 형법총론, 172면.

76) 백남억, 형법총론, 172면.

77) 유기천, 형법학, 126면.

78) 염정철, 형법총론, 436면. 같은 책, 303-306면은 '위험발생을 방지하지 아니한 때'란 위험발생을 방지할 의무가 있음에도 방지하지 아니한 때라는 의미이고, '발생된 결과에 의하여 처벌한다'는 것은 그 부작위가 작위범의 구성요건에 해당할 경우에는 그에 의하여 처벌한다는 취지로 이해하고 있다. 이러한 해석은 형법 제18조의 '위험발생을 방지하지 아니한 때'라는 표현이 일본형법개정가안 제13조의 '결과발생을 방지하지 아니한 때'와는 다르다는 점을 전제로 한 것으로, 당시로서는 우리형법에 기초한 독자적 해석이 아닌가 한다. 한편, 여기에서 사용하는 '준인과관계'란 현재 통용되는 의미와는 무관한 내용이다. 내용상 작위의무가 있으면 된다는 것에 가깝다고 보이는데, 이는 의무범이론과 연결되는 견해라 생각된다.

해석은 우리 형법 제18조의 독자적 문구에 기초한 것이라고 생각되는데, 다만 이러한 해석이 부작위범의 인과관계를 규정한 것인가에 대한 대답은 아닌 것으로 보인다. 엄밀하게는 형법 제18조 상의 '위험발생을 방지하지 아니한' 부작위와 '그 결과'와의 관계를 설명하지는 않았기 때문이다.

한편 1970년대에는 부작위범의 인과관계에 대한 논의는 형법 제18조의 해석의 차원이라기보다는 일반론적 차원에서 이루어졌다.[79] 이러한 태도는 현재까지 이어지는 것으로 보이는데, 최근의 문헌에서는 형법 제17조나 제18조의 관련성이나 각각의 해석을 언급하는 문헌을 거의 찾기 어려운 반면,[80] 앞에서 살펴본 것과 같이 형법 제정시기의 전후의 문헌들에서 형법 제18조의 문구에 대한 논의가 활발히 이루어졌음을 알 수 있다. 이에 대하여, 그 이유로서 부작위범의 규정이 별도로 없는 일본이나 조문은 있으나 인과관계의 문제를 조문상 명시하고 있지 않은 독일의 일반론적 논의가 소개되었기 때문이라는 분석이 있다.[81] 그러나 앞서 검토하였던 것처럼 1950-1960년대의 부작위범의 인과관계에 대한 논의가 형법 제18조의 해석의 차원에서 이루어지긴 하였으나, 오히려 논의의 내용은 부작위범의 인과관계가 부작위범의 요건이라는 일반론에 가까운 것이었지 행위로서의 부작위와 결과간의 관계에 대하여 밝힌 것이 아니었다. 형법 제18조의 조문 자체가 부작위와 결과 간의 관계를 명확히 규정한 것이라고 단정 짓기 어려운 구조로 되어 있으므로, 부작위범의 인과관계에 대하여 일반론적으로 논의할 수밖에 없었던 상황으로도 볼 수 있을 것 같다. 이를 외국문헌의 유입으로 인한 조문과는 관계 없는 논의라고 곧바로 해석하는 것은 비약적 분석이라 보인다.

---

79) 오병두, 부진정부작위범의 입법형식에 관한 연구, 176면 이하; 정대관, 부진정부작위범에 관한 연구, 112면 이하.

80) 2000년대 이후의 문헌에서는 류화진, "부작위범의 인과관계", 119면 이하; 오병두, 부진정부작위범의 입법형식에 관한 연구, 204면 정도만 조문에 대해서 언급하고 있는 것으로 보인다.

81) 오병두, 부진정부작위범의 입법형식에 관한 연구, 176-177면.

1980년대의 문헌에서는 이전의 논의가 이어지면서도, 부작위의 원인력을 부작위 자체에서 찾으려는 시도가 생겼고, 그 내용은 작위범과 마찬가지라고 밝히고 있다.[82] 이 시기 이후의 부작위범의 인과관계에 관한 우리나라의 논의는 현재까지 연속되고 있다고 할 수 있는데, 그 내용은 다음 절의 부작위범의 인과관계의 내용을 살펴보면서 상세히 살펴보기로 한다.

3) 입법론 관련 논의

부작위범의 인과관계와 관련하여 입법개정 과정에서 눈여겨 볼만한 사항은, 독일 형법 제13조 제2항을 참고하여 임의적 감경조항의 도입문제가 논의된 바 있다는 것이다.[83] 인과관계와 동가치성의 양 측면에서 임의적 감경이 인정될 필요가 있고, 이를 조문에 도입하자는 것이 그 주장의 논지였다.[84] 그 중 인과관계의 측면은 부작위범의 경우 스스로 인

---

82) 심재우, "부작위범", 월간고시 8권 12월호, 법지사, 1981, 15면; 이형국, "부작위범의 제문제", 노동법과 현대법의 제문제 - 남관 심태식박사 화갑기념논문집, 박영사, 1983, 550면. 심재우, "부작위범", 15-16면은 상당인과관계설을 취하면서 귀속론을 추가하여 판단한다고 하고, 이형국, "부작위범의 제문제", 550면은 Mezger의 중요설에 따른다고 설명하였다.

83) §13 Begehung durch Unterlassen

(1) Wer er unterläßt, einen Erfolg abzuwenden, der zum Tatbestand eines Strafgesetzes gehört, ist nach diesem Gesetz nur dann strafbar, wenn er rechtlich dafür einzustehen hat, daß der Erfolg nicht eintritt, und wenn das Unterlassen der Verwirklichung des gesetzlichen Tatbestandes durch ein Tun entspricht.

(2) Die Strafe kann nach §49 Abs. 1 gemildert werden.

독일형법 제13조 [부작위에 의한 수행]

① 형벌구성요건에 속하는 결과를 방지하지 아니한 자는 결과가 발생하지 않도록 법적으로 보증할 책임이 있고 그 부작위가 법률상의 구성요건을 작위에 의하여 실현하는 것에 상응하여 이 법률에 따라 처벌한다.

② 그 형은 제49조 제1항에 따라 감경할 수 있다.

84) 법무부, 형사법개정특별심의위원회 회의록 제2권, 1987, 60면.

과관계를 형성하는 것이 아니라, 자연적으로 진행하는 인과관계를 알고
서 그것을 방지해야 할 자가 방지를 하지 않음으로써 그 결과가 발생된
것을 의미하므로, 인과관계를 인정한다 해도 적극적으로 작위범에게 인
과관계를 형성해서 한 경우보다는 형사책임이 가벼워진다는 것이다.[85]
이 때 임의적 감경 규정 관련 논의는 인과관계보다 동가치성의 관점에
서 보다 비중있게 다루어진 것으로 보인다.[86] 여러 논의를 거쳐, 결과적
으로 앞서 언급하였던 1992년의 형법개정법률안 제15조에서는 임의적
감경을 규정하기로 정해진 바 있었다.

2. 조문의 적용

형법 제18조의 입법경위와 시간적 흐름에 따른 부작위범의 인과관계
의 국내 논의를 살펴보았으니, 이제 다시 앞의 논의로 돌아가, 우리 형법
제18조가 "그 위험발생을 방지하지 아니한 때에는 그 발생된 결과에 의
하여 처벌한다."고 규정한 것이 부작위범의 인과관계를 규율한 것인지를
살펴보아야 할 것이다.

형법 제18조의 법문에 따르면 부작위범의 인과관계라 함은 '위험발
생'과 '결과의 발생' 사이의 관련성을 그 판단대상이자 내용으로 하게 될
것이다. 그런데 형법 제17조가 '어떤 행위'가 '죄의 요소 되는 위험발생'
에 '연결' 될 것을 요하는 것과는 달리, 형법 제18조는 '위험발생을 방지
하지 아니하면' '발생된 결과'에 대하여 책임을 진다는 형식으로 규정하
여 부작위와 결과와의 관련성에 대한 언급은 명시적으로 하지 않고 있
다. 따라서 형법 제18조가 부작위범의 인과관계까지 규율한 것은 아니
며, 형법 제17조에 의하여 부작위범의 인과관계를 판단하여야 한다는 견
해가 제시될 여지가 발생한다. 이처럼 명확하지 않은 표현에 기인하여,

---

85) 김종원, "부작위범(중)", 고시계 제33권 제4호, 고시계사, 1988, 159면.
86) 법무부, 형사법개정특별심의위원회 회의록 제2권, 63면 이하.

형법 제17조가 부작위범의 인과관계까지 규율하고 있다는 견해와, 형법 제18조가 부작위범의 다른 요건들과 함께 부작위범의 인과관계도 규율하고 있다는 견해의 차이를 가져오는 것으로 보인다. 이를 직접적으로 다루는 문헌 자체가 많지 않지만, 아래에서 조금 더 검토해보기로 한다.

가. 형법 제17조가 적용된다는 견해

형법 제18조에는 '위험발생을 방지하지 아니한 때'와 '그 발생된 결과에 의하여 처벌한다'는 표현만이 명시되어 있으므로, 위험발생에서 결과에 이르는 과정을 조문에서 규정하지 않고 있다는 입장이다.[87] 이 견해에 따르면 부작위에 의하여 발생한 위험과 결과사이의 관계는 형법 제18조가 규율하지 않고, 제17조에 의한다고 하는데, 그 근거가 별도로 제시되어 있지는 않다.[88] 이처럼 제17조에 의한다고 보면 다시 형법 제17조의 해석에 대한 학설의 대립이 문제될 것이다.[89]

필자는 뒤에서 검토하듯이 부작위범의 인과관계는 '위험'과 관련된 문언상 형법 제18조로 해결하는 것이 타당하다고 생각하나, 형법 제17조

---

87) 오병두, 부진정부작위범의 입법형식에 관한 연구, 204면.

88) 오병두, 부진정부작위범의 입법형식에 관한 연구, 205면은 그 근거로 형법제정 당시의 논의를 고려하여야 할 것이라고 하나, 같은 글의 앞부분에서 형법 제18조의 제정과정에서 부작위범의 인과관계가 반영된 것임을 소개한 부분과의 입장의 상이함이 발생하는 이유는 언급되지 않고 있다. 한편, 형법 제17조의 입법당시의 논의과정을 살펴보면 오히려 동조는 고의·작위범을 전제로 한 조문이지, 부작위범을 예상한 조문이라고 보기는 어렵다.

89) 오영근, "일본개정형법가안이 제정형법에 미친 영향과 현행 형법해석론의 문제점", 123면 이하는 형법 제17조의 인과관계 규정은 독일형법, 일본형법, 일본개정형법가안에도 없는, 우리형법의 특수한 규정이라고 보면서 이를 상당인과관계설의 입법으로 본다. 형법 제17조의 해석론으로서는 위험의 의미를 어떻게 볼 것인지가 주요쟁점인 것으로 보이는데, 이는 이건호, "형법 제17조의 "위험발생"의 의미와 상당인과관계설", 형사법연구 제17권, 한국형사법학회, 2002, 19-42면 참조.

가 적용된다고 주장하기 위해서는 적어도 동조의 '행위'는 구성요건적 행위, '결과'는 구성요건적 결과를 의미하므로 결과범인 부작위범의 경우 그 인과관계를 제17조를 적용하여 볼 수 있다는 정도의 구체적인 해석은 제시되었어야 하는 것이 아닌가 한다.

나. 형법 제18조가 적용된다는 견해

그러나 형법 제18조의 조문의 위치를 살펴보건대, 형법 제17조가 '인과관계'라는 표제 하에서 행위와 위험발생과의 관계를 언급하고 있고, 형법 제19조가 '독립행위의 경합'이라는 표제 하에서 2개 이상의 행위가 존재하였으나 결과발생의 원인된 행위가 판명되지 아니한 경우, 달리 말하면 행위와 결과 사이의 인과관계가 명확하지 아니한 경우에 관하여 규정하고 있다는 점에서, 형법 제18조의 해석 또한 인과적 측면에서 접근하는 것이 타당하리라는 생각이 든다. 설령 해석론으로서 인과관계를 규정한 것이라고 볼 수 없다고 하더라도, 앞에서 살펴본 바와 같이 최소한 형법 제18조가 입법되는 과정에서 인과관계를 염두에 두고 도입되었음은 부인하기 어렵다.[90]

한편, 문헌들에서 형법 제17조와 제18조의 해석상 '위험'이 중요한 개념으로 여겨지는데, 인과관계라는 측면에서 위험의 개념이나 의미가 각 조문에서 다르게 사용되지는 않은 것으로 보인다.[91] 다만, 이와 관련하

---

90) 이건호, 과실범에 있어서 객관적 귀속에 대한 비판적 연구 : 상당인과관계설과 객관적 귀속론을 중심으로, 서울대학교 박사학위논문, 2001, 67면은 형법 제18조를 부작위범의 인과관계 문제를 입법적으로 해결한 규정이라고 평가하면서, 제17조 내지 제19조까지의 규정을 인과관계와 관련된 세 개의 규정이라고 본다.
91) 이러한 해석은 1980년대 우리 문헌에서부터 나타나는데, 예를 들면 유기천, 형법학, 122-123면. 김태명, "형법상 위험개념과 형법해석", 성균관법학 제14권 제1호, 성균관대학교 법학연구소, 2002, 115면 이하; 이건호, "형법 제17조의 "위험발생"의 의미와 상당인과관계설", 30-31면.

여 우리 입법자는 타당하게도, 작위범의 인과관계를 규정한 형법 제17조에서는 행위가 위험 '발생'에 연결될 것을 요구하고 있는 반면, 제18조에서는 이미 발생한 위험을 전제로, 이를 '방지'할 것을 요구하고 있다. 부작위범의 경우는 작위범과는 달리 행위자(부작위자)가 새로 위험을 발생시키거나, 창출 내지 실현시키는 것이 아니라 이미 다른 이유로 발생되어 있는 위험을 감소시키거나 방지하지 않은 것이 문제되기 때문에, 우리 조문은 '위험'에 관하여 작위범과 부작위범의 이러한 차이를 정확히 반영하고 있다고 생각된다. 따라서 형법 제17조는 고의·작위범의 인과관계에 관하여 규정한 것으로, 위험을 '발생'시키지 않은 부작위범에 대하여는 그 문언상 적용되기 어렵다.[92] 부작위범의 경우에는 인과관계에 대하여 형법 제18조가 적용된다고 보는 것이 두 조문 모두에 규정되어 있는 '위험'이 현출되는 태양에 기초하였을 때 보다 적절할 것이라 생각된다.

다. 소결

우선, 형법 제17조와 제18조의 문언의 해석상 부작위범은 위험의 '발생'이나 위험을 창출한 것이 아닌, 위험의 발생을 방지하는 것이라는 점에서 부작위범의 인과관계에 형법 제17조를 적용하기는 어려워 보인다. 한편 형법 제17조 내지 제19조의 조문의 체계적 위치상으로도, 그리고

---

92) 김성룡, "다수인의 공동의 의사결정에서의 형법해석학적 문제점", 비교형사법연구 제4권 제1호, 한국비교형사법학회, 2002, 143면은 형법 제18조의 법문상 위험발생을 방지하지 않은 행위와 결과발생사이의 인과성이 부작위범의 인과성판단의 대상이 되며, 위험발생이라는 개념은 경우에 따라 객관적 귀속 또는 상당성을 배제하기 위한 근거로 해석하고 있어 (명확하지는 않지만) 유사한 취지로 볼 수 있을 것 같다. 한편, 류화진, "부작위범의 인과관계", 119면은 부작위범의 인과관계에 제17조가 적용될 수 없다고 하면서, 그 이유를 자연과학적 인과관계가 인정되는 행위에는 작위만이 해당되며, 작위만이 시간적으로 뒤따르는 외계의 변화에 연결될 수 있기 때문이라고 한다.

입법 당시의 논의를 살펴보더라도 형법 제18조는 부작위범이라는 특수한 범죄 형태에 대하여 규정한 것으로, 부작위범의 인과관계까지 규율하였다고 볼 수도 있다. 다만, 이러한 논의는 형법 제18조가 형법 제17조의 결과로 '인하여'라는 문구와는 달리 결과에 '의하여'라는 문구를 사용하여 마치 인과관계와 무관한 결과책임을 지우고자 하려는 것이라는 해석의 여지를 남겨두고 있는 바, 이에 대하여는 입법적인 개선논의가 가능할 것이다.

II. 부작위범의 인과관계의 성질
– 부작위범의 인과관계는 법적인 것인가?

1. 의문의 제기

앞 제1절에서 부작위범의 인과관계의 존부에 관한 다툼은 결국 부작위범의 인과관계의 개념 내지 성질을 달리 보는 것에서 기인함을 살펴보았다. 물리적·자연과학적 인과관계의 개념은 부작위범에서 인정될 수 없음은 대부분의 학자들이 인정하는 바이다. 이를 전제로 한 견해의 대립은 크게 보아, 자연과학적 인과력이 인정되지 않음을 이유로 부작위범에서는 인과관계를 인정할 수 없다(혹은 필요 없다)고 하거나, 인과관계의 개념을 법적인 것으로 변경하여 부작위범에서 인과관계를 인정할 수 있다고 하는 두 가지 양상으로 일어나는 것으로 보인다.

겉으로 아무 행위도 하지 않은 것처럼 보이는 '부작위범'의 특이성은 사람들로 하여금 작위범과 같이 볼 수 있을 것인가에 대한 끊임없는 의문과, 작위범과 부작위범을 동일하게 보는 것에 대한 불안을 가지게 하는 것 같다. 이러한 점은 인과관계 측면에서, 그 판단의 내용 뿐 아니라 개념 자체를 검토하는 데에서도 나타난다. 작위범에서 자연과학적 개념으로 판단한 '인과관계'를 부작위범에서는 그것을 규범적 개념으로 만들어 그것을 기준으로 인과유무를 판단하고자 하는 것이 그것이다. 과연 부작위범에서의 인과관계는 법적인 것인가? 굳이 작위범에서의 인과개념과 달리 보아가면서까지 부작위범의 인과관계를 법적인 것으로 볼 필요가 있는가? 아니, 애초에 인과관계가 법적이라는 것이 가능한 표현인가?

2. 자연과학적 인과관계와 법적 인과관계

가. 자연과학적 인과관계

작위·고의범에서 인과관계에 대한 판단은 존재영역, 즉, 행위자의 '현실적' 행위가 자연법칙에 따라 작용하여 결과를 초래하였는가라는 경험적 사실을 대상으로 한다. 이처럼 자연과학적으로 확인되는 존재영역을 판단대상으로 하는 인과관계를 자연과학적 인과관계라고 한다.[93]

나. 법적 인과관계

'법적 인과관계'또는 '형법적 인과관계'[94]라는 용어는 위의 자연과학적 인과관계에 대응되는 법적·사회적 관련개념으로 구성요건적 행위와 구성요건적 결과 발생 사이의 인과적 연결관계를 의미한다 할 것이다.[95] 논자에 따라서는 단순히 존재론적 존부확인을 넘어, 평가적 요소가 들어 있는 인과관계라고 보기도 하며,[96] 자연적 인과관계와 평가적 귀속을 포함하는 상위개념으로 사용하는 경우도 있다.[97]

---

93) 신동운, 형법총론, 148면.
94) 신동운, 형법총론, 149면.
95) 이정원, 형법총론, 105면.
96) 신동운, 형법총론, 126면.
97) 신동운, 형법총론, 149면; 원형식, "부진정부작위범의 인과관계와 객관적 귀

다. 소결 - 모순의 발생과 논의의 차원

　부작위범의 인과관계를 판단함에 있어 인과관계가 필요하다는 견해의 대부분은 작위범에서의 물리적·자연과학적 조건관계로서의 인과관계가 부작위범에 적용될 수 없다는 점을 지적하면서, 부작위범에서의 인과관계 개념을 법적인 것으로 변형하여 부작위범의 인과관계의 내용을 구성하고자 한다. 즉, 작위범의 인과관계는 자연과학적, 물리적인 것으로 보면서, 부작위범의 인과관계는 법적인 것이라고 보는 견해가 다수의 입장으로 보인다. 각 교과서에서 인과관계의 종류나 개념을 설명하는 부분에서 '법적 인과관계' 개념을 설명하면서 그 예시로 부작위범을 제시하고 있는 경우가 많다.[98] 그런데 부작위범의 인과관계를 법적인 것으로 전제하면서도, 동시에 앞서 살펴본 바와 같이, 아무런 의심 없이 작위범의 인과관계에서의 제거공식(conditio sine qua non)의 내용을 그대로 차용하여 논의를 진행하는 경우가 대부분이고, 부작위범의 인과관계의 내용이나 판단 방법에 대하여 구체적인 내용을 밝히지 않고 작위범의 그것과 같다고만 밝히는 문헌이 대다수이다.

　구체적 내용이 제시되어 있지 않으니, 각 저서들의 작위범에 대한 내용을 참고하여 미루어 짐작해본다. 작위범에서의 인과관계도 규범적인 내용이라고 전제하는 견해라면 (예컨대 상당인과관계설) 부작위범에서의 인과관계도 작위범과 같게 본다는 입장 자체에는 모순이 발생하지는 않을 것으로 보인다. 그러나 작위범에서 인과관계를 자연적인 것으로 보면서도(예컨대 조건설) 부작위범에서의 인과관계를 규범적이라고 개념을 변경하여 정의하고, 그러면서도 작위범에서의 (자연적) 인과관계 판단기준을 그대로 사용한다는 견해는 그 자체로서 크게 모순적이다.[99]

　　속", 114면 각주 17.
　98) 배종대, 형법총론, 173면.
　99) 예를 들어 정대관, 부진정부작위범에 관한 연구, 115면은 합법칙적 조건설로

작위범에서는 합법칙적 조건설을 인과관계의 내용으로 구성하는 통설의 입장을 취하면서도, 유독 부작위에서만 인과관계의 내용을 규범적으로 (그나마도 그 범위를 특정하기도 어렵고, 애초에 비판적 태도를 가지기 어려운 '(형)법적'이라는 명칭을 사용하여) 구성하는 입장은 그럼에도 불구하고 그 모순적 태도에 대한 어떠한 근거도 제시하고 있지 않다.

부작위범에서 문제되는 가설적 판단은 존재영역에 대한 사실판단이 아니라 발생된 결과가 행위자에게 귀속되는가라는 규범적 가치평가와 관련된 문제이다. 이러한 의미에서 판단해보면 부작위범의 인과관계는 법적 인과관계에 포함되는 개념으로 이해할 수도 있을 것이다. 그러나 부작위가 단순한 무위가 아니라 무엇인가 기대되는 것을 하지 않은 것이 중요하다는 점은, 작위가 단순한 거동이 아니라 무엇인가 금지되는 것을 한 것이 중요하다는 것과 다르지 않다는 관점에서 보면, 부작위범의 인과관계에서 특별히 작위범에 비해 규범적·법적 관점을 강조할 필요가 없어진다.[100]

나아가 기존의 논의에 대해 다음과 같은 의문을 제기하고자 한다. 자연적, 사실적 인과관계라는 것과 법적 규범적 인과관계라는 것은 판단방법이 자연적이거나 규범적인 것으로 구별된다는 차원의 논의인 것으로 보인다. 그러나 두 가지의 인과개념의 판단방법은 사실 동일한 것이 아닌가 한다. 기존의 논의, 특히 작위범과 부작위범의 인과개념 내지 성격을 달리 보는 다수의 견해대로라면, 존재하는 행위가 결과에 미친 인과력을 판단하는 방법은 자연적인데, 존재하지 않지만 그 행위가 있었다면

인과관계를 판단하고, 객관적 귀속의 검토를 필요로 한다는 태도를 취하는데, 부진정부작위범에 있어 인과관계 문제는, 종래의 부작위의 인과관계의 논의를 벗어나 규범론적 측면에서 규명하려고 한 점에서 의미가 매우 크다고 평가하면서도, 다른 별도의 지적 없이 합법칙적조건설에 따라 인과관계를 판단하면 작위와 부작위에 있어서 똑같이 행위자의 행위와 결과 사이에 자연법칙에 맞는 일정한 관련성 유무를 입증하는 것이라고 한다.

100) 류화진, "부작위범의 인과관계", 113면.

결과가 어떻게 되었을지를 판단하는 인과력은 법적인 것이 된다. 그러나 우리가 판단하는 방법은 특정 행위가 결과에 '인과력'이 있는가를 생각해 보는 것일 뿐, 차이가 있다면 결국은 그 대상의 차이밖에 존재하지 않는다. 즉 현실로 벌어진 일, 즉 작위와 발생한 결과 간에 대하여 판단할 것인가, 벌어지지 않은 일을 가정해서, 작위의무를 다했을 경우 결과가 발생하지 않았을 것인가를 판단할 것인가의 차이가 발생할 뿐이라는 것이다. 이 두 가지 판단방법이 하나는 자연적이고 하나는 규범적일 필요가 있는 것인지 의문이다. 현실적 행위나 가설적 행위가 결론에 미치는 영향은 기본적으로 자연과학적이라고 보아야 한다고 생각한다. 그러나 만약 규범적 인과관계, 법적 인과관계, 혹은 형법적 인과관계라는 개념을 순수 자연과학적인 관계가 아니라는 의미에서 사용하는 것이라면 이는 작위범과 부작위범 모두에 사용될 수 있는 말이지 굳이 부작위범에서만 인과관계가 특별히 법적인 것이라고 강조될 필요는 없다고 생각된다.

부진정부작위범은 요구되어 있는 행위를 행하지 않음으로써 구성요건상 금지되어 있는 것을 실현시키는 범죄이다. 따라서 부진정부작위범에서는 요구되는 그 무엇을 행하면 결과발생이 저지되고, 반대로 요구되는 그 무엇을 행하지 않으면 결과가 발생한다는 관계가 존재한다. 작위범에 있어서는 금지되어 있는 그 무엇이 행하여지지 않았더라면 결과는 발생하지 않았으리라고 인정되는 경우에 인과관계는 존재하지만, 마찬가지로 부진정부작위범에 있어서는 요구되어 있는 그 무엇이 행하여졌더라면 결과발생은 저지되었으리라는 경우에도 역시 인과관계는 존재하게 된다.[101] 비록 각도는 다르지만 여기의 '그 무엇'은 모두 결과에 대하여 원인력이 될 수 있는 것이다.[102]

---

101) 정성근/박광민, 형법총론, 432면이하; 이재상/장영민/강동범, 형법총론, 131면이하; Jescheck/Weigend, AT, S.559f.
102) Mezger, Strafrecht, S.130.

Ⅲ. 부작위범의 인과관계의 내용

1. 작위범의 인과관계와의 비교

앞서 언급한대로 부작위범에서 인과관계가 필요하다는 것을 전제로, 작위범과 부작위범의 인과관계를 같게 판단한다는 견해가 우리나라에서는 통설적 입장이다.[103] 이에 따르면 조건설을 취하는 경우, 부작위가 없었다면 결과가 발생하지 않았을 것이라고 인정되면 부작위와 결과 사이에 인과관계를 인정하고, 나아가 객관적 귀속이 필요하다는 견해 역시 작위범과 동일하게 객관적 귀속 여부를 따진다고 한다.[104] 상당인과관계설을 취하는 입장에서는 일정한 부작위가 있는 경우 일정한 결과가 발생하는 것이 사회경험칙상 상당하다고 판단되는 경우에는 인과관계를 인정한다.[105] 이처럼 작위범과 부작위범의 인과관계를 같게 본다는 견해의 구체적인 내용을 살펴보기 위해, 작위범의 인과관계의 내용에 대한 논의를 먼저 간략하게나마 검토해볼 필요가 있다.

2. 부작위범의 인과관계 내용의 구체화

작위범에서의 인과관계를 어떻게 볼 것인가에 따라 부작위범의 인과관계를 파악하는 것이 어떻게 달라질 것인지 살펴보기로 한다.

---

103) 오영근, 형법총론, 174면.
104) 부작위범의 영역에서도 명시적으로 인과관계와 객관적 귀속을 나누어서 상세히 서술하고 있는 문헌은 김성돈, 형법총론, 551면; 박상기, 형법학, 62면 이하; 이상돈, 형법강론, 241면 이하 정도에 그친다. 김일수/서보학, 형법총론의 경우 제7판(1999, 626-627면)까지는 인과관계와 객관적 귀속의 내용을 나누어 설명하고 있다.
105) 오영근, 형법총론, 174면.

가. 상당인과관계설

상당인과관계설을 취할 경우, 인과관계의 개념은 행위시에 있어서 결과발생의 개연성 판단과, 행위 이후에 개입된 인과과정의 이상성 판단으로 나누어 이해할 수 있다.[106] 이 중, 특히 전자의 경우는 실제로는 부작위의 실행행위성의 판단과 중첩된다. 다시 말해 어떠한 행위를 하였을 때, 그러한 결과를 발생시키는 것이 개연적인가 하는 상당인과관계의 문제는 결과귀속의 기준이 아니라, 행위시의 위험성, 즉 실행행위성의 판단인 것이다. 이렇게 이해할 경우, 실행행위 차원에서의 결과회피가능성의 존부는 위험성 판단의 기준에 의하여 판단하게 된다.[107] 즉, 불능범 내지 불능미수론에서 구체적 위험설에 의하는 입장은 구체적 위험설의 기준으로, 추상적 위험설에 의하는 입장은 추상적 위험설의 기준으로 판단하게 될 것이다.

부작위범의 인과관계와 실행행위 양자 모두의 요건이 되고 있는 결과회피가능성(작위가능성)은 결국 부작위의 조건관계(즉, 객관적 귀속의 위험실현관계)와 행위시 결과발생의 개연성판단으로서의 상당인과관계(실행행위성, 즉 객관적 귀속의 위험창출관계)로서 이해되는 것이다. 이렇게 보면 양자의 판단대상은 동일하지만, 범죄론상의 기능과 판단기준에서 차이를 가져온다는 해석이 가능해진다.[108]

---

106) 이용식, "부진정부작위범에 있어서 작위가능성과 결과회피가능성의 의미내용", 34면.
107) 이용식, "부진정부작위범에 있어서 작위가능성과 결과회피가능성의 의미내용", 35면.
108) 이용식, "부진정부작위범에 있어서 작위가능성과 결과회피가능성의 의미내용", 35면.

나. 조건설

인과관계에서 조건설은 결과의 선행조건들을 결과발생에 대하여 동일한 비중을 갖는 것으로 보는 것에서 출발한다. 이러한 이유로 조건설을 등가(等價)설이라고 부르기도 한다. 조건설이 모든 조건들을 등가적이라고 보는 이유는, 어떠한 구체적 결과가 발생하는 데에 존재하는 모든 선행 조건들 중 어느 하나라도 없다면, 동일한 구체적 결과가 발생하지 않았을 것이기 때문이다.[109] 즉, 모든 조건은 그 특정 결과의 발생에 필요조건이 된다. 작위범에 대하여 조건설적 입장에서는 이러한 등가적 조건들 중, 원인을 찾는 방법으로서 이른바 '가설적 제거절차'를 사용한다. 어떠한 조건(작위행위)을 없는 것으로 생각했을 때, 그 결과가 발생하지 않았을 것임이 인정된다면, 이것이 결과에 대한 원인이 된다는 것이다. 이처럼 작위범에서의 조건설이 제시하는 가설적 제거공식에서 '작위' 대신에 '부작위'를 대입하면 '부작위가 없었더라면 구체적 결과는 발생하지 않았을 것이다'가 된다.[110] 이 때 부작위는 '작위의무의 불이행'을 말하므로 결국 '작위의무를 이행하였더라면 구체적 결과는 발생하지 않았을 것이다'라는 조건공식이 도출된다. 다시 말하면 '일정한 기대된 행위'로 나아갔더라면 결과가 방지될 수 있었던 경우에 부작위가 결과발생에 대하여 원인이 될 수 있다는 것이다. 이러한 견해를 기대행위설, 요구행위설[111], 또는 기대설[112]이라고 하고, 부작위범에 대하여 적용되는 변형된 형태의 조건관계를 준인과관계[113] 또는 가설적 인과관계[114]

---

109) 장영민, "인과관계론에 관한 보완적 연구", 109-110면.
110) 이 때의 결과에 대해 '구체적 결과설'에 의할 것인지, '추상적 결과설'에 의할 것인지 견해의 대립이 있다. 신양균, 형법상 인과관계와 객관적 귀속에 관한 연구, 101면 이하 참조.
111) 임웅, 형법총론, 129면.
112) 이용식, "부진정부작위범에 있어서 작위가능성과 결과회피가능성의 의미내용", 32면.

라고 한다.

다. 합법칙적 조건설

작위범에서 가설적 제거절차를 채택한 조건설에 대하여는 인정범위가 지나치게 넓거나, 지나치게 좁다는 비판이 가해진다.[115] 조건설의 인과개념이 규범적 관점을 일체 배제한 논리적인 필요조건의 확인으로 보기 때문이다.[116] 이러한 문제점을 극복하기 위해 조건의 등가성을 전제로 하되, 인과연관을 파악하기 위하여 제시된 이론이 Engisch의 합법칙적 조건설이다. 합법칙적 조건설은 처음부터 인과관계의 확정을 염두에 두고 제안된 학설이다.[117]

작위범에서의 합법칙적 조건으로서의 인과관계 공식을 부작위에도 적용할 수 있을 것인지에 대하여, 이를 긍정하는 견해가 있다.[118][119] 작위범의 인과관계 판단에 있어 합법칙적 조건설에 따르면, 어떤 행위로

---

113) Kühl, AT, §18 Rn.35; S/S-StGB, §13 Rn.61.

114) Weigend-LK, §13 Rn.70. 정대관, 부진정부작위범에 관한 연구, 113면은 이러한 맥락에서 합법칙적 조건설에 대응되는 본래의 조건설적 입장을 '가설적 인과관계설'로 명하고 있다.

115) 장영민, "인과관계론에 관한 보완적 연구", 110면.

116) 장영민, "인과관계론에 관한 보완적 연구", 110면; Mezger, Strafrecht, S.11.

117) 장영민, "인과관계론에 관한 보완적 연구", 108면.

118) 이재상/장영민/강동범, 형법총론, 154면. Roxin, AT Ⅰ, 4. Aufl., 2005, §11 Rn. 4. 앞의 Engisch, Puppe, Hilgendorf도 마찬가지 입장이다. 이를 우리나라의 다수설로 분류하는 문헌으로 류화진, "부작위범의 인과관계", 109면.

119) 우리나라의 대부분의 문헌들이 조건설과 합법칙적 조건설을 분리해서 마치 다른 학설인 것처럼 서술하므로 이 책에서도 이를 따랐지만, 합법칙적 조건설은 조건설의 전제를 수용하면서, 조건설에서 활용하는 가설적 제거절차의 공식에 대한 대안적 공식을 제시한 학설로서, 크게 보면 조건설의 범주에 속하는 학설이다. 이를 적절히 지적하는 문헌으로 장영민, "인과관계론에 관한 보완적 연구", 111면 및 각주 14.

인하여 결과가 발생하는 것이 '자연과학적 인과법칙'[120] 내지는 '일상적 경험법칙'[121]에 부합하는가에 따라 인과관계를 판단한다. 즉, 일정한 행위가 그것에 시간적으로 뒤따르는 외계의 변화(결과)와 법칙적으로 결합되어 있을 때, 그 행위는 당해 결과에 대하여 원인이라는 것이다.[122] 이러한 합법칙적 조건설을 부작위범에 적용해보면, '부작위로 인하여 결과가 발생하는 것이 합법칙적인가'의 여부에 의하여 부작위범의 인과관계를 판단하게 될 것이다.

이 견해에 따르면 어떤 행위가 그 당시에 존재한 상황 하에서 구성요건적 결과를 방지하기 적합하였다면 합법칙적 관계가 인정된다고 한다.[123] 한편, 부작위는 단순한 무가 아니라 기대되는 무엇인가를 하지 않은 것이므로, 기대되는 행위를 하였다면 결과가 발생하지 않았을 것이라는 관계가 인정되면, 부작위와 결과 사이에는 합법칙적 관련을 인정할 수 있다고도 한다.[124] 앞에서 검토한 Engisch의 견해에 따른다면, 결과를 발생시키는 인과연쇄를 저지하는 행위를 하지 않는 것이 결과발생에 합법칙적으로 연결되는 경우 양자 간에 인과관계를 인정할 수 있다.[125]

부작위범에 있어서 부작위는 행위를 하였다면 결과가 방지되었을 때에 발생한 구성요건적 결과와 합법칙적 연관이 있다고 하지 않을 수 없다. 부작위범에 있어서는 작위범과는 달리 현실적인 힘의 작용이 없었으므로 가설적 제거절차의 공식이 적용될 수 없지만,[126] 부작위와 결과발

---

120) 김일수/서보학, 형법총론, 2006, 159면.

121) 손동권/김재윤, 형법총론, 형법총론, 2005, 116면; 이재상/장영민/강동범, 형법총론, 145면.

122) Engisch, Die Kausalität, S.21.

123) Engisch, Die Kausalität, S.30; Hilgendorf, NStZ 1994, S.564.

124) 이재상/장영민/강동범, 형법총론, 154면.

125) 장영민, "인과관계론에 관한 보완적 연구", 116-117면.

126) 신동운, 신 판례백선 형법총론(이하 '판례백선'), 경세원, 2009, 204면은 이러한 이유로 조건설이 부작위범의 인과관계를 설명하지 못한다고 비판되었다고 적고 있다.

생 사이에 합법칙적 관련은 인정될 수 있으며, 이의 발견공식으로서 '가설적 추가절차'를 활용할 수 있다.[127] 이 견해는 작위범에서 적용되는 제거공식을 수정하여 부작위범에서는 추가공식을 적용한다. 즉, 작위범에서는 '그 행위가 없었다고 상정할 때, 거의 확실하게 결과가 발생하지 않았을 것이라고 판단되면 그 부작위가 결과에 대한 원인이 된다.'는 공식을 적용함으로써 기대된 행위의 부작위가 결과에 대한 원인인지의 여부를 가설적으로 확정할 수 있다는 것이다.[128]

한편, 합법칙적 조건설의 일부 견해는 합법칙적 조건설의 '합법칙성'의 개념을 자연법칙에 국한하지 않고 경제적, 사회적 법칙과 같이 경험칙상 증명 가능한 법칙들을 포함하는 것으로 이해함으로써 모순을 해결하려고 한다. 즉, 법적으로 충실한 사람이 법규범을 준수할 것이라는 가정은 수요공급의 법칙과 같은 경제법칙과 마찬가지로 경험칙상 검증이 가능하므로 법규범의 존재와 인간의 행위 사이에는 합법칙성이 인정된다고 한다.[129] 이에 따르면 어떠한 행위가 그 당시에 존재한 상황 하에서 구성요건적 결과를 방지하기 적합하였다면 그 행위의 불이행, 즉 부작위와 결과의 발생 사이에도 합법칙적 관계가 인정된다.[130] 이 견해는 합법칙성의 개념을 기존의 견해와 같이 자연법칙에 국한한 것이 아니라 우리가 경험칙상 인식하고 검증할 수 있는 사실까지도 포함하는 것으로 확대함으로써 준인과관계를 인과관계의 판단대상인 사실판단의 범주에 포섭하려고 시도했다는 점에서 주목할 만하다.[131] 그러나 이러한 평가

---

127) 이재상/장영민/강동범, 형법총론, 147면.
128) 김일수/서보학, 형법총론, 161면; 이재상/장영민/강동범, 형법총론, 147면; 임웅, 형법총론, 129면; 정대관, 부진정부작위범에 관한 연구, 1991, 117면; 하태영, "형법상 부작위범이 인정되기 위한 요건", 비교형사법연구 제5권 제1호, 한국비교형사법학회, 2003, 553면.
129) Hilgendorf, NStZ 1994, S.565.
130) Hilgendorf, NStZ 1994, S.564.
131) 신양균, 형법상 인과관계와 객관적 귀속에 관한 연구, 106면; 원형식, "부진정부작위범의 인과관계와 객관적 귀속", 116면.

는 아래에서 언급하듯이, '준인과관계'라는 것의 개념설정을 명확히 하는 것이 선행되어야만 그 타당성을 논의할 수 있을 것이다.

라. 소결

결과의 현실적 실현이라는 의미에서의 인과관계는 부작위에 있어서는 부정될 수밖에 없다. 그러나 앞서 검토했던 것처럼, 부작위와 결과 사이에 직접 연관이 존재한다고 할 수 있다. 부작위는 단순한 무가 아니라, 기대되는 무엇인가를 하지 않은 것이므로, 기대되는 행위를 하였다면 그 구체적 결과는 발생하지 않았을 것이라는 관계가 인정된다면 부작위와 결과 사이에는 합법칙적 연관을 인정할 수 있다.[132)]

작위범에 있어서도 특수한 경우에 합법칙적 조건공식에 의할 필요가 있는 것과 마찬가지로[133)] 부작위범에 있어서도 합법칙적 조건공식에 의거할 필요가 있다. 즉 법에 의해 명령된 작위의무가 행해진다면, 시간적으로 후속되는 당해 작위와 상호간에 합법칙적으로 연관된 외계의 변화가 생긴다는 것으로 부작위범의 인과관계를 인정할 수 있다.[134)] 이처럼 부작위범의 인과관계에서는 예측의 영역에서 개연성판단이 요구되며, 가정적 인과관계가 통상 예견할 수 있는 범위 밖에 있을 때 인과관계는 처음부터 부정된다.[135)]

---

132) 이재상/장영민/강동범, 형법총론, 148면.

133) 예를 들어 작위범에서 갑과 을이 전혀 별개로 각각 치사량인 독약을 병의 잔에 넣고, 그것을 마신 병이 사망하였을 때(이중적 인과관계, 택일적 인과관계 또는 중첩적 인과관계로 불리는 문제), 조건설을 적용하면 갑과 을 모두 인과관계가 부정된다. 그러나 합법칙적 조건공식에 의하면, 일반적 또는 전문적 경험에 따라 시간적으로 후속하는 외계의 변화가 일어나며, 당해 변화가 당해 행위와 상호 자연법칙적으로 연결되어 있어, 구성요건해당결과를 가져온 경우 그 행위는 당해 결과와 인과관계가 긍정된다.

134) Jescheck/Weigend, AT, S.283, 619; Leukauf/Steininger StGB Kommentar, 4. Aufl., 2016, §2 Rn.22, 34.

상당인과관계설의 상당성을 규범적 개념이라고 이해한다면, 형법상의 인과관계는 물리적, 자연과학적인 인과개념이 아니라 규범적인 형법상의 개념이므로, 합법칙적 조건설에 대하여 인과관계의 검토 과정에서는 규범적 평가의 작업을 하지 않는다는 점에 대하여 비판을 가할 수 있을 것 같다. 그러나 객관적 구성요건요소들에 대한 검토는 단순한 사실 그 자체가 아니라, 형법의 눈으로 사실관계를 바라보아 그 속에서 개별 요소들을 검토하는 작업이므로, 이 역시 형법적 판단인 것이다.[136] 합법칙적 조건설은 인과관계를 단순한 사실존부의 확인으로 보는 것이 아니라 형법적 판단영역 내에서 자연법칙적 관계의 유무를 판단하는 것이라 생각된다. 이렇게 보게 되면 합법칙적 조건설에 따른 인과관계의 검토는 귀속의 문제 - 행위자에게 형사책임을 묻는 것이 옳은가라는 규범적 평가 - 를 다루기 전에, 그 평가의 대상이 되는 것을 확인·확정하는 작업으로서, 그러한 점에서 후에 이루어지는 규범적 평가로서의 객관적 귀속문제와 구별될 수 있다.

3. 준인과관계 - 가설적 인과관계

부작위범의 인과관계를 부정하는 입장에서는 인과관계를 '역학적인 성질에 근거한 개념'[137] 또는 '힘 또는 동인으로서 원인이라는 관념'[138]

---

135) Leukauf/Steininger, StGB, §2 Rn.18.

136) 류화진, "부작위범의 인과관계", 104면 각주 17은 이를 범죄의 성립요건 중 도대체 규범적이지 않은 것이 어디 있느냐에 대한 답이라고 본다. 객관적 구성요건요소가 평가의 대상으로서 사실적인 실체라고 하더라도, 그것이 전혀 형법과 동떨어진 자연과학적 존재 그 자체가 아닌 것은 동일한 사물이라도 형법의 관점에서 그것을 관찰하게 될 때에는 더 이상 그 사물은 순수 자연과학적인 것이 아니라 규범적 사고의 영역 내로 들어오게 되기 때문이다.

137) Engisch, FS-Weber, S.265 Fn.31.

138) Puppe, ZStW 1980, S.896.

에 기초하여 구성하므로 부작위범의 인과관계를 부정한다. 이처럼 부작위범의 인과관계를 부정하는 입장에서는, ① 작위범의 '인과관계'와는 구별되는 개념으로서, 부작위범에서는 '준(準)인과관계(Quasi-Kausalität)' 또는 '가정적 인과관계(hypothetische Kausalität)'를 인정한다는 견해나,[139][140] 또는 ② 인과관계 없이 단지 부작위의 결과귀속으로만 구성하는 견해가 있다.

앞선 연혁적 검토에서 최초의 논의는 부작위 외의 다른 행위 등에서 인과의 근거를 찾는 방향으로 이루어졌으나, 최근의 논의는 결과발생의 원인력은 부작위자체에서 구하여야 한다는 생각이 지배적이다.[141] 이러

---

139) Roxin, AT II, §31 Rn.42. 우리 문헌 중 김성천/김형준, 형법총론, 84면; 원형식, "부진정부작위범의 인과관계와 객관적 귀속", 114면 등은 준인과관계를 부작위범의 인과관계의 내용으로서 당연히 전제하고 서술하고 있는데, 정작 '준인과관계'의 개념정의를 명확히 밝히는 것은 생략되어 있다. 김성천/김형준, 형법총론, 83면은 준인과를 넓은 의미의 인과에 포함된다고 보고, 준인과를 인정함으로써 인과관계가 인정될 범위가 더욱 넓어졌다고 해석하는데, 원래의 인과관계와 다르다는 의미에서 '준인과관계' 개념이 등장한 것이기 때문에 이를 인과관계의 일종으로 보려면 그 분류를 먼저 명확히 해주는 것이 보다 타당할 것으로 보인다. 원형식, "부진정부작위범의 인과관계와 객관적 귀속", 118면은 준인과관계를 객관적 귀속의 요건으로 분류하고 있는 것처럼 보이나, 이러한 위치지음에 대해서는 의문이 있다. 한편, 김성룡 역, "부진정부작위범에서 객관적 귀속", 법학논고 제30집, 경북대학교 법학연구원, 2009, 610면은 '유사인과성'이라고 표현하나, 작위범의 인과관계에 준하는 부작위범만의 인과관계 개념이라는 의미에서 이 책에서는 '준인과관계'라는 단어를 사용하기로 한다. 박상기, 형법학, 62면은 '가정적 인과관계', 정대관, 부진정부작위범에 관한 연구, 113면은 '가설적 인과관계'라는 표현을 사용하고 있다.

140) 한편, 이러한 용어사용에 대하여 Spendel, Kausalität und Unterlassung, Strafrecht zwischen System und Telos, FS-Herzberg, 2008, S.247 이하는 '준인과관계(Quasi-kausalität)'나 '가정적 인과관계(hypothetischen Kausalität)'라는 용어는 적절하지 않고, 작위의 경우에는 적극적 조건이, 부작위의 경우에는 소극적 조건이 문제되기 때문에, 조건연관(Konditionalzusammenhang)이라는 용어를 사용해야 한다고 주장한 바 있다.

141) 이재상/장영민/강동범, 형법총론, 131면; 정성근/박광민, 형법총론, 434면; 정

한 관점에서 보면 부작위범에서는 외계에 변화를 일으켜 결과를 야기하는 실질적인 힘의 작용이 없으므로 자연과학적 인과관계라는 것은 존재하지 않으며, 다만 '작위의무의 이행'이라는 가설적 행위와 결과 사이의 논리적인 조건관계만을 생각할 수 있을 뿐이다.[142] 즉, 그와 같은 내용의 가설(만약 중간에 개입하여 인과의 진행을 중단시켰더라면, 그러한 결과는 발생하지 않았을 것이다)을 설정하고, 그 가설이 타당하다는 검증이 이루어지면 인과의 연결을 인정하게 된다는 것이다. 이에 따르면 부작위범에서 말하는 준인과관계는 현실적 행위를 판단대상으로 하는 것이 아니라, '작위의무를 이행하였더라면..'이라는 가설적 행위를 대상으로 하게 된다.[143] 이러한 가설적 판단은 존재영역에 대한 사실판단이 아니라 발생된 결과가 행위자에게 귀속되는가라는 규범적 가치평가와 관련되어 있다는 이유로, 준인과관계를 법적 인과관계에 포함되는 개념으로 보는 견해가 있다.[144]

준인과관계의 '작위의무를 이행하였더라면...'이라는 가설적 성격에 기인하여 이를 과실범의 주의의무위반관계와 유사하다고 보는 견해가 있다.[145] 주의의무위반이나 작위의무의 불이행 모두 의무위반이라는 점에서 일치하며, 준인과관계나 주의의무위반관계 모두 의무를 이행하는 행위(합법칙적 대체행위)가 있었더라면 결과는 발생하지 않았을 것이라는 가설적 판단이라는 점에서 법적 성격이 같다는 것이다.[146] 이를 이유로 준인과관

대관, 부진정부작위범에 관한 연구, 112면.

142) 박상기, 형법학, 62면; 신동운, 형법총론, 148면; 임웅, 형법총론, 537면.

143) 준인과관계나 가설적 인과관계라는 표현도 현실적 행위를 대상으로 하는 자연과학적 인과관계가 아니라는 의미에서 사용하는 것이다. S/S-StGB, §13 Rn.61.

144) 원형식, "부진정부작위범의 인과관계와 객관적 귀속", 114면 각주 17은 법적 인과관계 또는 형법적 인과관계를 자연과학적 인과관계와 평가적 귀속을 포함하는 상위개념이라고 서술하고 있으나, 이는 확립된 용어사용인지 의문이 있으며, 따라서 다툼의 여지가 있다.

145) 원형식, "부진정부작위범의 인과관계와 객관적 귀속", 114면.

146) 원형식, "부진정부작위범의 인과관계와 객관적 귀속", 114면.

계의 범죄체계론적 지위도 주의의무위반관계와 동일하게 취급하여야 한다는 견해가 있다.147) 그러나 부작위범과 과실범의 경우, 가설적인 검토를 거친다는 점이 공통적이고, 의무를 위반했다는 점에서 부작위범과 과실범이 모두 '의무범'의 범주에 포섭될 수 있다는 것뿐이지, 고의범인 부작위범과 과실범의 체계를 동일하게 볼 수도 없고, 보아서도 안된다고 생각된다.

이 책에서는 준인과관계의 개념을 현실적인 것을 대상으로 하는 인과관계가 아니라 가설적인 것을 대상으로 하는 인과관계를 지칭하는 것이라고 정의하고, 그 지위를 필자는 부작위범의 '인과관계'의 단계에서 논하는 것이라고 이해한다. 그런데 이에 대한 학자들의 의견은 일치하지는 않는 것으로 보인다. 이는 '준인과관계'의 개념의 이해가 다른 것에서 비롯되는 것으로 보이는데, 예를 들면 준인과관계가 부정되는 경우 객관적 귀속이 부정된다고 보는 견해148)가 있는 반면, 객관적 귀속이 아닌 인과관계를 부정하는 견해149)가 대립한다. 애당초 개념정의가 가설적 인과관계를 일컫는 단어인데 이것이 부정될 경우 객관적 귀속이 부정되는지 인과관계가 부정되는지의 여부가 달라진다는 것은 그 전제로 하는 개념정의를 명확히 하지 않은 데에서 벌어지는 일로 보인다.

---

147) 류화진, "부작위범의 인과관계", 115면; 원형식, "부진정부작위범의 인과관계와 객관적 귀속", 114면. 이러한 견해는 부작위범의 작위의무위반의 내용을 다루면서 아예 '주의의무위반'이라는 단어를 아무런 검토 없이 사용한다. 이러한 태도는 후에 살펴볼 과실범과 부작위범을 혼동하는 양태이자 근거가 된다. 이해하기 힘든 부분은, 위 견해들이 부작위범의 인과관계로서 준인과관계를 주장하면서도 과실범에서의 합법칙적 대체행위는 객관적 귀속으로 보는데도 불구하고, 둘을 완전히 동일한 것으로 취급한다는 점이다.

148) 김태명, "부작위에 의한 살인죄와 타인의 부작위범의 인과관계", 고시계 제51권 제4호, 고시계사, 2006, 58면; 류화진, "부작위범의 인과관계", 110면 이하; 원형식, "부진정부작위범의 인과관계와 객관적 귀속", 115면.

149) 신동운, 형법총론, 151면 이하; 이상돈, 형법강론, 249면 이하; 이정원, 형법총론, 497면; 신양균, "인과관계와 객관적 귀속(Ⅰ)", 고시계 제31권 제7호, 고시계사, 1986, 48면; 신양균, "인과관계와 객관적 귀속(Ⅱ)", 고시계 제31권 제9호, 고시계사, 1986, 106면; 윤종행, "부작위의 인과성", 169면 이하.

4. 가설적 인과관계의 내용 - 추가공식

가. 추가공식

부작위범에서의 인과관계를 긍정할지 부정할지에 대한 지난한 논란
은 부작위범의 인과관계의 내용에 대하여도 연속된다. 결국 이 논의 또
한 인과관계의 긍정과 부정의 입장을 결정하는 과정과 마찬가지로 인과
관계의 개념을 무엇이라고 정의할 것인가의 문제에서 비롯되는 논란이
아닌가 한다.150) 부작위에서의 인과개념을 부정하는 견해에 따르면 규
범적 판단의 내용을 모두 객관적 귀속의 단계에서 검토하기도 하고, 작
위범에서의 인과관계의 성격에 변경을 가하여 준인과관계라고 칭하기도
한다. 혹은, 애당초 부작위범에서의 인과관계 자체를 긍정하는 견해도
있다. 그런데 흥미로운 것은 어떠한 견해를 취하건 모두 부작위와 결과
간의 관계를 살피는 내용은 가설적인 검토로 동일하다는 것이다.151) 즉,
작위의무를 행하였을 경우 결과가 불발생했을 것인가라는 가설적인 판
단을 하고 있다.

부진정부작위범이 기수에 이르기 위해서는, 부작위와 구체적 결과 사
이에 연결관계가 인정되어야 한다. 물론, 에너지를 투입하지 않는다는
것이 구체적 결과 발생에 현실적인 영향을 미치고 있는 것은 아니기 때
문에, 자연과학적 의미에서는, 부작위와 구체적 결과발생의 사이에는 인
과관계는 없다. 그러나 이 점에서 곧바로 법적 범주로서 부작위의 인과

---

150) 개념상 모순에 대해서 언급하고 있는 문헌으로는 원형식, "부진정부작위범의
    인과관계와 객관적 귀속", 116면 이하 참조.
151) 결국은 용어사용의 문제일 뿐이라는 것이다. Puppe, Die Lehre von der objektiven
    Zurechnung und ihre Anwendung, Zeitschrift für das Juristische Studium(이하 'ZJS'),
    2008, S.600. 같은 취지로 Greco, Kausalitäts- und Zurechnungsfragen bei unechten
    Unterlassungsdelikten, Zeitschrift für Internationale Strafrechtsdogmatik(이하 'ZIS'),
    2011, S.675.

관계가 부정되어야 한다는 결론이 도출되는 것은 아니다.[152] 부작위와 구체적 결과발생의 사이의 사회적 의미연관이 중요하다고 보면 말이다. 이러한 의미에서, 부작위의 인과관계는 가치범주이며, 가정적 인과관계 이다. 현실적 인과관계의 존재의 인정에 대신해서, 명령된 작위와 구체 적결과의 불발생 간의 관련에 대해 경험적 근거에 뒷받침된 예측이 필 요하다.[153] 그러므로 현실의 인과관계가 문제되는 존재범주로서의 작위 범의 인과관계와는 달리, 부작위의 인과관계는 사고(思考)상의 인과관계 이므로 준인과관계나 가정적 인과관계라고도 하는 것이다.[154]

나. 제거공식과의 비교

앞서 여러 번 언급한 것처럼 부작위범의 인과관계의 구체적 내용을 살피는 단계에서, 우리 문헌들은 대부분 작위범과 같다고 하고 그냥 넘 어가는 경우가 대부분이다. 여기에 한 두 줄을 더 추가한다면, 작위범에 서의 제거공식을 수정하여 추가공식을 사용한다는 의미로 적어주기도 한다. 작위범에서 조건설적 입장은 작위와 결과간의 관계를 작위를 하지 않았더라면 결과가 발생하지 않았을 경우 인과관계를 긍정하는데, 이를 '제거공식(Hinwegdenken)'이라고 한다. 그리고 작위범과 동일하게 인과 관계를 검토한다고 하면서, 부작위범에서는 작위를 했더라면 결과가 발 생하지 아니하였을 경우 인과관계를 긍정한다는 '가설적 추가공식(Hin-zudenken)[155]'을 사용한다.

---

152) Leukauf/Steininger, StGB, §2 Rn.5, 7, 21f.
153) Leukauf/Steininger, StGB, §2 Rn.7, 18.
154) Leukauf/Steininger, StGB, §2 Rn.17, 21.
155) 저자에 따라 '수정된 조건공식'이라고 하거나 '투입공식'이라고 하기도 한다. 독일어를 참고하면 조금 더 의미의 차이가 느껴질 것 같아 병기하였다. 독일 어로는 작위범의 'Hinwegdenken' 부분을 인과관계로 부르는 것이 일반적이나, 부작위범의 'Hinzudenken' 부분은 준인과관계로 불리기도, 가설적 인과관계로

　부작위범의 인과관계의 존부에 대한 판단에 있어 인과관계가 필요하다는 견해의 대부분은 작위범과 부작위범의 인과개념이 다르다는 점을 전제로 하면서도, 인과관계 내용에 대해서는 아무런 의심없이 작위범의 인과관계에 관한 내용을 그대로 차용하여 논의를 진행한다. 더욱 흥미로운 것은 부작위범에서 인과관계가 필요하다는 견해에 의할 때, 작위범에서 상당인과관계설을 취하건, 합법칙적 조건설을 취하건, 수정된 형태의 조건공식을 적용하여 부작위범의 인과관계를 판단하고 있다는 것이다. 다시 말해 부작위범의 인과관계의 내용을 작위범에서의 조건설의 제거공식을 그대로 반전시킨 추가공식으로 적용하는 것에 그치는 것이다.

　그러나 과연 작위범의 제거공식과 부작위범에서의 추가공식은 대부분의 문헌들이 언급하고 있는 것과 같이 그저 제거공식의 반전된 표현일 뿐, 실질은 동일한 것인가? 이를 치환해보면, 부작위범의 인과관계의 내용이 작위범의 인과관계의 내용판단과 정말 동일한지를 판단하는 질문이 될 것이다.

　가설적 제거공식과 추가공식 간의 언어적 표현의 유사성을 가지고 그 두 가지를 아주 간단히 같다고 평가하고 넘어가는 것은 극히 위험한 일이라고 보인다.[156] 부작위범의 인과관계를 긍정하는 경우라도, 인과관계의 내용은 작위와 부작위 간에 차이가 있을 수밖에 없다. 부작위범의 인과관계는 부작위와 결과 간에 합법칙적 연관이 있는 것으로 제한되는 반면에, 작위범의 인과관계는 결과를 발생시킨 정범의 행위가 물리적인 에너지투입을 적극적으로 활성화시킴을 전제로 하게 될 것이다.[157]

불리기도 하지만, 가설적으로 '추가'해 본다는 내용 면에서는 동일하다. 정대관, 부진정부작위범에 관한 연구, 113면은 아예 추가공식에 대해서도 조건설과 같은 내용임을 근거로 '가설적 제거절차'라고 하고 있으나, 부작위범에서의 사고의 방향상 '제거'라고는 할 수 없을 것이다.

156) 작위범과 부작위범의 인과관계의 판단이 동일할 수 없음을 지적하는 문헌으로 임웅, 형법총론, 576면.

157) Roxin, AT II, §31 Rn.43.

(작위범에서의) 현실적 인과관계와 (부작위범에서의) 가설적 인과관계의 검토의 차이를 아주 거칠게 말하면 이렇게 예를 들어볼 수 있을 것 같다.

甲은 총을 쏘아 A를 살해하였다.

이 때의 인과관계는 갑의 살해행위가 현실적으로 존재하기 때문에, 다른 모든 상황을 그대로 두고 총을 쏘지 않는 행위만을 가정해보면 된다. 바람의 방향, 세기 모두 문제상황 그대로 두고 오직 '甲의 총을 쏜 행위가 없었더라면'의 단 한 가지만 가정해보면 된다는 것이다.

반면, 甲은 아무런 행위를 하지 않고, A도 살아 있었다.

이 경우 '그런데 甲이 총을 쏘는 행위를 했다면 A는 사망했을까?'를 판단하는 것이 가정적 인과관계의 판단방법이다.[158] 이 때에는 '총을 쏘는 행위를 했다면' 하나만 검토할 것이 아니다. 총을 쏘는 시점에 乙도 A를 조준하고 있을지, 갑자기 돌풍이 불었을지, 甲이 손을 얼마나 떨었고, 조준을 잘했을지 아무 것도 확실하게 알 수가 없으므로 모든 것을 가정해보아야 한다. 그러나 그 또한 가정일 뿐인 것이다.

위 사례를 부작위범의 사례로 변형시켜보면,

보증인 甲이 물에 빠진 A를 구하지 않았고 A는 익사하였다.

---

158) 이 사례는 물론 부작위범의 죄책을 다루는 사례가 아니지만, 부작위범에서의 인과관계를 검토할 때 '작위행위를 했더라면 (결과가) ~했을 것이다'의 판단을 그대로 재현해내는 것이고 동시에 조금 더 사고를 쉽게 해 볼 수 있다는 생각으로 예를 들어보았다.

이 경우 현실적인 인과관계는 A가 물에 빠져서 사망한 것에 있다. 그러나 우리는 부작위범에서는 가정을 해 보게 된다. '甲이 A를 구했다면 A는 살았을까?' 이것이 작위범에서 '甲이 총을 쏘지 않았더라면'의 판단과 같다고 그저 간단히 언급하고 넘어갈 수 있는 수준의 일이라고는 생각되지 않는다. 전혀 반대되는 사고의 방향을 요하는 작업이기 때문이다.

위의 익사 사례에서, A를 구할 수 있는 시간이 3분 가량이라고 과학적으로 통상 말해진다고 가정해보자. 가장 먼저 甲이 A를 구하러 몇 초에 뛰어들었을지부터 우리는 가정하기가 어렵다. 예를 들어 甲이 지금 이것이 무슨 일인지 사태파악을 하고, 뛰어들지 말지 우물쭈물 고민을 하다가 2분이 경과한 후 구조를 위해 뛰어들었다고 치자. 그런데 甲의 수영실력이 실내수영장에서만 월등하였을 뿐 바다에서는 처음 수영을 해 보는 것이라 그 실력이 전혀 발휘되지 않아서 A에게 도달할 수 없었다. 그런데 그 와중에 A에게 원한을 품고 있던 乙이라는 사람이 'A가 곧 물에 빠져 죽겠구나' 하고 흐뭇하게 그 광경을 처음부터 바라보던 차, 甲이 A를 구조하러 물에 뛰어드는 모습을 보자 초조해져서 甲이 A에게 도달하기 전에 먼저 총을 쏘아버렸다. 혹은, 甲이 계속 우왕좌왕 하는 사이에 3분이 넘었는데 A의 폐활량과 위기대처능력이 통상인보다 훨씬 높아서 10분까지도 물에 떠서 살아있었음에도 불구하고, 이를 모른 甲이 이제 안 되겠구나 라고 생각하여 구조를 포기하였고 A가 사망하였다. 이런 상황들을 모두 가정해보는 것이 부작위범에서의 가정적 인과관계이다. 이를 정말 '작위범에서의 그것과 같다'는 말 한마디로 같다고 평가할 수 있는 것인지에 대하여 강한 의문이 든다.[159]

---

159) 우리 문헌 중 타당하게도 부작위범의 인과관계의 내용이 작위범의 그것과 다름을 지적하는 문헌으로, 박상기, 형법학, 62면; 임웅, 형법총론, 576면. 이러한 주장은 부진정부작위범의 인과관계는 부작위와 결과발생 사이의 문제가 아니라 '요구(기대)된 일정한 작위가 행해졌더라면 결과의 발생을 방지할 수 있었을 것'이라는 판단에 기인한다.

다. 가설적 판단의 대상으로서의 결과

가설적 인과관계의 내용은 작위의무를 이행하였더라면 결과가 발생하지 않았다는 것이다. 즉 부작위 부분을 발생한 현실과 달리 '부작위하지 않았다면'이라고 가정해보는 것이다. 그렇다면 결과의 발생이 부정되는 것의 의미는 무엇인가? 특히 다수의 견해와 같이 부작위범에서도 인과관계와 객관적 귀속이 구별되는 문제라는 입장을 견지하기 위해서는 두 가지가 실제로 어떻게 나뉠 수 있을지를 고찰해보아야 할 것이다.

> [사례]
> 어머니와 5세 아들이 함께 집에 있었는데, 집에 화재가 발생하였다. 집은 아파트 3층이었다. 화염이 심하여 이웃들과 구조대가 집에는 접근하기 어려웠고, 대신 아파트 1층 바깥에 구조용 공기안전매트가 설치되었다. 어머니가 아들을 창밖으로 던졌다면 살 수도 있었지만 확실하지 않았고, 어머니는 아들을 집에 두어 아들은 소사(燒死)하였다. 어머니는 스스로 뛰어내려 생존하였다.[160)]

위 사례에서 어머니가 아들을 던지지 않아 아이가 불에 타 사망한 결과가 발생하였다. 가정적 인과관계의 내용에 따르면 이 사례에서 어머니가 아들을 창밖으로 던졌다면, 결과가 방지되었을지를 가정해 보는 것이다. 여기에서 그 방지되는 결과가 무엇을 의미하는지를 살펴보는 것은 부작위범의 인과관계의 내용을 보다 구체화시키는 과정이 될 것이다. 기대된 행위, 즉 작위의무를 보증인이 이행하였더라면 방지되는 '결과'는 추상적으로 아이가 사망하는 결과를 의미하는지, 구체적으로 아이가 소사하는 결과를 의미하는지를 살펴볼 필요가 있다. 전자의 경우, 어머니가 아이를 던졌다면 아이가 구조되어 생존했을 것인가를 인과판단의 내

---

160) 이 사례는 독일에서 실제 있었던 사건(BGH JZ 1973, 173)을 변형시켜 사례화한 것으로, 창밖에 던지기 사건(Fensterwurf-Fall)이라고 불린다.

용으로 하는 것이고, 후자의 경우에는 어머니가 아이를 던졌다면 (설령
아이가 결과적으로 추락사하였다 하여도) 적어도 소사하지는 않았을 것
인지를 인과판단의 내용으로 보겠다는 것이다. 우리 문헌에서는 부작위
범의 인과관계에 대한 논의를 하면서 이에 대한 아무런 언급이 없는 경
우가 대부분이다. 궁극적으로는 부작위범의 인과관계에 대하여 어떠한
입장을 취하건, 과연 구조행위(작위행위)로 나아갔다면 사망의 결과를
방지할 수 있었는가에 대하여 부작위자의 부작위를 결과에 귀속시킬 수
있는지를 판단해야만 할 것이다.

앞서 필자는 인과의 대상은 규범적일 수도 있으나, 인과의 판단 자체
가 규범적이기는 어려움을 정리해보았다. 비록 외부세계에 드러나는 물
리적인 행위는 존재하지 않지만, 형법상의 행위로서의 부작위도 요구되
는 규범을 충족하지 않았다는 '하나의 사실'로서 '존재'하는 것으로 볼
수 있다고 생각된다.[161] 그렇다면 부작위범에서도 작위범과 마찬가지로
인과관계의 개념에서 최대한 규범적인 것을 배제한 것으로 인과내용을
구성하고, 규범적인 판단은 최대한 귀속의 내용으로 구성하는 것이 가능
할 것이다.

이처럼 인과관계와 귀속의 문제가 구별될 수 있다고 본다면, 부작위
범의 인과관계의 단계에서 가설적 추가공식에서 대상으로 삼는 결과방
지의 의미는 현실적으로 발생된 구체적인 결과를 의미한다고 하겠다.
즉, 위의 사안에서 기대된 작위행위(아이를 창 밖으로 던지는 행위)를 했
더라면 구체적으로 아이가 소사하는 결과는 방지되었을 것이라는 사실
적 관련성이 부작위범의 인과관계 단계에서의 검토라는 것이다. 그렇다
면 앞에서 언급한 추상적인 결과, 그러니까 형법각칙의 구성요건에 기술
된 결과(추락사이건 소사이건 '사망'이라는 결과)의 발생 방지에 대한 추
가공식은 후에 언급할 객관적 귀속 단계에서 검토하게 된다. 요컨대, 작

---

161) Puppe, ZJS 2008, S.600.

위행위를 했을 경우라는 가설적 판단을 2단계로 나누어 현실적으로 발생한 구체적 결과와의 합법칙적 연관이 인정된다면 인과관계가 긍정되고, 추상적으로 구성요건적 결과를 방지할 수 있었다면 객관적 귀속을 긍정하겠다는 것이다.[162][163] 이렇게 보면 (작위범에서의 합법칙적 조건설과 유사하게) 부작위범의 인과관계는 용이하게 성립될 것인 바, 인과관계가 긍정되지만 행위자(부작위자)의 부작위를 결과에 귀속시키기 어려운 경우가 의미를 가지게 될 것이다.

독일연방대법원에서 문제된 사안은 집에서 6-7미터 아래에서 3명의 사람이 창밖으로 아이를 던지면 받아주겠다고 대기하고 있었으나, 아버지는 아이가 다칠 것을 두려워하여 아이를 던질 것을 머뭇거리다가 마지막 순간에 아버지 혼자 뛰어내린 사안이다. 결국 아버지만 생존하였고, 아이는 화염에 사망하였다. 독일연방대법원은 아버지가 아이를 창밖으로 던졌다면 아이가 구체적으로 화재로 사망하였을지 여부가 아닌, 추상적으로 죽었을지 살았을지 여부에 기초하여 인과관계를 판단하였다. 그 결정의 배경은 확률에 기초한 것으로, 작위가 사망을 방지할 개연성(Wahrscheinlichkeit)이 있었는지에 대한 것이었다.[164] 이러한 독일 법원의

---

162) 같은 취지로, Wessels/Beulke/Satzger, AT, Rn.712; Spendel, FS-Herzberg, S.252; Walter, Der Kern des Strafrechts, 2006, S.50.
163) 구체적 결과와 추상적 결과와의 차이에 착안한 점에서는 동일하나, 이와 달리 구체적 결과의 발생방지에 대하여 결과귀속을 부정하는 견해로는 원형식, "부진정부작위범의 인과관계와 객관적 귀속", 122면. 그에 따르면 부모의 연락을 받은 의사가 아이에게 응급조치를 하였다면 실제로는 오후 10시에 사망한 아이의 생명이 1시간 연장되어 오후 11시에 사망하였을 것임이 입증되었다면, 구체적 결과, 즉 오후 10시에 사망하였다는 결과는 발생하지 않았을 것이므로, 결과귀속이 인정된다고 독일 판례(BGH NStZ 1981, 219)를 해석하였다. 그러나 필자는 인과관계의 문제는 부작위와 현실적으로 발생한 '10시에 사망하였다'는 구체적 결과와의 관계를 파악하고, 귀속의 문제는 부모가 작위로 나아갔다면 추상적으로 '사망하지 않았을지'와의 관계를 파악하는 것으로 본다.
164) BGH MDR 1971, 881 참조.

판단에 대하여 위의 2단계에 걸친 판단방법에 따라 살펴보면 필자는 이를 객관적 귀속의 차원에서의 판단이라고 보게 된다.

필자의 견해를 세월호 사건에 적용해보면, 피고인 선장에게 부작위에 의한 살인죄를 인정하면서, 우리 대법원은 "작위의무를 이행하였다면 결과가 발생하지 않았을 것이라는 관계가 인정될 경우에는 작위를 하지 않은 부작위의 사망 결과 사이에 인과관계가 있다."[165]고 하였는데, 선장이 승객에 대한 구호의무를 다하였더라면 피해자인 사망자들이 그 시각, 그 상태로 사망하는 구체적 결과는 발생하지 않았을 것을 판단하는 것이 인과관계 단계에서의 검토내용이 된다. 실제로 사안에서 선장은 자기가 구조행위를 하였더라도 피해자들이 사망하였을 것을 이유로 자신의 부작위와 피해자들의 사망 사이에 인과관계가 없다고 주장하였으나, 이처럼 인과관계를 판단하게 될 경우 인과관계의 판단 및 인정이 용이해지게 된다. 이렇게 인정된 인과관계에 대하여 제3자의 행위가 개입되었다든지, 다른 비유형적 사건 등이 발생하였든지의 사정으로, 추상적인 '사망'의 결과에 대한 형사책임을 부작위자에게 지울 수 있는가를 검토하는 것이 객관적 귀속의 역할이다.

라. 소결

부작위범의 인과관계에서는 부작위가 결과에 대해서 어떠한 관계에 있어야 그 결과귀속을 인정할 수 있는가라는 규범적 평가의 문제가 논의의 핵심이므로, 그것을 인과관계라고 부를 수 있는가 없는가는 중요하지 않은 문제가 된다.[166] 이론의 명칭을 떠나 내용의 핵심을 본다면, 중요한 것은 부작위와 결과간의 관련성에 대한 규범적 평가이다.[167] 그리

---

165) 대법원 2015. 11. 12. 선고 2015도6809 전원합의체 판결.
166) Greco, ZIS 2011, S.675; Puppe, ZJS 2008, S.600.
167) 같은 취지로 류화진, "부작위범의 인과관계", 102면; 원형식, "부진정부작위범

고 그 관련성에 관한 규범적 평가의 내용은, 부작위자가 작위의무를 다했다면 결과가 방지되었을 것인가 하는 가정적인 문제이다. 따라서 작위범과 부작위범의 인과관계를 서로 유사한 조건공식에 의하여 판단하더라도, 그 판단대상에서는 양자 사이에 본질적인 차이가 있음을 숙지할 필요가 있다. 단, 이 때의 방지되는 '결과'란, 인과관계 단계에서는 요구된 작위의무를 이행했을 경우 구체적·현실적으로 발생된 결과를 방지할 수 있었는지를 의미하고, 객관적 귀속의 단계에서는 추상적으로 기술된 구성요건적 결과실현을 방지할 수 있었는지를 의미함을 살펴보았다.

5. 결과방지가능성의 다중적 지위

부작위범의 인과관계에 대하여 우리나라의 통설적 견해인 부작위범의 인과관계를 긍정하는 견해와, 부작위범의 인과관계를 부정하면서 이를 행위능력 개념을 통하여 귀속으로 설명하는 견해와,[168] 인과관계 대신에 결과방지가능성을 내용으로 하는 귀속관련성을 요구하는 견해가[169] 있음을 살펴보았다. 위 견해들은 각기 다른 이론 구성을 보이나, 한 가지 공통점은 어느 견해이건 범죄결과를 부작위자에게 귀속시키기 위하여 예상되는 작위에 의하여 결과가 회피될 수 있는지 여부를 검토한다는 것이다.[170] 즉, 모든 견해는 부작위범의 인과관계 내지 객관적 귀속을 판단함에 있어 결과방지가능성을 고려하는 것이 불가결하다는 인식을 전제로 하고 있다. 이러한 측면에서 부작위범의 인과관계의 내용은 결국 가정적으로 작위의무를 한 경우에 결과를 방지할 수 있었을 것

의 인과관계와 객관적 귀속", 114면.

168) Armin Kaufmann, Die Dogmatik, S.57ff.

169) Arthur Kaufmann, FS-Eb.Schmidt, S.200ff.

170) 이용식, "부진정부작위범에 있어서 작위가능성과 결과회피가능성의 의미내용", 32면.

인가 - 즉, 결과방지가능성이라고 결론지을 수 있을 것이다.

그런데 부진정부작위범의 실행행위인 부작위의 성립요건으로서 통설은 작위가능성과 부작위의 인과관계 양자 모두에 대하여 작위가 있었더라면 결과가 회피될 수 있었는가 내지 그 작위에 의하여 결과를 회피할 가능성이 있는가 하는 점을 그 내용으로 하고 있다.[171] 부작위범에서 결과방지가능성은 부작위의 행위성을 판단하면서도 검토된다. 결과방지가능성이 없으면 형법상 의미 있는 부작위에 애당초 해당하지 않는 것이다.

부작위범의 범죄체계론상 작위가능성과 인과관계는 엄연히 다른 단계이고, 각 주제에서 동일한 내용을 언급하고 있음을 이유로, 결과방지가능성을 부작위범의 인과관계의 내용으로 제시하는 견해에 대하여, 행위단계에서 이미 검토한 것을 중복적으로 검토하는 것에 지나지 않는 것이라는 비판이 제기되기도 한다.[172] 형식적으로는 동일한 '작위가 있었더라면 결과를 방지할 수 있었던'이라는 내용이 그 비판들처럼 부작위에서 행위론 단계에서의 결과방지가능성과 인과관계로서의 결과방지가

---

171) 통설적 입장에 따르면 부작위의 실행행위시에 요구되는 작위가능성에 관하여, 그 개념내용으로서 '작위에 의하여 결과를 방지할 사실적 가능성'이라고 해석하는데(임웅, 형법총론, 526면; 정성근/박광민, 형법총론, 459면 등), 이는 실제로는 결과회피가능성을 요구하는 것이다. 이러한 의미에서 작위가능성이 아니라 '결과회피가능성' 내지는 '결과방지가능성'이라는 용어를 사용하는 경우도 많다. 이용식, "부진정부작위범에 있어서 작위가능성과 결과회피가능성의 의미내용", 32면. 이에 대하여, 작위가능성을 결과회피가능성과 구별하여 단순히 작위로 나아갈 수 있는 가능성이라고 해석하는 견해로는 이정원, 형법총론, 452면. 한편, 작위가능성을 기대가능성이라고 해석하는 견해에 대하여, 기대가능성은 작위범에서 책임요소로 기능하는데 부작위범에 있어서는 불법요소가 된다는 것은 명백한 개념의 혼동이라는 견해로는 이재상/장영민/강동범, 형법총론, 122면. 이에 대한 보다 자세한 논의는 윤종행, "부작위범에 있어서 기대가능성의 체계적 지위", 형사법연구 제18호, 한국형사법학회, 2002, 211-232면 참조.
172) 김성룡, "부진정 부작위범에서 객관적 귀속척도", 법학논고 제29집, 경북대학교 법학연구원, 2008, 31, 34, 37면.

능성이 그저 같은 내용을 언급하는 중복되는 논의인지, 아니면 실질적으로는 다른 논의인지, 그렇다면 어떻게 구별할 수 있을 것인가에 대하여 여기에서 논해보고자 한다.

가. '작위가능성'과 '결과회피가능성'의 용어사용

앞에서 검토한 것처럼, 작위가능성과 결과회피가능성의 용어가 동의어로서 혼용되는 경우가 있다.[173] 이에 대하여, 작위가능성을 결과회피가능성과 구별하여 단순히 작위로 나아갈 수 있는 가능성이라고 해석하는 견해도 있다.[174] 만약 작위범과 부작위범의 수범자가 전자는 일반인, 후자는 구체적 행위자로 구별된다는 견해에 따르면, 결과회피가능성과 작위가능성이 의미하는 바는 달라질 수 있다. 구체적으로는, 결과회피가능성은 부작위자에게 요구되고, 그에게 가능한 행위에 의하면 결과를 회피할 수 있다는 부작위의 인과관계의 문제이고, 이에 반해 작위능력은 작위자체를 할 능력으로 이해할 수 있을 것이다. 작위의무의 전제로서 행위자에게 작위 자체를 할 능력이 있는지 여부를 판단하면 충분할 것이다. 행위자의 능력 이상의 작위는 의무화하지 못하며, 당해상황에서 결과의 회피가 불가능하다면, 실행행위성이 흠결되어 결국 무죄가 될 것이다.[175]

---

173) 이용식, "부진정부작위범에 있어서 작위가능성과 결과회피가능성의 의미내용", 32면.
174) 이정원, 형법총론, 452면.
175) 종래 우리나라의 통설은 이 점을 생각하고 작위의무의 전제로도 결과회피가능성을 요구했다고 보이는데, 본문에서 서술했듯이, 작위의무의 전제로서는 작위능력으로 충분하다고 생각된다. 오히려 통설의 문제점은 작위의무의 전제와 실행행위성이라는 두 가지의 다른 문제를 결과회피가능성이라는 하나의 개념에 억지로 밀어 넣은 것에 있다. 같은 취지로 이용식, "부진정부작위범에 있어서 작위가능성과 결과회피가능성의 의미내용", 37면.

그렇다면 결론적으로는 무죄가 되더라도, 결과회피가 불가능한 경우에도 형식적으로 작위의무를 부과하는 것은 의무의 성질에 반하지 않겠는가 하는 비판이 있을 수 있다. 위와 같이 작위가능성과 결과회피가능성을 구별하는 견해에 의하면 형식적으로 작위의무는 부과된다. 그러나 실행행위성이 결여된 이상 당해부작위는 이른바 불능범이므로, 실질적으로는 작위의무 그 자체가 무의미해질 - 결과회피 가능성이 없을 경우에는 작위의무에 따를 필요는 없어질 - 것이다.

요컨대 부진정부작위범의 경우, ① 행위자(부작위자)의 구체적 상황에서의 작위의무를 조정 ② 행위자의 능력이 요구되는 작위로 나올 수 있는지(작위가능성이 없다면 ①에서 기타 별개의 작위의무를 조정) ③ 일반인의 관점에서(구체적 위험설), 상정된 작위가 행해진 경우 결과회피가 가능한지(불가능하다면 실행행위성이 결여되어 최초에 조정된 작위의무는 무의미해지므로, ①로 돌아가서 기타 별개의 작위 의무를 조정)의 3단계를 거쳐, 이를 반복함으로써 작위의무위반과 실행행위성이 확정되면 부진정부작위범의 실행행위가 이루어진다. 그러나 이것이 확정되지 않은 경우에는 실행행위 기능은 없어, 무죄와 같이 된다. 즉 결과회피가 불가능한 경우에 실질적으로 작위의무 위반을 논하는 것은 무의미해진다.[176]

나. 구별기준

필자는 행위 단계에서의 결과방지가능성과, 인과관계 단계에서의 결과방지가능성은 구별될 수 있다는 입장에서, 이를 구별하는 하나의 방법으로, 판단기준시점을 제시하고자 한다.

부작위 당시를 기준으로, 즉 사전적(ex ante) 판단을 했을 때 결과방지가능성이 없다면,[177] 행위가능성이 없는 경우로서 구성요건해당성이

---

176) 이용식, "부진정부작위범에 있어서 작위가능성과 결과회피가능성의 의미내용", 38면.

부정된다 할 것이다. 반면, 행위가 있은 후의 사정, 즉 사후적(ex post) 판단을 했을 때 결과방지가능성이 부정된다면 부작위의 인과관계가 부정될 것이다.[178] 이렇게 보면, 종래 이 두가지 결과방지가능성을 중복된다고 비판하는 견해는 오히려 두 가지 다른 차원을 혼동한 것으로 볼 수 있다.

이 구별의 실익은 행위자의 죄책을 검토할 때 나타나게 되는데, 행위가능성 자체가 없다면 공소사실에 대하여 무죄판단을 하게 되는 반면, 사전적으로 행위가능성은 있으나 사후적으로 결과방지가능성이 없는 경우, 즉 인과관계가 부정되는 경우라면 (미수범 처벌규정이 있음을 전제로) 미수범으로 판단하여야 할 것이다.

다. 책임단계의 기대가능성과의 구별

부작위범에서는 '결과방지가능성'을 여러 단계에서 검토하게 된다. 구성요건단계에서는 '결과방지가능성'이 사전적 결과방지가능성과 사후적 결과방지가능성(인과관계)으로 구별됨을 살펴보았다. 책임단계에서 판단하는 '기대가능성' 또한 그 내용을 결과를 방지할 수 있었는가로 내용을 구성함을 이미 살펴보았다. 여기에서도 결과방지가능성이라는 용어의 동일성으로 인하여 중복적 검토를 하는 것이 아닌가 하는 의문이 제기될

---

177) 이상돈, 형법강론, 239면; 류화진, "부작위범의 인과관계", 110면과 같이, 문헌에 따라 결과방지가능성은 행위가능성과 동일한 용어로 사용되기도 한다. 그러나 앞에서 부작위범의 체계 및 구조를 검토하면서 살펴보았듯이, 행위가능성과 결과방지가능성은 구별되며, 행위가능성이 인정되더라도 결과방지가능성이 부정되면 구성요건해당성이 부정된다.

178) 이용식, "부진정부작위범에 있어서 작위가능성과 결과회피가능성의 의미내용", 34면은 실행행위 관점에서의 결과방지가능성은 작위범에서의 객관적 귀속에서 위험창출에 해당하며, 인과관계로서의 결과방지가능성은 부작위의 조건관계로 기능하는데, 이는 작위범에서의 객관적 귀속에서의 위험실현관계를 의미한다고 한다.

수 있다. 따라서 앞에서 언급했던 것처럼 기대가능성을 책임조각사유가
아니라 구성요건으로 본다는 의견이 제시되기도 하고,179) 행위 단계에서
의 작위가능성과 기대가능성이 구별됨을 지적하기도 한다.180) 그러나 검
토의 단계가 구성요건단계와 책임단계로 구별될 수 있다는 것이지, 두가
지 단계에서의 결과방지가능성이 어떤 내용으로 구별될 수 있는지는 명
시적으로 밝히지 않고 있다. 이에 '기대가능성' 내지는 '결과방지가능성'
이라는 용어의 혼용에도 불구하고 구성요건과 책임의 구별되는 각 단계
의 특성에 비추어 구별이 가능할 것으로 보인다. 사전적 결과방지가능성
과 인과관계단계로서의 사후적 결과방지가능성을 포괄하는 구성요건단
계에서의 결과방지가능성은 불법적인 요소로서, '외부적 사정'에 의한 결
과방지가능성을 판단하는 것인 반면, 책임단계에서의 결과방지가능성(기
대가능성)은 '행위자'를 기준으로 '내부적 동기' 등에 의한 결과방지가능
성을 판단하는 것이라고 구별할 수 있을 것이다.

라. 판례의 태도

판례 또한 명시적으로 결과방지가능성이 부작위범에서 실행행위(작
위가능성)의 문제인지, 인과관계의 문제인지는 구별됨을 밝히지는 않지
만, 논증 과정을 살펴보면 타당하게도 이를 적절히 구별하여 판단하고
있는 것으로 이해할 수 있다.

---

179) 우리나라의 다수의 문헌이 박상기, 형법학, 55면을 이러한 견해로 분류하고
    있으나, 실제로 해당부분 내용을 살펴보면 (사전적) 결과방지가능성을 객관
    적 구성요건요소로 본다는 것이고, 56면에서는 이를 개별적 행위가능성과도
    같은 것으로 보고 있으므로, 이와 같은 분류가 타당한지 의문이다. 독일에서
    부작위범의 기대가능성을 구성요건요소로 본다는 견해로는 S/S-StGB, §13
    Rn.155; Fischer, StGB, §13 Rn.16.
180) 임웅, 형법총론, 565면.

1) 실행행위 문제로 본 판결 - 대법원 1983. 3. 8. 선고 82도2873 판결(Y제강 사건)

가) 사실관계

피고인 S은행장 甲은 Y제강의 경영이 부실화되어 도산위기에 처했음에도 불구하고 은행보증회사채의 상환조치를 취하지 않았고, Y제강은 결국 도산하였으며, S은행은 막대한 손해를 입었다. Y제강은 자체자금으로 대출금을 상환할 여력이 전혀 없었고, 甲도 이 점을 잘 알고 있었다.

나) 판시사항 및 검토

대법원은 "은행장인 피고인이 은행보증회사채의 상환금을 발행회사로 하여금 자체자금으로 상환하게 하는 조치를 취하지 아니하였다 하여도 위 회사가 그 당시 은행보증회사채의 채무를 자체자금으로 상환할 수 있는 능력이 있었다는 사실이 전제되지 않는 이상 그러한 조치는 불가능하거나 실효성이 없는 것으로 피고인의 이러한 소위가 은행에 대한 업무상배임죄가 된다고 볼 수 없다.[181]"고 판시하였다.

업무상배임죄(형법 제356조)의 경우 미수범처벌규정(형법 제359조)을 두고 있으므로 만약 결과방지가능성이 없음을 이유로 인과관계가 부정

---

181) 이후 이 부분 공소사실은 고등법원으로 파기환송되어 서울고등법원 1983. 6. 29. 선고 83노691 판결을 거쳐, 대법원 1984. 3. 13. 선고 83도1986 판결에서 다시 검사의 상고이유에 대하여 "피고인이 그 은행장으로 근무하던 공소외 주식회사 S은행이 공소외 Y제강주식회사에 대하여 이 사건 차환보증을 할 당시나 기보증사채의 상환기에 이르기까지 위 Y제강주식회사가 그 채무를 자체자금으로 상환할 수 있는 능력이 있었다고 인정할만한 자료를 기록상 찾아볼 수 없는 이 사건에서 기보증사채의 상환을 위 Y제강주식회사의 자체자금으로 상환하게 하는 등의 조치는 먼저 Y제강주식회사가 그와 같은 능력이 있다는 것이 전제가 되어야 한다 하겠으므로 이와 같은 능력이 있었다고 인정할 만한 자료가 없다면 피고인이 위 Y제강주식회사로 하여금 그 자체자금으로 기보증사채를 상환하도록 하는 조치를 취하지 아니하였다는 사유만으로 피고인이 그 업무상 임무에 위배하였다고는 할 수 없다고 할 것이다."고 하여 상고를 기각함으로써 위 82도2873 판결의 태도를 유지하였다.

되는 것이라면 위 사안에서 업무상배임의 미수죄가 성립됨이 타당하나, 행위가능성이 부정된다면 업무상 배임의 점에 대하여 무죄가 되어야 할 것이다.

이 부분 원심법원에서는 은행장인 피고인의 업무상배임죄를 인정하여 유죄판결을 선고하였으나,[182] 대법원에서는 업무상 배임행위로 볼 수 없음을 이유로 파기, 무죄판결을 선고하였다.

대법원은 "① 원판시 기보증회사채의 상환금을 발행회사인 Y제강주식회사로 하여금 자체자금으로 상환하게 하는 조치를 취하지 아니하였다는 점은, 위 Y제강주식회사가 그 당시 원판시 기 보증회사채의 채무를 자체자금으로 상환할 수 있는 능력이 있었다는 사실이 전제되지 않는 이상, 피고인의 소위를 업무상배임 행위라고 볼 수 있는 사유가 되지 못한다 할 것인 바(자체자금으로 상환할 능력이 없는 발행회사로 하여금 자체 상환토록 하는 조치를 취한다는 것은 불가능하거나 실효성이 없는 조치이기 때문이다) 원판결이 채택한 관계증거들을 기록에 의하여 살펴보아도 S은행이 이 사건 차환보증을 한 당시는 물론 원판시 기보증회사채의 상환기일에 이르기까지 Y제강주식회사가 그 채무를 자체자금으로 상환할 수 있는 능력이 있었다고 인정할 수 있는 자료를 찾아볼 수 없고, 도리어 원판결이 인정하고 있는 위 회사의 경영상태, 자산상태, 부채내용, 자금사정 등에 비추어 보면, 그와 같은 능력이 없었다고 보아 마땅하므로 피고인이 원판시 기보증회사채의 발행회사로 하여금 그 채무를 자 체상환토록 하는 조치를 취한 바 없다는 사유는 피고인의 소위를 업무상배임 행위로 볼 수 있는 이유가 되지 못하며, ② 기보증회사채의 상환기일이 도래하기도 전에 그 상환자금 조달을 위하여 다시 발행되는 회사채의 원리금지급을 미리 보증하여 주었다는 점도, 위에서 본 바와 같이 Y제강주식회사가 상환기일에 이르더라도 그 채무를 자체자금으로 상환할 수 있는 능력이 없었다고 보이는 이 사건에 있어서는 상환기일도래

전에 미리 지급보증을 하여 주었다는 사실이 상환기일이 도래하였을 때에 이르러 지급보증을 하여 준 경우와 비교하여 일신제강주식회사에게 어떠한 이익을 더 취득하게 한 결과가 될 수는 없을 것이므로 마찬가지로 피고인의 원판시 소위를 업무상배임행위라고 볼 이유가 되지 못한다 할 것"이라고 판시하였다.183)

다) 검토

위 판례 사안에 판단시기를 기준으로 구별하는 견해를 적용해보면, 부작위 당시 기준으로 보아 애당초 회수를 못할 사정이 있었다면 업무상 배임의 실행행위가 없는 것으로 무죄가 될 것이고, 대출 당시 회수가능성이 있었는데 사후에 재정상태가 갑자기 나빠져서 사후에 보니 어차피 회수할 수 없었을 것이라고 보면 인과관계가 부정되어야 할 것이다. 업무상배임죄의 경우 미수범 처벌규정을 두고 있으므로 후자의 경우라면 동죄의 미수범이 성립하게 된다. 위 대법원 판례는 이 점을 명확히는 밝히지 않았으나, 타당하게도, 보증당시와 상환기일의 회사의 재정상태를 비교하여 상환능력을 검토하고 있다. 즉 실행행위로서의 부작위가 인정되는지를 판단하면서, 그 내용으로서 결과방지가능성을 판단하고 있는 것이다. 따라서 그 결과 부작위 행위자체가 없다고 봄으로써 미수가 아니라 무죄라는 결론에 도달하게 된다. 이에 대해 법논리적으로 갑에게 배임의 미필적 고의가 있었다면 갑의 부작위 배임행위와 은행의 손해 사이에 인과관계만 흠결된 것이므로, 업무상 배임죄의 미수(형법 제359조)가 성립할 수 있을 것이라는 견해가 있는데,184) 타당하다고 생각된다.

---

183) 대법원 1983. 3. 8. 선고 82도2873 판결.
184) 이상돈, 형법강론, 241면. 그러나 같은 면에서 판단시점에 따라 결과방지가능성을 행위단계와 인과관계 단계에서 각각 검토할 수 있음을 전제로 하면서도, 당해 사안을 행위단계가 아닌 인과관계(합법칙적 조건관계)가 부정된다는 해석을 하고 있는데, 사전적 판단을 한 경우이므로 실행행위 측면에서 파악하였다고 보아야 할 것이다.

이 판례에 대하여 또 한 가지 언급하고 싶은 것은, 부작위범에서 작위의 행위가능성은 형식적인 의미가 아니고, 실질적인 의미라는 것이다. 위 사안에서 은행장이 공소외 회사에 대하여 상환을 요구하기만 하면 바로 무죄가 되는 것이 아니기 때문이다. 판례는 이 쟁점에 대하여 실질적으로 검토하고 있고, 옳은 태도로 보인다. 한편, 위 판결이유 ①부분은 행위형태를 부작위로, ②부분은 작위로 판단하여, 피고인 은행장의 행위를 일련의 하나의 행위로 보지 않고, 개별행위마다 검토하였다는 점을 알 수 있다.

2) 인과관계로 본 판결 - 대법원 1967. 10. 31. 선고 67도1151판결 (청산가리 사건)

"치사량의 청산가리를 음독했을 경우 미처 인체에 흡수되기 전에 지체없이 병원에서 위 세척을 하는 등 응급 치료를 받으면 혹 소생할 가능은 있을지 모르나 이미 이것이 혈관에 흡수되어 피고인이 피해자를 변소에서 발견했을 때의 피해자의 증상처럼 환자의 안색이 변하고 의식을 잃었을 때는 우리의 의학기술과 의료시설로서는 그 치료가 불가능하여 결국 사망하게 되는 것이고 또 일반적으로 병원에서 음독환자에게 위세척 호흡촉진제 강심제주사 등으로 응급가료를 하나 이것이 청산가리 음독인 경우에는 아무런 도움도 되지 못하는 것이므로 피고인의 유기행위와 피해자의 사망간에는 상당인과관계가 없다 할 것이다."

대법원은 청산가리 사안에서 피고인의 부작위에 대해서는 '치료가 불가능'하다는 이유로 인과관계를 부정하면서, Y제강 사안에서는 부작위에 대하여 '상환조치가 불가능'하다는 이유로 작위가능성을 부정하였다. 즉, 피고인의 구조가능성을 검토하였을 때, 사망의 결과를 회피할 수 없으므로 피고인의 부작위와 피해자의 사망의 결과 사이에 상당인과관계가 인정되지 않는다고 판시하였다. 동 판결에서는 부작위의 인과관계만이 문제되었고, 실행행위성 문제는 검토하지 않았다. 다만, 대법원은 부작위와 사망결과간의 인과관계를 부정하면서도, 기본범죄인 유기죄의 성립은 긍정하였다.

3) 소결

치료의 불가능이나 상환조치의 불가능 모두 결과발생방지가 불가능하였다는 점에서 공통된다. 그럼에도 불구하고 각 판결에서 부작위범의 성립을 부정한 근거에 차이가 있다.[185]

작위가능성은 결과발생을 방지하기 위하여 요구되는 행위를 할 수 있는 행위능력을 말하며, 이것이 결여되면 부작위범 자체가 성립하지 않는다.[186] 결과방지가능성은 작위의무의 이행이 있으면 결과발생이 방지될 수 있었다는 가설적 인과관계를 말한다.[187] 그리고 이것이 부정되면 고의범의 경우에는 미수범이 성립하며, 과실범의 경우에는 불가벌이 된다. 전자에 대해서는 행위당시의 시점, 즉 사전에 객관적으로 인식가능하였던 사정을 근거로 판단하며,[188] 후자에 대하여는 사건발생 이후의 시점, 즉 사후에 객관적으로 존재한 모든 사정을 근거로 판단한다.[189]

---

185) 원형식, "부진정부작위범의 인과관계와 객관적 귀속", 125면.
186) 이용식, "부진정부작위범에 있어서 작위가능성과 결과회피가능성의 의미내용", 33면.
187) 이용식, "부진정부작위범에 있어서 작위가능성과 결과회피가능성의 의미내용", 37면.
188) BGHSt 14, 216; Jescheck-LK, §13 Rn.83; S/S-StGB, §13 Rn.143.
189) 이상돈, 형법강론, 249면.

마. 소결

부작위범의 인과관계 내용을, 행위를 했다면 결과를 방지할 수 있었는가에 대한 판단으로서 구한다는 것이 다수의 견해이다. 이에 대해 결과방지가능성은 일반적 행위가능성과 개별적 행위가능성 단계에서 검토하여야 하며, 이를 인과관계에서 검토한다면 중복적 검토라는 비판이 가해지기도 한다.[190] 이에 종래 '행위가능성'이라는 개념에 일괄하여 이해되어오던 것을, 판단시기에 따라 실행행위단계와 인과관계 단계에서의 결과방지가능성의 판단이 각각 구별될 수 있음을 살펴보았다. 이러한 관점에서 위의 비판에 접근해보면, 행위가능성과 인과관계의 판단시기와 그 판단대상을 혼동하는 태도라고 보인다. 나아가 개별적 행위가능성과 실행행위단계에서의 결과방지가능성 또한 구성요건단계에서 구별되는 개념요소라는 점에 비추어볼 때, 역시 타당한 비판이라고 보기 어렵다.

행위(부작위)자체가 행위시에 사전적으로 애당초 결과방지가능성을 가지지 못한 것이라면, 형법상 의미있는 부작위 자체에 해당하지 않는다. 이 단계에서는 상대적으로 느슨한 검토를 하게 된다. 그러나 부작위가 행위로서 의미를 가진 후의 다른 사람의 행위나 상황 등이 개입하는 등의 이유로 결과방지가 불가능해졌다면, 이는 인과관계의 단계에서 고려하여야 할 것이다. 여기에서는 제3자 개입 등 여러 가지를 고려하게 되고, 행위자 본인을 기준으로 결과방지가능성이 인정되어야 한다. 특히, 합법적 대체행위를 고려하여 행위자(부작위자)에게 부작위를 결과에 귀속시킬 수 있는지는 규범적인 판단으로, 객관적 귀속의 문제라 할 것이다.

---

190) 류화진, "부작위범의 인과관계", 110면.

제3절 부작위범에서의 객관적 귀속

I. 객관적 귀속의 검토 필요성 – 인과관계와의 관계 및 작위범과의 관계

작위범에서는 인과관계를 합법칙적 조건설에 의해 자연과학적으로 검토한 후, 객관적 귀속의 단계에서 규범적인 판단을 한다고 하여, 구별 기준을 세우는 것이 비교적 용이한 일이다. 오늘날 결과범에서 행위와 결과 간의 인과관계에 대하여 다수의 학자들은 행위와 결과 간의 관계를 합법칙적 조건설과 객관적 귀속이라는 2단계의 사고과정을 거쳐서 인정하고 있다.[191] 즉 합법칙적 조건설에 의하여 자연과학적 인과관계를 확정하고 객관적 귀속이론에 의하여 그 범위를 수정함으로써 형법적 인과관계를 판단하는 방법을 사용하고 있는 것이다.[192] 이렇게 보면 규범적 평가의 문제는 객관적 귀속이론으로 처리하게 되므로, 그 이전 단계인 인과관계는 아직 평가의 문제가 들어가지 않은 자연과학적 문제가 되고, 평가의 대상으로서 사실을 확정하는 단계가 된다. 이처럼 인과관계의 문제로부터 규범적·법적 문제를 분리하게 된 것이 바로 객관적 귀속론의 의의라 하겠다.[193] 종래의 인과관계론이 형법에서 우연과 필연 사이를 구별하는 데 주력했다면, 현대의 객관적 귀속관계론은 객관적 구성요건해당성의 평가에서 불법과 불행을 구별하는 기능을 가지는 것이다.[194]

우리가 '사실적·자연과학적'이라고 칭하는 것과, '법적·규범적'이라고 칭하는 것은 어찌됐건 인간의 사고작용과 심리작용을 거쳐서 판단하는

---

191) 김일수/서보학, 형법총론, 182면; 류화진, "부작위범의 인과관계", 102면; 신동운, 형법총론, 132면; 이재상/장영민/강동범, 형법총론, 150면; 이형국, 형법총론, 106면.
192) 신동운, 형법총론, 132면.
193) 류화진, "부작위범의 인과관계", 116면; 배종대, 형법총론, 183면.
194) 김일수/서보학, 형법총론, 200면.

수밖에 없기에 두 가지를 완벽히 분리해낼 수는 없을 것이다.[195] 이는 모든 사회과학적으로 대칭되는 개념에 대해 마찬가지일 것이며, 그럼에도 불구하고 우리는 주로 나타나는 성질에 의하여 그 개념을 파악하게 된다. 필자는 평가의 단계와 평가의 객체인 사실을 확인하는 단계는 분명히 다른 사고작용을 요한다고 생각한다. 달리 말하면 평가의 객체를 먼저 사실적으로 확정해두고 이에 대해서 규범적 평가를 하는 순서로 사고가 이루어져야 한다는 것이다. 이러한 사고의 매커니즘 측면에서 보았을 때, 부작위개념을 규범적으로 보는 한, 구성요건 검토 이전의 행위단계에서부터 사실적, 존재론적 검토를 문제 삼기가 어려워지게 되기 때문이다.

그러나 부작위범의 경우 인과관계를 긍정하는 견해는 대부분 그 성격을 규범적이라고 전제하고 있기 때문에 객관적 귀속 또한 규범적이라는 점에서 인과관계와 명확히 구별되는 것인지에 대한 의문이 생긴다. 유사한 맥락에서 부작위범의 자연과학적인 인과관계를 부정하는 견해 중에는 모든 판단을 객관적 귀속으로만 해결할 수 있다고 하는 입장이 있다.[196] 그러나 부진정부작위범의 인과관계의 문제는 부작위와 결과 간의 인과관계 외에, 그 결과를 행위자의 작품(Werk)으로 귀속시킬 수 있을 때 비로소 객관적 구성요건이 충족되었다고 할 수 있으며,[197] 그 귀속여부를 정하는 기준이 객관적 귀속론의 문제이다.

범죄체계론적으로 검토해보면, 부작위범의 인과관계와 객관적 귀속에 대하여는 작위범과 마찬가지로 인과관계와 객관적 귀속으로 나누어 볼 수도 있고, 자연법칙적 인과관계는 없으므로 그냥 객관적 귀속만 문

---

195) 따라서 합리적 의심 없는 정도의 확신을 설명하면서, 작위범의 인과관계는 현실적인 행위가 구체적 결과를 야기하였는지를 자연법칙을 근거로 판단하기 때문에 100%의 확실한 입증도 가능하다는 원형식, "부진정부작위범의 인과관계와 객관적 귀속", 119면의 표현에는 동의하기 어렵다.

196) 류화진, "부작위범의 인과관계", 116면; Hippel, Gafahrenurteile und Prognoseenthscheidungen in der Strafrechtpraxis, 1972, S.79f.

197) Otto, AT, S.138.

제된다고도 볼 수 있고, 혹은 자연법칙적 인과관계 대신에 준인과관계를
먼저 검토한 후, 그 이외의 규범적 판단을 객관적 귀속의 범주 내에서
추가적으로 판단할 수도 있을 것이다. 일견 부작위범의 인과관계와 객관
적 귀속은 같다고도 볼 수 있고 다르다고도 볼 수 있을 것이며, 결국 용
어의 차이일 뿐 실질적인 내용의 차이는 존재하지 않는다고도 할 수 있
을 것이다.[198]

그러나 논리적으로 작위범에서 합법칙적 조건설과 귀속론을 택한 후,
부작위범의 인과관계가 '작위범과 같다'고 하려면, 부작위범에서도 객관
적 귀속을 인과관계를 판단하는 조건설과는 별도로 검토하는 것이 타당
할 것이다. 이러한 명확한 태도를 밝힌 학자는 우리나라에 많지는 않지
만, 부작위범의 인과관계와 마찬가지로 객관적 귀속도 작위범과 같이 본
다는 견해가 우리나라의 다수학자의 입장으로 보이며,[199] 일부 문헌들은
부작위범의 인과관계(합법칙적 조건)와 객관적 귀속을 별도로 검토하여
야 한다고 설명하고 있다.[200][201] 합법칙적 조건설을 따르면 인과관계는

---

198) Puppe, ZJS 2008, S,600.
199) 정성근/정준섭, 형법강의총론, 376면.
200) 김성돈, 형법총론, 551면; 김일수, 한국형법Ⅱ, 박영사, 1997, 501면; 박상기, 형
    법학, 62면 이하; 이상돈, 형법강론, 241면; 이용식, "부진정부작위범에 있어서
    작위가능성과 결과회피가능성의 의미내용", 34면; 정대관, 부진정부작위범에
    관한 연구, 115면; 정성근/박광민, 형법총론, 485면; 정성근/정준섭, 형법강의
    총론, 376면; 천진호, 형법총론, 994면도 부진정부작위범에서 인과관계 및 객
    관적 귀속을 요한다고 한다. 작위범과 같다고만 언급하는 경우는 김일수/서
    보학, 형법총론, 486-467면; 이정원, 형법총론, 458면; 이형국, 형법총론, 356면;
    정성근/박광민, 형법총론, 486면. 별다른 언급이 없는 경우는 이재상/장영민/
    강동범, 형법총론, 122면; 신동운, 형법총론, 112면; 임웅, 형법총론, 536면.
201) 한편, 독일에서도 부작위범의 영역에서는 작위범의 영역에 대하여 상대적으로
    객관적 귀속이 주목받지 못하고 있다는 분석도 있다(Kölbel, Objektive Zurechnung
    beim unechten Unterlassen, Juristische Schulung(이하 'JuS') 2006, S,309. 해당문헌
    을 한국어로 번역한 문헌으로 쾰벨(Kölbel) 저/김성룡 역, "부진정부작위범에
    서 객관적 귀속", 법학논고 제30집, 경북대학교 법학연구원, 2009, 609-626면
    참조). 그러나 같은 문헌 310면 이하에서는 최근의 독일 문헌들은 부작위범에

작위범과 부작위범에 있어 모두 행위자의 행위와 결과 사이에 자연법칙에 맞는 일정한 관련성이 있는가를 입증하는 문제에 귀착되며,[202] 그 차이점이 객관적 귀속론이다.[203] 부작위와 결과 사이에 합법칙적 조건관계만으로 결과책임의 귀속을 위한 양자의 연관성이 확정되는 것이 아니라, 그 결과를 행위자의 부작위에 의한 것으로 귀속시킬 수 있느냐 하는 객관적 귀속의 검토가 필요한 것이다.[204] 작위범의 인과관계는 실재하는 경우에 대한 심사가 아니라, 가능한 경우에 대한 가설적 인과관계이므로 인간의 인식능력에 의해 판단될 수밖에 없으므로 합법칙적 조건관계가 인정되는 경우에도, 이를 다시 결과에 귀속시킬 수 있는지를 검토해야 한다는 것이다.

그런데 객관적 귀속이 필요하다고 밝히는 문헌 중에도 객관적 귀속의 척도까지 밝혀주는 경우는 드물어,[205] 객관적 귀속의 내용을 알기가 쉬운 일이 아니다. 고위·작위범의 객관적 귀속척도가 그대로 적용된다는 표현은 인과관계론에서의 모든 유형의 객관적 귀속척도가 그대로 적

서도 작위범의 사례해결의 예를 따르고 있으며, 귀속이 본질적 역할을 할 수 있음을 설명하고 있다.

202) 김일수, 한국형법Ⅱ, 500면.

203) 이용식, "부진정부작위범에 있어서 작위가능성과 결과회피가능성의 의미내용", 34면은 조건관계판단과 객관적 귀속의 판단을 동일한 대상에 대하여 서로 다른 관점에서 내려지는 판단이라고 본다.

204) 김일수, 한국형법Ⅱ, 501면. 류화진, "부작위범의 인과관계", 106면은 작위범에서는 객관적 외부적으로 인간의 오감에 의해 확인할 수 있는 명확한 대상들이 형법의 판단영역으로 들어오지만, 부작위범에 있어서는 평가의 대상이 되는 것은 작위범에 비해 현저히 적기 때문에 반대로 결과를 부작위자에게 귀속시키기 위한 이론은 복잡하고 세분화될 수밖에 없다고 본다.

205) 김성룡, "부진정부작위범에서 객관적 귀속척도", 27면. 김성돈, 형법총론, 519-520면은 의무위반 관련성과 규범의 보호목적을, 손동권/김재윤, 형법총론, 381-382면은 명시적이지는 않으나 의무위반 관련성을 그 척도로 제시하고 있다. 류화진, "부작위범의 인과관계", 116면은 우리 문헌으로서는 드물게 인과관계를 자연과학적인 것으로 파악하면서 부작위범에서는 모든 규범적 판단을 객관적 귀속으로만 해결해야 한다는 관점에서 접근하고 있다.

용된다는 것을 전제로 하는 것으로 보이기도 한다. 그러나 한편으로 명확한 적용위치나 범위에 대한 지적이 없으므로 이를 애매하다고 비판할 수도 있다.[206) 그러나 부작위범의 인과관계가 인정될 수 없다는 입장에서도, 발생된 구성요건적 결과를 부작위자에게 객관적으로 귀속시킨다는 규범적 평가는 가능하다고 한다.[207)

실제 사례에서 구체적 결과와의 인과관계를 부정하게 되는 경우는 드물 것이나, 이는 부작위범에서만 발생하는 문제는 아니며, 작위범에서도 마찬가지로 발생하는 문제라고 생각된다. 그리고 이는 합법칙적 조건설을 취하는 경우의 문제만도 아니다. 어떠한 사건에서 인간의 행위가 형법적으로 문제되는 영역으로 들어온 이상, 그것이 결과에 대해 작위이건 부작위이건 합법칙적 조건이 되지 않을 경우는 드물 것이기 때문이다. 필자의 추측으로는 이것은 조건설 뿐만 아니라 상당성의 인정여부에 대한 판단도 마찬가지이다. 다만, 행위자가 책임을 지는 것이 부당하다 여겨질 때, 그러나 행위와 결과와의 인과성 자체는 부정하기는 어려운 경우, 그 아주 극히 일부의 경우를 위하여 형사법 학자로서 해볼 수 있는 시도는 폭넓게 인정되는 인과관계의 범위를 어떠한 논거로 좁혀볼 수 있을지를 찾아보는 것이리라 짐작된다. 객관적 귀속이론은 이 이론이 탄생한 독일에서조차 아직 발전 중에 있는 견해이고, 현재는 마치 통설인 것처럼 받아들여지는 것 같이 보임과 동시에, 끊임없이 그 실효성에 대하여 비판을 받고 있는 실정이다. 그러나 현재까지 제시된 이론으로서 그나마 가장 체계적으로 형사책임의 범위를 좁히는 이론이라고 판단되어 이를 채택하여 정리해보기로 한다.

아래에서는 합법칙적 조건설을 취하여 인과관계가 부작위와 가설적이고 구체적인 결과와의 자연법칙적 관련성을 판단하여 인과관계가 인정됨에도 불구하고, 행위자의 행위를 결과에 귀속시킬 수 없다고 결론내

---

206) 김성룡, "부진정부작위범에서 객관적 귀속척도", 29면.
207) 류화진, "부작위범의 인과관계", 118면.

릴 수 있는, 결론적으로는 인과의 인정 범위를 좁히는 방법으로서 객관적 귀속의 내용을 구성해보고자 한다.[208]

Ⅱ. 객관적 귀속의 내용(척도)

1. 확률에 의한 해결

독일에서는 다수견해와 판례, 일본의 판례 및 우리의 판례는 모두 부작위범의 인과관계를 부작위가 없었더라면, 즉 요구된 작위행위를 했더라면 (추상적) 결과가 방지되었을 것인지를 따진다. 그런데 앞서 언급한 것처럼 작위범에서의 가설적 제거공식에서는 실제 행한 작위만 없는 상황을 가정한다는 점에서 판단이 비교적 용이하나, 부작위범에서의 가설적 추가공식은 실제로 작위에 나아갔을 경우 외부 세계의 수많은 상황을 가정해보아야 하므로 그 판단이 쉽지 않다. 따라서 작위범에서는 작위가 없었더라면 결과가 발생하지 않았을지에 대하여 합법칙적이나 상당한 관계의 인정여부가 비교적 명확한 반면,[209] 부작위범에서는 정말 작위가 있었다면 결과가 발생하였을지를 판단하는 것이 그리 명확한 일이 아니다. 이러한 측면에서 작위범에서는 객관적 귀속을 언급하며 '확률'의 개념에서 접근하는 경우가 많지 않은데, 부작위범의 영역에 와서는 가설적

---

208) 원형식, "부진정부작위범의 인과관계와 객관적 귀속", 112면은 인과성이 부정되는 경우에도 부작위자에게 객관적으로 귀속시킬 수 있는가에 대한 논의도 이루어지고 있다고 하나, 객관적 귀속은 합법칙적 조건설로 인과관계를 판단하였을 때, 인과관계가 지나치게 확장되는 것을 제한하기 위하여 등장한 이론임을 염두에 두어야 할 것이다.

209) 사실 작위범에서는 부작위범만큼 가설적 판단이 중요한 것도 아니다. 가정적 판단이 아니라, 외부적 행위와 결과간의 직접적 관계를 판단할 수 있기 때문이다.

판단을 (그나마 손쉽게) 구체화하는 방법으로 먼저 확률적인 개념이 등
장한 것으로 추측된다.

가. 확실성에 가까운 개연성

부작위범의 인과관계의 내용을 확률로써 구성하려는 시도들이 발견
된다. 독일에서는 학설과 판례가 작위를 했을 경우를 가정해보았을 때,
추상적 결과에 도달하지 않았을 '확실성에 근접한 개연성(mit an Sicherh
eit grenzende Wahrscheinlichkeit)'이 인정된다면 인과관계를 인정할 수 있
다는 태도를 취한다.[210] 특히 의학분야에서는 치료행위에 대한 확실성
(Sicherheit)이 인정되기 어렵기 때문에, '확실성에 근접한 개연성' 개념이
보다 쉽게 받아들여진다.[211] 이는 구체적으로는 "결과발생의 제거라는
부작위행위의 추가적 고려 없이 결과발생을 정범에 귀속시킬 수 없다.
행위에 의한 결과가 발생하지 않거나, 현저히 늦게 발생하거나, 또는 훨
씬 적은 확률이거나 하는 개연성(확실성에 근접한 개연성)이 존재해야한
다."고 표현된다.[212]

우리나라 문헌에서는 요구(기대)된 일정한 작위가 행해졌더라면 결과
가 발생하지 않았으리라는 연관관계가 '확실성에 가까운 개연성'으로 긍
정되면 부진정부작위범에 있어서의 인과관계가 인정된다거나,[213] '고도
의 개연성'이 인정되는 수준일 것을 요한다고 소개되고 있다.[214]

---

210) Roxin, AT II, §31 Rn.51. BGH NStZ 1981, 218; 1985, 26; 1986, 217; BGH NJW 1987,
  2940; 2000, 2757 등. 일본에서는 판례는 다른 표현을 사용하나, 일부 학설들이
  '確実性に境を接する蓋然性'이라는 표현을 사용하여 유사하게 이론 구성하기
  도 한다.

211) 예를 들어 Wachsmuth/Schreiber, Sicherheit und Wahrscheinlichkeit - juristische und
  ärztliche Aspekte, Neue juristische Wochenschrift(이하 'NJW') 1982, S.2094.

212) BGH NStZ 1985, 27.

213) 임웅, 형법총론, 576면.

214) 박상기, 형법학, 62면.

앞서 가설적인 인과관계와 객관적 귀속의 내용을 구별하면서 소개하였던 화재 사례를 여기에서 다시 검토해보도록 한다. 아버지가 아이를 밖으로 던지지 않아 아이가 화재로 사망한 것에 대하여 독일 판례의 입장은 추상적인 결과, 즉 아이를 던졌더라면 아이가 생존할 수 있었을지에 대하여 가설적 추가공식을 취한다는 점을 확인할 수 있고, 그 판단방법은 사망하지 않았을 확실성에 가까운 개연성이 있는가에 의하여 이루어졌음을 확인하였다. 당해 사안에서는 아이를 창밖으로 던졌더라도 생존하였을 가능성이 확실성에 가까운 개연성 있는 정도로 인정되지 않는다고 보아, 인과관계가 부정되었다. 그런데 필자가 앞서 분류한 방식에 의하면, 이러한 내용은 객관적 귀속의 내용으로 구성할 수 있을 것이며, 독일 판례는 인과관계의 내용으로서 판단하기는 하였으나, 위의 구체적 판례문구를 살펴보면 귀속(Zurechnung)의 관점으로도 접근하는 것으로도 분석할 수 있을 것으로 보인다.

이 경우 결과를 방지하거나 회피할 수 있음이 확실성에 가깝게 인정되지 않을 경우에는, 결과책임은 탈락하지만, 미수범의 가벌성은 탈락하지 않으므로 처벌규정이 있는 한 미수범의 책임은 질 수 있다 할 것이다.

나. 십중팔구

일본에서는 주로 보호책임자 유기치사죄의 경우에 결과회피가능성, 즉 구명가능성(救命可能性)을 부작위범의 인과관계의 내용으로 구성하는 것으로 보인다. 그리고 이를 판례에서 확률로 구성하는데, 독일판례와는 조금 달리 아예 십중팔구(十中八九)라는 표현을 사용하여 구조행위를 하였다면 피해자가 생존했을 확률이 80-90%정도 되면 인과관계를 인정하겠다는 태도를 보인다. 그 정도에 이르지 않으면 결과발생방지에 '합리적인 의심'이 있다하여 인과관계를 부정한다.

예를 들어, 환각제 상용자인 피고인이 다량으로 환각제를 주사한 것이 직접적인 원인이 되어, 당시 13세의 소녀가 쓰러진 채 착란상태에 빠졌음에도 불구하고, 소녀를 방치한 채로 피고인이 떠나 소녀가 사망하자, 피고인이 보호책임자유기치사 등 죄로 기소된 사안에서, 제1심 법원은 의사의 "현실의 구명가능성이 100%였다고 할 수 없다"는 감정 결과를 기초로, "동녀(同女)의 이상한 언동이 발생한 후 즉시 의사의 진찰, 치료가 있었다 해도 동녀는 사망하였을 것이라는 합리적 의심이 남는다"고 하여, 사망결과와 피고인의 유기행위와의 인과관계를 부정하고, 보호책임자유기죄의 성립만을 인정하였다.[215]

그리고 이에 대하여 항소심 법원은 제1심의 감정 등을 근거로 "A가 착란상태에 빠져 방에서 오가는 등 활발하게 동작하던 단계....까지 적절한 응급의료를 실시하였다면, 십중팔구는 구명가능"했기 때문에 "늦어도 동녀가 착란상태에 빠진 것으로 인정되는 같은 날 오전 0시 반의 시점에서, 즉시 의료기관에 연락하여, 동녀에게 응급의료조치를 받게 했다면, 구명할 것이 충분히 가능했다"며, 사망의 결과와 유기 간의 인과관계를 긍정하여 보호책임자유기치사죄의 성립을 인정했다.[216]

이에 대해 피고인이 상고하자, 일본 최고재판소는 "피해자 여성이....환각제에 의한 착란상태에 빠진날 오전 0시의 시점에, 즉시 피고인이 구급의료를 요청하면....십중팔구 동녀의 구명이 가능"하며, "동녀의 구명은 합리적 의심을 넘는 정도로 확실했다고 인정될"수 있으므로, 피고인의 유기행위와 소녀의 사망결과 간에 형법상의 인과관계가 인정되어, 보호책임자 유기치사죄가 성립된다고 보았다.[217]

---

215) 札幌地判昭和61年4月11日高刑集42卷1号52頁.
216) 札幌高判平成元年1月26日高刑集42卷1号52頁.
217) 最決平成元年12月15日刑集43卷13号879頁. 한편, 유기치사죄에서 구명가능성이 상당정도 있다는 것이 긍정되더라도, 그 가능성이 "합리적 의심을 넘는 정도로 확실"하다고 볼 수 없는 경우, 피고인의 부작위와 사망의 결과 간의 인과관계를 부정하고, 보호책임자유기죄의 성립에 그친다고 판시한 판례로, 札幌地判平成15年11月27日判タ1159号292頁등.

이렇듯 일본의 판례는 '十中八九の蓋然性をもって結果が発生していなかっ
ただろうという場合' 즉, 작위의무를 이행하였다면 십중팔구의 개연성으로
결과를 발생을 방지시킬 수 있었던 경우에는 부작위자의 부작위를 결과
에 귀속시킬 수 있다고 본다. 그리고 대부분의 학설은 독일어를 번역한
것과 같이 확실성에 접한 개연성(確実性に境を接する蓋然性)을 요구하고
있다. 즉 거의 틀림없다는 정도로 높은 가능성을 요구하고 있다할 것이
다.[218] 인과관계에 관하여, 일본은 판례와 통설이 모두 상당인과관계설
을 취하고 있어, 이를 인과관계라고 표현하고 있다. 그러나 이는 엄밀히
는 귀속의 의미이며, 일본에서도 점차 문헌들이 귀속론을 소개하고 이를
취하는 학자들이 증가하는 추세에 있는 것으로 보인다.

우리의 경우 학설이 확실성에 가까운·근접한 개연성이라는 표현을
쓰는 경우도 있으나, 대법원에서는 이와 같이 확률에 근거한 표현을 사
용하지 않고, 제1심 법원이 '십중팔구'라는 표현을 사용한 경우가 있
다.[219] 학자들 중에는 부작위범에서 요구된 행위가 있었다고 가정할 때,

---

218) 原因国男, 最高裁判所判例解説刑事篇(平成元年), 1991, 378頁. '십중팔구'의 구
　　체적 의미에 관하여 상세한 검토를 시도한 일본 문헌으로 安達光治, "不作爲
　　の因果関係·殺人罪と保護責任者遺棄致死罪との関係", 判例刑法演習, 法律文
　　化社, 2015, 33頁이하 참조. 吉田敏雄, 不真正不作爲犯の体系と構造, 成文堂,
　　2010, 37頁에서는 십중팔구라는 표현은 문자 그대로 80%내지 90%의 의미가
　　아니라 개연성에 경계를 접하는 확실성을 의미한다고 해석하고 있다.
219) 예컨대 "적어도 공소외 1이 방바닥에 앉아 목을 가누지 못할 정도의 상황을
　　인식한 2006. 8. 1. 09:30경에라도 의료기관에 응급치료를 요청하였다면, 십중
　　팔구 공소외 1의 구명이 가능하였을 것으로 보인다. 따라서 피해자 공소외 1
　　의 구명이 합리적인 의심을 초과할 정도로 확실하다는 것이 인정되는 이상
　　피고인이 그러한 조치를 하지 않고 만연히 공소외 1을 모텔 내에 방치한 행
　　위와 2006. 8. 1. 11:30경 공소외 1이 급성약물중독으로 사망한 결과 사이에는
　　형법상의 인과관계가 인정된다고 봄이 상당하므로, 이를 다투는 피고인의 위
　　주장도 이유 없다(서울중앙지방법원 2007. 1. 19. 선고 2006고합1291 판결)."
　　이 사안은 앞서 소개한 일본 최고재판소 판결과 사실관계와 판결문구가 매우
　　유사하다.

'거의 확실하게' 결과가 발생하지 않았을 것이라고 한다든지[220]하여 확률적 개념을 사용하기도 하는데, 법원은 그러한 문구를 사용하지 않고, 표면적으로는 그저 작위의무를 다했더라면 결과가 발생하지 않았을지만을 가설적으로 검토하는 것에 그치고 있다.

다. 증명책임의 문제

우리나라 문헌들은 주로 이 문제를 증명책임의 측면에서 설명한다. 인간의 인식능력에는 한계가 있기 때문에 이를 의심의 여지 없이 확실한 정도로 입증하기는 어렵다는 점에서 착안한 것이다. 그에 따르면 예컨대 甲이 乙을 밀어서 물에 빠뜨려 익사시켰다면(작위범의 경우), 甲이 乙을 밀지 않았다면 익사하지 않았을 것이라는 사실은 자연과학적으로 명확히 입증된다고 한다.[221] 작위범에서의 인과관계판단에도 규범적인 측면이 없다고는 할 수 없으나, 현실적으로 발생한 행위에 대한 검토를 한다는 것 자체만으로도 사실적인 측면이 훨씬 강하다고 보인다. 반대로, 보증인 甲이 물에 빠진 乙을 구조하지 않아 익사하였다면(부작위범의 경우), 甲이 구조했다면 乙이 사망하지 않았을 것이라는 판단은 작위범에서의 확실성만큼 인정되기는 어렵다고 한다.[222] 따라서 작위의무를 이행하였더라면 결과가 발생하지 않았을 것임을 '확실성에 가까운 정도의 개연성'이 인정될 경우 가설적 인과관계를 인정하겠다는 것이다.[223]

---

220) 정대관, 부진정부작위범에 관한 연구, 113면. 다만 이 표현을 객관적 귀속이 아니라 가설적 인과관계를 설명하면서 사용하였다.
221) 원형식, "부진정부작위범의 인과관계와 객관적 귀속", 119면.
222) 현실적으로 아무런 행위가 존재하지 않는 상황에서 '행위가 있었더라면...' 이라는 가정을 해보자. 설령 행위가 있었다 하더라도, 다른 상황이나 사건이 얼마든지 개입할 가능성이 있다는 점에서 이 검토가 앞의 작위범에서의 조건설적 검토에 비하여 얼마나 규범적인 것인가를 생각해볼 수 있다.
223) 신동운, 형법총론, 152면; 임웅, 형법총론, 129면; 하태영, "형법상 부작위범이 인정되기 위한 요건", 553면.

그 정도로 개연성이 인정되지 않을 경우에는 '의심스러우면 피고인의 이익으로'라는 원칙을 적용하여, 결과에 대한 다른 요인의 존재 가능성이 있다면 인과관계를 인정하기 어렵다. 부작위와 사망결과 간에, 구조행위가 이뤄졌더라면 '합리적 의심을 넘는 정도로 확실'한 결과회피가 가능했는지 여부의 판단기준을 유지하여야 할 것이다.

이러한 가설적 인과관계의 입증이 자연과학적 인과관계 입증에 비하여 완화된 것으로서, 부작위범에 대하여 결과귀속의 요건을 완화시키는 결과가 될 수 있다는 의문을 제기해 볼 수 있을 것인데, 이에 대하여 결과귀속을 완화시키는 것이 아니라 형사소송에서의 합리적 의심이 없는 정도의 확신을 위하여 통상 작위범에 대하여 요구되는 정도의 심증형성을 기술하는 정도에 불과하다는 반박을 가하는 견해가 있다.[224)]

그러나 필자는 위와 같은 질문의 전제에 의문을 제기하고 싶다. 우선, 해당 확률적 접근은 이미 결과방지가능성이 얼마나 되는지가 증명되었음을 전제로 한 규범적 평가이다. 사례에 적용해보면, 작위의무이행시의 결과가 90%의 확률로 방지될 것임이 증명된 것임을 전제로 하여 그 가능성이 90%면 부작위자에게 결과를 귀속시켜도 좋겠다는 평가적 차원의 문제라는 것이다. 그럼에도 불구하고 이러한 가능성이 증명되지 않은 경우(증명은 사실적 차원의 문제이다)를 전제로 한다는 것은, 완전히 다른 차원의 논의를 같은 차원의 이야기인 것처럼 비판한다는 문제가 있다.

한편, 작위범에서의 조건적 인과관계 입증 또한 100% 입증 가능한 것이 아니며, 작위범에서의 가정적 조건관계가 부작위범에서만큼 엄격히 검토를 요하는 것도 아니기 때문에 위 견해와 같이 작위범과 부작위범을 비교하는 것 또한 그 전제에서 오류가 있는 것으로 보인다. 그리고 '확실성에 근접한 개연성' 개념을 굳이 소송법상의 개념으로 처리할 필요가 있는 것인지도 의문이다. 소송법상 증명의 개념이나 정도는 작위범

---

224) Weigend-LK, §13, Rn.86. Baumann/Weber/Mitsch, AT, §14 Rn.50.

이나 부작위범에 관한 것도 아니고, 차이를 둘 것도 아닐 뿐만 아니라, 모든 유죄의 증거가 될 수 있는 것들은 합리적인 의심이 없을 정도로 증명되어야 하는 것이지, 인과관계에 한정된 개념이 아니다.

라. 소결

보증인이 작위의무를 다하였더라면 결과발생이 방지되었을 것인지에 대하여 확실성에 근접한 개연성이나 십중팔구와 같은 (100%는 아니지만) 높은 결과방지가능성이 인정될 경우에는 부작위자에게 결과에 대한 귀속을 인정하는 것에 큰 반발이 예상되지는 않는다. '가정적 판단'이라는 개념 자체와 '확실하다'는 정도는 애초에 친한 개념이 아닐 것인 바, 부작위와 추상적 결과 간의 가정적 관계를 높은 개연성의 정도가 있는지로 판단하는 것은 일응 타당한 태도로 보인다.

그러나 문제는 95% 정도의 개연성은 인정되지 않으면서,[225] 부작위로 인하여 결과가 발생했을 가능성은 인정되는 경우, 혹은 작위로 나아갔다면 결과를 방지할 수 있었던 가능성이 있긴 있는데 낮은 경우에는 어떻게 판단하면 좋을지가 아닌가 한다. 이는 확률의 개념만으로는 해결하기 어려운 영역이다. 이 문제를 해결하기 위한 개념으로 작위범에서의 위험증대이론을 부작위범에서 차용하여 쓸 수 있을지를 항을 바꾸어 검토해

---

[225] 90%의 개연성도 부족하다고 본 독일의 판례가 있어서 소개한다. 의사가 암환자를 수술한 후, 방사선요법을 실시하지 않았고, 환자는 수술 후 3개월이 된 시점에 사망하였다. 당시 의료기술에 따르면 수술 후 방사선치료는 남은 암세포들의 전이암 형성을 막기 위해 필요한 것이었고, 90%의 개연성으로 5-10년의 생명연장확률이 있는 것임이 밝혀졌다. 이에 대하여 독일 연방법원은 모든 의학적 조치를 취했다 하더라도 3개월 후에 환자가 사망할 확률이 10%였으므로, 그에게 부작위에 의한 살인죄가 성립하지 않는다고 판시하였다 (BGH NJW 1987, 2940). 이 판례에 대한 소개로 쾰벨(Kölbel) 저/김성룡 역, "부진정부작위범에서 객관적 귀속", 613-614면.

보기로 한다.[226]

2. 위험감소론

가. 이론의 발생

확률적 접근만으로는 부작위자에게 결과에 대한 귀속을 부정시키기 어려운 애매한 경우의 해결방법으로 논의되는 것이 위험감소(Risikover-minderung)의 측면의 접근으로 보인다. 작위범과 달리 위험창출에 대한 언급은 부작위범에서 많지 않은데, 이는 부진정부작위범의 경우, 구성요건해당상황에서 이미 허용되지 아니한 위험이 존재한 것일 뿐, 부작위자가 그 위험을 스스로 만들어낸 것이 아니기 때문인 것으로 보인다.[227] 부작위범에서는 위험의 창출이 아닌, 위험을 방지하지 않은 것 내지는 위험을 유지시킨 것이 문제되는 것이다.[228] 여기에서의 '위험감소이론'은 작위범의 객관적 귀속이론에서는 '위험증대이론'에 상응하는 용어로, 부작위범에서는 작위로 나아갔다면 부작위로 인하여 유지된 위험을 감소시킬 수 있었는지를 판단해본다는 의미에서 '위험감소'라는 용어를 사용하고자 한다.[229]

---

226) Roxin, AT II, §31 Rn.46은 귀속이 언제나 일반적으로 필요한 것인지, 요구된 행위가 확실성에 근접한 개연성에 기하여 결과를 방지했는지, 그러한 개연성의 정도에 이르지 못한 가능성 정도만 인정되는 경우 정말 부작위를 결과에 귀속시킬 수 있는지에 대한 문제가 부작위범의 인과관계에서 가장 중요한 이슈라고 지적하고 있다.

227) Roxin, AT II, §31 Rn.182.

228) Kölbel, JuS 2006, S.311; Kühl, AT, §18 Rn.35; Rudolphi-SK, §13 Rn.17. 한편, Kölbel, JuS 2006, S.312는 작위범의 객관적 귀속에서 논의되는 위험감소사례 혹은 허용된 위험의 사례에 상응하는 것으로, 부작위범의 경우 부작위를 함으로써 손해가 확대되는 경우를 예로 들고 있다.

229) 위험감소라는 표현을 사용하는 우리 문헌으로는 박상기, 형법학, 62면; 이상

이 책의 서두에서 부작위범의 대표적 사례로 제시한 물에 빠진 아이를 고의로 구조하지 않은 아버지의 문제로 다시 돌아가 보자. 사후적으로 판단해보니 아버지가 구조를 시도하였다면(물에 뛰어들었다면) 50%의 확률로 아들을 살릴 수 있었다. 그리고 구조를 시도하였어도 50%의 확률로 아이가 사망하였을 것임이 밝혀졌다. 아버지가 고의 살인죄로 처벌될 수 있을 것인가를 앞에서 검토한 확률의 문제로 접근하면, 구조행위를 하지 않은 아버지에게는 객관적 귀속이 부정될 것이다.

여기에서 필자가 채택한 입장에 따라 이 사안을 보다 상세히 검토해 본다. 우선, 아버지가 구조를 위해 뛰어들었다면, 설령 구조를 하러 들어갔더라도 아이가 사망하였더라도, 뛰어들지 않은 부작위를 하여 아이가 사망한 시점, 자세, 위치가 동일하지는 않은 상태로 사망하였을 것이므로 아버지의 부작위와 아이의 사망 간에 인과관계가 인정된다. 그렇다면 이제는 객관적 귀속을 살펴보아야 할 것인데, 앞의 확률적 접근에 따르면, 아버지가 구조행위에 나아갔더라도 사망이라는 추상적인 구성요건적 결과를 50%밖에 방지할 수밖에 없는 경우였으므로 그의 불구조행위에 대하여 아이의 사망이라는 결과에 귀속시킬 수 없다는 결론에 도달하게 된다. 과연 이러한 결론에 이르게 되는 것은 타당한 것일까? 유사한 예로, 의사가 환자에게 필요한 조치를 취하지 않는 부작위를 하였으나, 환자의 사망 후에 조치를 취하였다 하여도 그 환자를 살릴 수 있었

돈, 형법강론, 241면 이하. 그는 위험감소를 부작위범에 특수한 귀속문제라고 평가한다. 이에 비해 송문호, "독일형법상 부작위의 인과관계", 268면; 원형식, "부진정부작위범의 인과관계와 객관적 귀속", 123면은 작위범과 마찬가지로 위험 증대라는 표현을 사용하고 있다. 한편, 독일 문헌에서 위험감소라는 표현을 사용하는 예로는 Beulke/Bachmann, JuS, 1992, S.743 Fn.90; Roxin, AT II, §31 Rn.46ff 등이 있다. 한편, 위험증대라는 입장에서 보면 인과과정에 개입하지 않은 부작위가 결과발생의 위험을 증가시켰다는 점으로 판단하기도 한다. 독일에서 위험감소(혹은 증대)론을 취하는 입장으로, Maurach/Gössel/Zipf, AT, 8. Aufl., 2014, S.186ff; Brammsen, MDR 1989, S.123ff; Rudolphi-SK, §13 Rn.16 등.

을지가 50대 50의 비율로 의심스럽다면 의사의 부작위는 환자의 사망에 귀속시킬 수 있을까?[230] 앞의 확률의 관점으로 접근하는 태도에 근거하면 이와 같은 사안들에 대하여 객관적 귀속을 인정하기 어려울 것이다.[231]

나. 위험감소론의 가벌성 확장

그렇다면 위험감소이론이란 이 사례를 어떻게 해결해나가려는 입장인지를 살펴본다. 요구된 행위, 즉 작위의무를 이행하였을 경우, (완전히 결과가 방지되는 것은 아닐지라도) 결과가 발생할 위험이 감소된다면 부작위를 결과에 귀속시킬 수 있다는 견해라고 이해된다. 예컨대 의사가 제때 수술을 하였다면 환자가 죽지 않았을 것임은 확실치 않으나, 적어도 하루 혹은 몇 시간 더 살 수 있었다고 인정되는 경우, 의사의 부작위는 환자의 사망에 귀속될 수 있다는 것이다.[232] 확실성에 근접한 개연성

---

230) 독일 연방대법원은 폭력남편이 처를 폭행하여 상해를 입히고, 그에 근거하여 사망한 처를 병원에 데려가지 않은 사안에서, 긴급수술을 했어도 살아날 확률이 다소 존재함에도 불구하고 확실성에 근접한 개연성이 존재하지 않음을 이유로 부작위에 의한 고의 살인죄를 부정하였다(Schünemann, Entscheidungsanmerkung zu BGH, Beschl. v. 3.5.1984-4StR 266/84, Strafverteidiger(이하 'StV') 1985, S.229 참조). 한편, 결과방지가능성을 밝혀내지 못하면, 미수의 유죄판결이 가능할 뿐이라는 것을 언급하였다(BGHSt 14, 284).
231) 독일의 일부 문헌들은 이를 '고의'의 측면에서 파악하는 것으로 보인다. 위험감소론을 취하는 학자들의 입장에 따르면 인과관계와 객관적 귀속의 부정으로 인하여 미수로 처벌되는 경우, 고의가 감소된 위험의 인식으로도 족하다고 보아 미수의 고의를 기수의 고의보다 약한 정도의 고의가 있으면 된다고 보는 것으로 이해된다(Brammsen, Erfolgszurechnung bei unterlassener Gefahrverminderung durch einen Garanten, Monatsschrift für deutsches Recht(이하 'MDR'), 1989, S.125f 등). 그러나 미수범으로 처벌되더라도 고의는 기수의 고의를 요한다 할 것이므로, 이와 같은 접근이 타당한 것인지 의문이다.
232) 독일의 판례는 일반적으로 '확실성에 근접한 개연성'을 요구함에도 불구하고, 부작위에 의한 의료과실사안에서는 '높은 개연성'으로 생명이 1일 연장될 수 있었다거나(BGH NStZ 1981, 219), 치료를 하였다면 적어도 생명을 1시간 연장

이라는 높은 기준만을 요구하면, 예를 들어 부모가 위독한 자녀를 의사에게 데려가지 않은 경우, 의사의 치료가 있었다면 자녀가 살았을 확실성에 근접한 개연성이 있다면 부모는 아이의 죽음에 대한 형사책임을 지게 될 것이나, 만약 치료가 생명을 구할 가능성이 낮은 정도로 위독할 경우에는 처음부터 법익보호를 포기할 구실을 만들어 주게 된다는 점에서,[233] 이 부분의 가벌성을 확장하는 방향으로 이론을 구성하게 된 것이 위험감소론으로 보인다.

확실성에 가깝지 않은 정도의 결과방지가능성만이 존재하는 사안에서, 작위의무에 나아간 사람과 작위의무에 나아가지 않은 사람을 동일하게 취급하는 것은 결과방지가능성이 낮은 경우 작위의무 있는 보증인이 보증인의무를 아예 이행하지 않아도 된다는 결과를 가져오게 된다는 점에서 부당하다는 측면에서는 이러한 위험감소를 귀속의 척도로서 사용하는 견해가 마치 타당한 것처럼 보인다.

그러나 작위행위로 나아갔다면 위험이 감소될 수 있었다는 이유만으로 객관적 귀속이 인정된다고 하는 이 견해는, 부작위 '결과범'을 결과발생이라는 객관적 처벌조건을 지닌 '위험범'으로 전환시킨다는 점에서 비판받는다.[234] 부작위 영역의 귀책범위를 부당하게 확장시키기 때문이다.

시켰을 것(BGH NStZ 1985, 27)이라는 표현을 사용하여 사망의 위험을 감소시키는 행위를 하지 않은 것을 사망의 결과에 귀속시키고 있음을 살펴볼 수 있다. 한편, 개연성에 상응하는 일반생활경험("der allgemeinen Lebenserfahrung entsprechende Wahrscheinlichkeit")으로 충분한 것처럼 표현하는 판례도 있다 (RGSt 75, 324).

233) Otto, Grenzen der Fahrlässigkeitshaftung im Strafrecht - OLG Hamm, NJW 1973, 1422, JuS 1974, S.708; Puppe, Die Erfolgszurechnung im Strafrecht, 2000, S.44ff; Rudolphi-SK, §13 Rn.16, 16a; Stratenwerth, Bemerkungen zum Prinzip der Risikoerhöhung, FS-Gallas, 1973, S.237ff.

234) 이상돈, 형법강론, 241면; Roxin, AT II, §31 Rn.60; Herzberg, Die Kausalität beim unechten Unterlassungsdelikt, MDR, 1971, S.881ff. 이 문헌들은 모두 작위의무를 행하였다 하더라도 결과가 발생되었을 것인지의 여부가 불명확한데도 귀속을

우리 문헌들은 앞의 확률적 문제와 마찬가지로 여기에서도 증명책임의
법리로 접근하고 있다. 이러한 입장에서는 보증인이 작위의무를 행하였
더라도 결과가 발생되었을 것인지의 여부가 불명확한 경우에는 인과관
계[235] 또는 객관적 귀속[236]은 부정되고, 작위범과 마찬가지로 고의범에
서는 미수범이 성립하며, 과실범의 경우에는 무죄가 된다고 하여 이러한
견해를 우리 문헌들은 무죄추정설 또는 요구행위설이라고 명한다.[237]

그러나 위험감소의 측면을 증명책임의 원리로 접근하는 견해는, 위험
감소론에 대한 비판이라기보다는 증명책임의 일반원칙을 언급한 것 이
상의 의미를 찾기 어려워 보인다. 모든 형사법의 범죄구성요건요소는 검
사가 증명책임을 지고, 그 요소가 명확히 입증되지 않는 경우에 피고인
에게 유리하게 판단하는 것이지, 이 논의는 인과관계나 객관적 귀속에
한정된 논의라고는 볼 수 없다. 위험이 감소되었는지, 개연성이 확실성
에 가까운 만큼 인정되는지의 문제는 이미 사실적인 증명이 마쳐진 상
태를 전제로 규범적인 귀속을 논의하는 단계에서 논하는 것인데, 그 이
전의 사실단계의 문제로 다시 돌아가 증명되지 않았음을 이유로 피고인
에게 불리하다는 주장은 적합한 비판으로 보이지 않는다. 이에 필자는
위험감소론의 가벌성 확장에 대하여, 이미 인과관계가 긍정된 상황에서
결과에의 귀속으로 부작위자의 형사책임을 부정할 수 있는 경우를 찾기

인정한다는 것은 의심스러울 때에는 피고인의 이익으로(in dubio pro reo) 원칙
에 반한다고 지적한다. 필자는 위험감소론의 가벌성 확장 측면에 대해서는 비
판적 입장에 찬동하나, 위험감소론 주장자들이 결과발생방지여부가 입증되지
않은 경우에까지 귀속을 인정하는 견해라는 이해에는 동의하기 어렵다.

235) 신동운, 형법총론, 151면; 이상돈, 형법강론, 249면; 이정원, 형법총론, 497면; 신
양균, "인과관계와 객관적 귀속(Ⅱ)", 106면; 윤종행, "부작위의 인과성", 169면.
236) 류화진, "부작위범의 인과관계", 110면; 원형식, "부진정부작위범의 인과관계와
객관적 귀속", 115면.
237) 원형식, "부진정부작위범의 인과관계와 객관적 귀속", 122면. 내용상 위 무죄
추정설은 이 책에서 소개한 앞의 확률에 의한 접근에 대하여 이름붙인 학설
로 보인다.

위하여 도입된 객관적 귀속이론의 취지와는 정면으로 배치됨을 그 비판의 논거로 삼고 싶다. 부연하자면, 작위범에서 위험증대론은 작위범의 작위를 통하여 위험이 증대된 것이 아니라면 귀속을 부정한다는 처벌의 제한 의미를 가지는 반면, 부작위범에서의 위험감소를 가져오지 않은 경우에는 귀속을 긍정함으로써 처벌의 확장의 의미를 가진다는 것이다. 유사한 이유로 작위범에서 위험증대설을 객관적 귀속의 내용으로 삼는 학자들도 부작위범에서 위험감소설을 귀속의 내용에서 배제하는 경우가 있는 것으로 보인다.[238]

다. 가벌성의 축소 - 위험감소론의 구체화

위험감소론에 대한 현재까지의 논의는 아직 어떠한 합의에 도달하지는 않은 것으로 보인다. 그러나 처음으로 주장된 위험감소론에 대하여, 비(非)주장자들은 보증인이 작위의무를 이행하였다면 결과가 발생하였을 것인지의 여부가 불명확한 경우에도 결과발생 위험을 감소시켰을 가능성이 있다면 귀속을 인정하는 견해라고 이해해온 것 같다. 이러한 비판으로부터 위험감소론을 주장하는 학자들이 절충적 입장을 제시한 것이 위험감소가 있을 것이 실제로 증명될 것을 요구한다거나, 현저한 위험의 감소가 있을 것을 요구한다거나, 혹은 유의미한 인과의 경과를 변화시킬 것을 요구하는 형태로 나타나고 있는 것으로 보인다.

위험감소론을 주장하는 학자들에 따르면 보증인이 방지하거나 감소시킬 의무가 있는 결과가 부작위에 의한 위험에 의해 실현되었으므로 객관적 귀속이 가능해진다.[239] 이 때의 위험은 행위자(부작위자)의 책임 영역에 할당된, 잠재적 위험을 포함한 것이라 한다.[240] 한편, 이를 인과

---

238) Lackner/Kühl, StGB, 28. Aufl., 2014, §13 Rn.14; Schünemann, StV 1985, S.229, 231ff.
239) Brammsen, MDR 1989, S.127.
240) Stratenwerth, FS-Gallas, S.238.

과정에의 영향이라는 측면에서도 접근해 보면, 작위행위로 나아가면 위험감소라는 효과를 가지고 오는 인과과정을 거칠 것이었는데, 부작위를 함으로써 위험감소로부터 야기된 인과과정의 경과를 중단 내지 변경시킨 경우에는 귀속이 가능하다는 것이다.[241] 그에 따르면 부작위자가 요구된 작위행위로 나아갔다면 법익을 위협하는 원래의 인과과정의 진행은 완전히 다르거나 덜 위험한 것으로 대체된다. 예를 들면, 의사가 수술행위로 나아갈 때, 질병을 제거하는 등 사망 위험의 감소를 가져온다는 것이다.

이에 대하여 변형된 위험감소론을 주장하는 자들은 기존의 위험감소론을 위험감소의 가능성을 사전적, 즉 행위당시 시점을 기준으로 판단한다고 전제하여, 현실적으로 위험감소가 있었을 것임이 사후에 입증되지 않더라도 객관적 귀속을 인정한다고 한다.[242] 이에 대하여 변경된 위험감소론은[243] 사후에, 즉 사건이 발생한 이후의 시점에서 위험감소가 있을 수 있었는지를 판단하여 이것이 인정되지 않을 경우 객관적 귀속을 부정하게 된다고 본다.[244] 부연하자면, 위험감소가능성이 사전적으로만

---

241) Rudolphi-SK, §13 Rn.16a.

242) Schaffstein, Die Risikoerhöhung als objektives Zurechnungsprinzip im Strafrecht, insbesondere bei der Behilfe, FS-Honig, 1970, S.173.

243) Roxin, AT II, §31 Rn.54 이하는 차별화된 해결책으로서 수정된 위험감소론적 입장을 제시하면서 마치 제3의 절충설인 것처럼 표현하고 있으나, 위험감소설로 분류할 수 있을 것으로 보인다.

244) Roxin, AT II, §31 Rn.60; Rudolphi-SK, §13 Rn.16. 이 때에도 증명책임원리에 대하여 언급하게 되는데, 위험감소 여부가 사후에 확실하게 입증되지 않은 경우에는 의심스러운 때에는 피고인의 이익으로 원칙에 따라 객관적 귀속을 부정한다고 한다. 그러나 여러 번 언급한 바와 같이, 증명이 이루어져야 할 것을 증명하지 못한 경우에 피고인의 이익으로 결정한다는 것은 귀속의 내용을 구성하는 것과 같은 차원의 것이 아니고, 위험감소를 사전적으로 볼지 사후적으로 볼지와도 무관한 문제라 생각된다.

한편, 박상기, 형법학, 62면은 일반적인 위험감소설을 설명하면서 사후적 판단을 통하여 현실적으로 위험이 감소되었다고 볼 수 있다면 부작위에 대한

존재하는 것은 충분하지 않고, 사후적으로도 존재해야만 귀속을 긍정할 수 있다는 것이다.[245] 예를 들어 심장병 환자에게 심장기능을 유지하기 위해 필요한 최소한의 치료방법이 있는데도 의사가 이를 하지 않았고 환자는 심부전으로 사망한 사례에서 이 견해를 따르면, 치료를 한 이후에 사후적으로 합병증이나 부작용이 발생하여 그가 사망할 수 있다 하여도 작위로 인하여 인과과정을 변경시킬 수 있었음이 인정되면 보증인인 의사에게 결과를 귀속시킬 수 있게 된다.[246]

그러나 결국 인과과정의 변경을 가할 수 있었는지 혹은 사후적으로 판단해보니 위험을 감소시켰는지도, 작위를 했을 시에 결과방지가 되었을 것인지를 판단하지 않고는 불완전한 판단에 그칠 것으로 보인다.[247] 만약 작위로 나아갔더라도 결과방지는 결코 되지 않았겠지만 현저히 위험을 감소시킬 수 있었을 것이 예상되는 경우에 위험감소론의 태도를 따를 경우 객관적 귀속을 인정하게 될 것이다.

수정된 견해는 위험감소론의 원래의 태도가 부작위시점에서 사전적으로 판단했을 때 위험이 감소될 가능성만 있으면 객관적 귀속을 인정하므로, 미수를 인정하는 경우가 거의 없이 결과범의 기수범을 인정하게 되어, 이를 줄이고자 사후적 판단이라는 개념을 도입한 것으로 보인다. 즉, 사전적으로 위험감소가 가능할 것이라고 판단되었다 하여도, 사후적으로 위험감소가 가능하지 않았을 것임이 증명되면 객관적 귀속을 부정하여 부작위자에게 미수범의 성립을 인정하겠다는 것으로 이해된다. 예컨대 아들이 위독함에도 불구하고 의사를 부르지 않은 부모의 경우, 의사를 불렀다 하여도 의사가 도착하였을 시점에 이미 자녀가 사망했거나, 병원에 데리고 갔어도 병원도착시점에 이미 사망하였을 것임이 사후적

결과귀속이 가능하다고 한다.
245) Brammsen, MDR 1989, S.123f.
246) Roxin, AT II, §31 Rn.56.
247) Schünemann, StV 1985, S.229, 232f가 이러한 취지라고 보인다.

으로 인정되는 경우 살인미수죄로 처벌할 수 있다는 것이다.

라. 소결

위의 논의과정을 거치면서 결과귀속의 가부에 대한 논의의 실익은
(물론 미수처벌규정의 존재를 전제로 할 때) 결국 미수처벌의 상대적 가
능성에 있다는 것으로 필자의 생각은 귀결된다. 정리해보자면, 결과방지
에 대한 확실성에 가까울 정도로 높은 개연성을 요구하는 견해의 경우
그 정도의 개연성이 없다면 귀속이 부정되어 미수범으로 처벌되는 영역
이 넓은 편이고, 결과방지와 무관하게 위험의 감소가능성만을 가지고 판
단하는 견해에 따르면 대부분은 귀속이 인정되어 기수범으로 처벌되게
될 것이다. 그리고 소위 수정된 위험감소론의 경우에는 사후적으로 위험
감소여부를 판단해봄으로써 일반적 위험감소론보다는 미수범이 성립할
여지가 조금 더 증가하는 방향으로 결론내려질 것이다.

위험감소론을 결과방지가능성을 고려하지 않는 견해라고 본다면, 수
정된 위험감소론의 경우 '위험'을 사후적으로 검토한다는 것은 결국 결
과방지가능성을 고려하게 된다는 의미라고 이해된다.[248] 특히 위험감소
적인 입장을 취하면서, 처벌범위가 확대되는 것을 막고자 위험감소의 가
능성을 통계적인 방법으로 세분화하겠다는 견해도 등장하는데,[249] 그러
한 접근방법은 위험을 감소시킬 가능성에 결과를 방지할 가능성을 더욱
고려하게 되는 것이 아닌가 한다. 객관적 귀속이론에 의하여 긍정된 인
과관계를 부정할 수 있는 영역을 찾아낸다는 의미에서, 위험감소이론만
을 객관적 귀속의 내용으로 삼기에는 이론이 내포한 가벌성의 지나친

---

248) 원형식, "부진정부작위범의 인과관계와 객관적 귀속", 124면에서 든 예를 통하
여 요구행위설과 위험증대설이 접근하고 있는 것으로 표현된 부분의 취지가
이러한 것은 아닌가 짐작해본다.
249) Puppe, ZStW 1980, S.902.

확장의 위험이 크다고 생각된다. 한편, 수정된 견해가 인과과정의 변경으로 제시하고 있는 예들은 부작위자의 작위가 위험의 감소에 어떠한 영향을 미친다기보다는, 제3자의 개입이나 제3의 사정이 영향을 미친 사례가 대다수라는 점에서 논증 자체의 타당성에 의문을 제기할 수 있을 것으로 보인다.

작위를 했더라면 위험을 조금이라도 감소시킬 수 있었음이 인정된다면 결과방지가능성과 무관하게 귀속을 긍정시킨다는 극단적인 위험감소론은 받아들이기 어렵다. 확실성에 가까운 개연성보다는 조금 낮은, 80%-90%의 발생확률이 예상되는 경우의 처벌 가부가 논란의 핵심영역이 될 것이다. 특히 우리 형법 제18조가 '위험'에 관하여 규정하고 있음에 기하여 본 척도는 의미를 가질 수 있다.

3. 의무위반 관련성

합법칙적 조건설로 인과관계를 판단하면 인과성의 영역이 확장되므로, 객관적 귀속영역에서 이를 제한한다는 입장에 근거하여, 그 기준을 의무위반 관련성에 두고자 하는 견해가 있다.[250] 요구되는 작위행위가 구체적인 상황에서 확실성에 가까운 개연성으로 위험에 처한 법익을 유지할 수 있었다면 의무위반 관련성이 인정되어 객관적 귀속이 인정되며, 만일 결과방지의무를 다한 경우에도 동일한 결과가 발생할 것으로 예상되는 경우에는 객관적 귀속은 인정되지 않는다는 것이다.[251] 그렇다면 이 견해는 위의 확률적 접근과 동일한 견해로도 분류할 수 있을 것으로 보이고, 나아가 여기에서 말하는 의무위반 관련성이 부작위범의 인과관계와도 어떻게 구별되는 것인지도 알기 어렵다. 의무위반 관련성을 굳이 별도의 부작위범의 객관적 귀속의 척도로서 제시할 필요가 있는지에 대

---

250) Wessels/Beulke/Satzger, AT, Rn.711.
251) 박상기, 형법학, 63면.

하여 회의적이지만, 여기에서는 이를 '의무위반 관련성'으로 객관적 귀속의 내용을 범주화시키는 문헌들이 있기에 정리해보도록 한다.

부진정부작위범의 경우 요구되는 작위의무를 이행하지 않은 점(부작위)과 실제 발생한 결과 사이에 형법상의 인과관계가 인정되기 위해서는 현실적으로 이행되지 않은 작위행위를 가설적으로 투입해 보아 결과방지가능성과의 관계를 판단해야 한다. 작위의무위반의 범죄체계론적 지위는 다시 인과관계 개념을 무엇으로 볼 것인가에 달려있는데, 인과관계는 자연법칙적 사실판단이고, 객관적 귀속은 규범적 가치평가라고 보는 입장에 의하면, 작위의무위반관계는 규범적 가치평가가 되므로, 객관적 귀속영역에 속하게 된다.[252] 이에 따르면 요구된 행위를 하였음에도 불구하고 결과가 발생할 수밖에 없었다면 그 결과에 대해 부작위의 인과성은 인정되나 객관적 귀속이 부정된다.[253]

한편, 부작위범의 작위의무위반 관련성을 과실범에 적용되는 객관적 귀속이론의 '주의의무위반 관련성'이라는 척도와 동일한 내용이라고 보는 견해가 있다.[254] 이 견해는 부작위범에서 '작위의무를 다했다면'의 부분이 과실범에서 '주의의무를 다했다면' 결과는 발생하지 않았을 것과 유사하기 때문에 이를 유사하다고 보는 듯하다.

과실범의 주의의무를 부작위범의 작위의무위반과 같이 보는 견해들은 특이하게도 '작위의무위반 관련성'이라는 단어는 사용하지 않고, '주의의무위반'이라는 과실범의 용어와 논의를 그대로 사용한다. 이 견해는

---

252) 같은 취지로 원형식, "부진정부작위범의 인과관계와 객관적 귀속", 115면.

253) 그러나 조건설에 따르면 이 경우 인과성이 탈락하는 것이라는 비판으로 김성룡, "부진정부작위범에서 객관적 귀속척도", 35면. 같은 글 36면은 따라서 제3자의 행위나 개입이나 피해자의 자기위태화, 우연한 행위가 개입한 경우 등에서도 인과성이 부정될 것이라고 한다.

254) 김성돈, 형법총론, 551면; 원형식, "부진정부작위범의 인과관계와 객관적 귀속", 114면은 부작위범의 준인과관계를 과실범의 주의의무위반관계와 유사하다고 적고 있다.

크게 두 가지로 나누어지는데, 주의의무위반관계의 입증이 불명확한 경우, '의심스러운 때에는 피고인의 이익으로' 원칙에 따라 객관적 귀속을 부정하는 견해(무죄추정설)[255]와 주의의무를 다하였다면 결과발생의 가능성이 감경되었을 것이라고 인정되는 경우에는 객관적 귀속을 인정하는 견해(위험감소설)[256]가 대립한다.

그러나 과실범의 주의의무위반 관련성과 부작위범의 작위의무위반 관련성을 동일한 것으로 볼 수 있을지 의문이다. 둘 사이에는 가설적인 대입을 해 봄으로써 판단한다는 유사점이 있을 뿐, 과실범의 주의의무위반에 대한 합법적 대체행위는 객관적 귀속단계에서 논의됨이 비교적 분명하나, 부작위범의 경우에는 가설적인 판단 자체가 인과관계의 내용을 구성한다는 점에서 그러하다. 둘째, 부작위범의 인과관계나 객관적 귀속 판단은 기본적으로 고의범을 전제로 하는 논의라는 점에서 그러하다.

의무위반 관련성 척도를 부작위와 결과 간의 관련성에 그대로 적용하면, 만약 행위자가 요구되는 작위를 하였더라도 마찬가지의 결과가 발생하였을 것이 확실시되는 경우, 발생된 결과는 행위자의 부작위 탓이 아니라 다른 위험이 현실화된 것으로 보아야 하므로, 의무위반 관련성을 부정해야 한다. 하지만 요구되는 작위를 하였다면 마찬가지의 결과가 발생할 것인지 확실하지 않을 경우에는 부작위와 결과 간의 관련성은 어떻게 되는지가 문제된다.[257]

이와 관련해서는 부작위범의 경우에도 과실범의 객관적 귀속이론에서와 마찬가지로 무죄추정설과 위험증대설이 대립할 수 있다.[258] 과실범

---

255) 김일수/서보학, 형법총론, 177면; 이상돈, 형법강론, 219면; 이재상/장영민/강동범, 형법총론, 155면 이하.
256) 손동권/김재윤, 형법총론, 123면; 신양균, "인과관계와 객관적 귀속(Ⅱ)", 117면.
257) 김성돈, 형법총론, 551면.
258) 우리나라의 대부분의 형법교과서는 부진정부작위범의 경우 위와 같은 무죄추정설과 위험증대설의 대립을 거쳐서 결론을 내리지 않는다. 김성돈, 형법총론, 552면. 손동권/김재윤, 형법총론, 381-382면은 독일의 양털사례를 인용

의 경우와 마찬가지의 이유에서 이 경우도 무죄추정설을 취하는 것이 타당하다. 이에 따르면 십중팔구, 확실성이 있어야 유죄라는 것으로, 위험증대만으로는 유죄가 될 수 없다. 행위자가 요구되는 작위를 하였더라도 마찬가지의 결과가 발생하였을 가능성만 인정되어도 의무위반 관련성을 부정해야 한다. 이를 결과발생이라는 차원에서가 아니라 결과 '방지'라는 차원에서 표현하면 '요구되는 작위를 하였더라면 결과가 발생하지 않았을 것이 확실성에 근접한 개연성 정도에 이른 경우에는 부작위와 결과 간의 형법상의 인과관계를 인정할 수 있다'는 공식으로 변환할 수 있다. 한편, 상당인과관계설의 입장에서 형법상의 인과관계를 판단하는 대법원도 같은 맥락에서 부작위와 결과 간에 상당성을 판단하고 있다.[259]

부진정부작위범에서의 객관적 귀속판단과 과실범에서의 객관적 귀속판단의 내용을 동일한 것으로 보는 견해 안에서도, 위험증대설과 무죄추정설의 위치가 인과관계판단인지, 객관적 귀속이라는 의무위반 관련성 판단인지에 대해서도 의견은 일치하지 않는다. 가설적 인과성 판단이 결국 확실성을 보장할 수 없다는 점, 의무위반 관련성도 확실성을 보장할 수 없다는 점에서 무죄추정설과 위험증대설이 두 가지 판단에 모두 등

하여 소독하지 않은 것이 사망의 결과 발생에 대한 <u>위험을 증대한 것</u>은 우리의 경험칙상 의심스럽지 않은 <u>확실한 사실</u>이므로, 이러한 경우에는 의무를 위반한 자에게 거증책임이 전환되는 정도의 부담을 지워야 하고, 의무 있는 자에게 의무이행의 동기를 심어주어야 한다는 형사정책적인 관점에서 거증책임의 전환을 내용으로 하는 위험증대이론이 타당하다고 한다.

259) "치사량의 청산가리를 음독했을 경우 미처 인체에 흡수되기 전에 지체없이 병원에서 위세척을 하는 등 응급치료를 받으면 혹 소생할 가능성은 있을지 모르나 이미 이것이 혈관에 흡수되어 피고인이 피해자를 변소에서 발견했을 때의 피해자의 증상처럼 환자의 안색이 변하고 의식을 잃었을 때에는 우리의 의학기술과 의료시설로서는 그 치료가 불가능하여 결국 사망하게 되는 것이고 또 일반적으로 병원에서 음독환자에게 위세척, 호흡촉진제, 강심제주사 등으로 응급가료를 하나 이것이 청산가리 음독인 경우에는 아무런 도움도 되지 못하는 것이므로 피고인의 유기행위와 피해자의 사망 간에는 상당인과관계가 없다 할 것이다(대법원 1967.10.31. 선고 67도1151 판결)."

장하는 모습을 오히려 자연스럽게 보는 견해가 있다.[260]

4. 규범의 보호목적

부진정부작위범의 경우에는 객관적 귀속판단의 척도 가운데 특히 규범의 보호목적 척도가 중요한 의미를 가지는 경우가 있다. 규범의 보호목적론은 행위자가 특정한 규범에 위반하는 태도를 취함으로써 발생 결과에 대한 위험을 현저하게 증대시키고 있지만, 행위자가 위반한 규범 자체는 당해 결과의 방지를 목적으로 하지 않은 경우를 논의의 대상으로 한다. 즉 행위자가 위반한 규범이 발생한 결과를 직접적으로는 보호하지 않기 때문에 행위자의 규범 위반적 태도와 발생 결과 간의 관계가 문제된다. 여기에서 중요한 것은 행위자가 당해 규범을 준수하고 있으면 결과는 거의 확실히 방지 가능했다는 것을 전제로 한다는 점이다.

부작위범의 경우 규범의 보호목적이라는 개념의 근저에는 행위자에게 요구된 작위의무가 구체적으로 발생한 그 결과를 방지할 의무인가를 묻는 물음이 자리한다.[261] 예를 들어, 교도소장 甲은 소속 교도관이 수용자를 구타하였다는 믿을만한 소문을 듣고도, 여론의 관심을 피하고자 이를 묵인하고 아무런 조치를 취하지 않았다. 교도소장의 부작위는 교도소에서 일어나는 모든 사건을 신고하여야 한다는 규정을 위반한 것이다. 이로써 형사소추를 방해할 위험이 있었으나, 이 사안에서 甲이 위반한 복무규정은 형사소추방해금지목적이 아닌, 교도소의 질서를 보호하기 위함을 목적으로 한다. 따라서 甲의 부작위는 규범의 보호목적의 범위 내의 것이라고 볼 수 없어, 객관적 귀속이 부정된다 할 것이다.

소극적 행위가 허용되지 않는다는 것은 우리가 부작위로부터 법익을 보호하는 행위를 기대할 수 있다는 것을 전제로 한다. 그런데 현실적으

---

260) 김성룡, "부진정부작위범에서 객관적 귀속척도", 28면.
261) 김성돈, 형법총론, 552면.

로 발생한 결과가 작위의무의 규율범위와 보호영역 내에 없는 것이라면, 부작위자에게 결과방지를 요구할 수 없다. 이에 따르면 예컨대 남편의 절도행위를 저지하지 않은 부인에게 부작위에 의한 절도의 방조를 인정할 수 없다. 민법 제826조 제1항의 부부간의 상호부조의무는 그 부인에게 '보호보증의무'를 부여하긴 하지만 '감시보증의무'를 부여하지는 않기 때문이다. 남편이 범죄행위를 할 경우 이를 막아야할 의무까지 부인의 보호보증의무 속에 포함되어 있는 것이 아니므로, 남편이 저지른 절도죄를 부인의 보증의무위반의 탓으로 돌릴 수는 없다.[262]

규범의 보호목적은 기존의 보증인지위의 발생근거와 관련 있기 때문에, 대부분의 문헌에서 규범의 보호목적이라는 척도가 부진정부작위범의 특별한 귀속표지로 등장하지 않는 이유라고 보는 견해가 있다.[263] 그러나 경우에 따라 규범의 보호목적은 부작위범의 귀속 문제에서 가장 의미 있는 척도가 될 수 있음에 유의할 필요가 있다.

주로 규범의 보호목적과 관련하여 예로 들어지는 독일의 판례로 독일 제국법원의 자전거 등화 사안이 있다.[264] 피고인 甲과 乙은 형제인데, 밤에 등불을 달지 않은 채로 甲이 앞, 乙이 뒤를 따르며 자전거로 도로를 주행하던 중, 맞은편에서 마찬가지로 등불 없이 자전거를 주행하던 A가 乙과 충돌하였고 A는 자전거에서 떨어져 의식을 잃었다. 甲과 乙은 A를 일으켜 세우고 떠났으나, A는 다시 자전거를 2km 정도 타고 가다가

---

262) 김성돈, 형법총론, 552면.
263) 김성룡, "부진정부작위범에서 객관적 귀속척도", 29면. 같은 글, 37면은 의무위반 관련성이나 규범의 보호목적은 조건공식으로 적정하게 해결될 수 있는 사안을 오히려 어렵게 만든다고도 한다. 그러나 의무위반 관련성은 차치하고서라도, 규범의 보호목적을 조건설로써 해결할 수 있다는 것은 이해하기 어렵다. 작위범에서도 인과성이 부정되기는 좀처럼 어려운 사안에서, 인과성과는 무관하게 규범의 보호목적 범위 내의 것이 아닌 경우 객관적 귀속이 부정되기 때문이다.
264) RGSt, 63, 392.

다시 길에서 빗나가 수심 75cm의 수로에 빠져 익사하였다. A는 乙과 충돌시에 뇌출혈을 동반한 두개골 골절의 상해를 입었음이 밝혀졌다.

앞서가던 甲에게 독일 제국법원은 도로교통법 위반에 대해서만 유죄, 과실치사에 대해서는 무죄로 판결하였다. 그 판시내용을 살펴보면, 甲에게는 공공의 교통안전을 위태화시키지 않을 의무가 있으나, 자신의 자전거가 아닌, 뒤따라 오는 자전거와 행선지를 비추어 乙과 A가 서로 주의하고 서로 생명의 위험을 초래하지 않도록 배려할 법적의무는 없다고 하였다. 즉 의무의 내용을 확정함으로써 해결한 것으로 보인다. 이에 대하여 독일의 학자들은 등화명령규범의 목적은 자신의 자전거에서 직접 유래한 사고의 방지에 있는 것이지, 다른 자전거를 비추어 그와 제3자와의 충돌을 회피하기 위한 것이 아니므로, 무등화상태인 甲의 주행이 함께 달리고 있는 乙의 자전거가 사고를 야기할 위험을 현저히 높이고 있음에도 불구하고 규범의 보호목적에 해당하지 않기 때문에 객관적 귀속이 부정된다고 사안을 해결한다.[265] 즉, 甲의 부작위와 침해결과와의 사이의 인과관련에 대하여는 행위자(甲)가 작위를 했더라면(등불을 달았다면) 결과가 발생하지 않았을 것이 인정되므로 인과관계는 인정되나, 행위자가 위반한 규범의 목적범위 외의 결과발생에는 귀속시킬 수 없다는 것이다.

한편, 최근 일본에서 앞서 검토한 기존의 십중팔구 기준에 추가하여 '위험의 현실화'에 대하여 언급한 판례가 등장하여 소개해보고자 한다.[266] 독일에서 논의되고 있는 위험감소론과는 다르지만, 위험이라는 개념을 귀속의 차원에서 사용하고 있다는 점, 그리고 오히려 규범의 보호목적과 관련하여 검토의 가치가 있을 것으로 보인다.[267]

---

265) 대표적으로 Roxin, AT Ⅰ, §11 Rn.85.
266) 最決平成24年2月8日刑集66巻4号200頁.
267) 일본 최고재판소도 우리 대법원과 마찬가지로 판례가 직접 귀속이라는 표현을 사용하지는 않지만, 일본 문헌들은 판례의 '위험의 현실화'란 문구에 대하여 상당인과관계를 초과하는 내용을 포함하고 있다고 평가하며, 규범의 보호목적론으로 접근하기도 한다. 예를 들어 安達光治, "危険の現実化論について

해당 사안은 미츠비시(三菱) 자동차회사의 트럭 타이어 탈락으로 인한 사상 결과에 대하여 회사의 품질관리 부서 담당책임자에게 업무상 과실치사상죄를 물은 사건으로, 부작위범의 인과관계가 문제되었다.[268] 사안에서 문제가 된 부품은 D허브였는데, 판결 당시에는 이미 동 회사의 트럭과 버스에 D허브의 약한 강도를 보강한 F허브가 장착되고 있었고, F허브에 의한 바퀴파손사고는 본건 사고가 발생한 시점에서는 D허브의 경우보다 극히 적었다. 이에 원심법원은 리콜조치나 F허브로의 교체 등의 조치가 있었다면 본건 사고는 발생하지 않았을 것이므로 피고인들의 부작위와 사상의 결과와의 사이에는 인과관계가 인정된다고 판시하였다. 그러나 일본 최고재판소는 "D허브를 사용하던 차량에 대하여 리콜을 실시하고 본건 차량에 F허브를 장착하는 등의 조치가 있었다면 바퀴파손사고 그 자체를 막을 수 있었거나, 바퀴파손사고가 났다고 하더라도 본건 사고와는 다르게 났을 것임이 인정되어 결과회피가능성 자체는 긍정된다고 하였다. 그러나 본건 사고는 피고인들의 의무(강도부족으로 인한 D허브의 바퀴파손사고가 더 발생하는 것을 방지할 의무) 위반에 따른 위험이 현실화한 것이라고는 할 수 없기 때문에, 피고인들의 위

-注意規範の保護目的との関連で-", 浅田和茂先生古稀祝賀論文集 上巻, 成文堂, 2016, 78頁.

268) 最決平成24年2月8日刑集66巻4号200頁. 동 회사 제조 트럭의 주행 중에 허브라고 불리는 타이어 휠과 그 접합 부품이 바퀴 파손을 일으켜, 왼쪽 앞바퀴가 탈락하여 보도 위의 여성을 덮쳐 그 여성은 두개골 골절 등으로 사망하였고, 옆에 있던 여성의 자녀 2명에게 각 전치 7일 간의 상해를 입힌 사고였다. 당시 트럭에 장착되어 있던 D허브는 강도가 부족하다는 의심이 있고, 그것이 사고의 직접 원인인 바퀴파손에 이어졌을 가능성이 있다고 판단되었다. 일본 최고재판소에 따르면 동 회사의 D허브를 사용한 버스가 주행 중 마찬가지로 타이어 탈락사고를 일으킨 적이 있고, 당시 피고인들은 일본 운수성 담당관으로부터 사고원인의 조사 및 보고를 요구받고, 보고서를 작성하였다. 이로써 피고인들은 D허브의 파손에 기인한 차량의 타이어 탈락 사고를 본건 사안 이전부터 파악하고 있었음이 인정되었다.

<u>의무위반과 본건 사고 사이의 인과관계를 인정할 수 없다</u>"고 하여, 조치를 강구하지 않은 피고인들의 부작위와 사상의 결과 사이의 인과관계를 부정하였다.[269]

　이 판례에 대하여 일본에서는 부작위범의 인과관계에 대하여 종래의 '작위의무의 이행에 따른 결과발생의 확실한 방지'라는 내용에 더하여 별도로 '작위의무 위반에 따른 위험의 발생결과에로의 현실화'가 필요하다고 본 것이라고 해석되고 있다.[270] 그런데 사안에서 일본 최고재판소가 인과관계를 부정한 이유는 피고인들의 리콜 등의 의무는 제품 자체의 하자로 인한 사고방지를 목적으로 하는 것인데, 본건 바퀴탈락사고가 D허브의 하자에 기인한 것인지, 오래 정비를 하지 않고 마모된 것에 기인한 것인지(이는 사용자 측의 사정)에 의심이 있었기 때문으로 보인다. 즉, 일본 최고재판소는 피고인들의 의무위반의 위험이 결과에 현실화 된 것인지를 판단한 결과, 이것이 부정된 것으로 보고 인과관계를 부정한 것인데, 이것은 기실 작위의무 내지 주의의무 위반을 부과한 규범의 목적 외의 것임을 판단한 것으로 보인다.[271] 이처럼 규범의 보호목적은 인과관계가 인정되더라도 귀속을 부정시킬 중요한 기준이라 생각된다. 다만, 작위의무의 내용확정의 문제로도 문제를 해결할 수 있다는 점에 대

---

269) 기존의 일본판례의 '십중팔구' 기준에 따르면 인과관계가 긍정되었을 것이다. 安達光治, "危險の現実化論について -注意規範の保護目的との関連で-", 62頁. 한편, 일본 최고재판소가 언급한 위험의 현실화론을 따른다 하여도, D허브의 강도부족과 마모가 경합하여 발생한 본건 사안에 대하여, 리콜의무위반으로 생긴 위험이 현실화되었다고 보는 입장도 있다.

270) 위험의 현실화론의 의의에 대하여는 山口厚, 刑法総論 第3版, 有斐閣, 2016, 60頁 이하 참조.

271) 松宮孝明, "刑事判例研究(10)三菱自工車両車輪脱落事件最高裁決定" 立命館法学 343号, 立命館大学法学会, 2012, 616頁은 본 결정에 대하여 기존에 '객관적 귀속론'의 하나로 주장되어 온, 규범의 보호목적 기준을 실질적으로 채택한 최초의 최고재판소 판례라고 설명한다. 安達光治, "危險の現実化論について -注意規範の保護目的との関連で-", 64頁도 같은 취지로 보인다.

하여는 재론의 여지가 있다고 보이며, 이러한 규범의 보호목적에 관하여, 그 목적과 관련되지 않는 사정에 대해서는 책임지지 않는다는, 책임주의원칙과의 관계 또한 밀접한 연관이 있는 것으로 보이는데, 이는 후속연구의 주제로 삼아보기로 한다.

Ⅲ. 소결

부작위를 함으로써 결과를 방지하지 못하였음에도 불구하고, 합법칙적 조건이 존재하여 인과가 인정되어도, 귀속은 부정될 수 있다. 귀속은 필연적으로 인과와 연관되는 것은 아니기 때문이다.

부작위범의 인과관계를 부정하는 입장을 취하는 자들 또한 부작위가 단순히(필연적으로) 무죄라는 결론에 이르는 것은 아니다.[272] 오히려 부작위범의 인과관계를 긍정하는 자들과 같이 다른 부작위범의 구성요건이 현존하면 처벌한다. 다시 말하면, 부작위범의 인과관계를 인정하는 견해는 물론 부정하는 견해에서도 부작위범을 유죄로 처벌하는 결론은 동일할 수 있다는 것이다.

작위범에서의 인과관계를 합법칙적으로 검토한 후 객관적 귀속을 가정적으로 해보는 순서를 거친다면, 부작위범에서의 인과관계 검토는 오히려 합법적 대체행위라는 기준으로 객관적 귀속을 먼저 판단하게 되는데, 그 가정적 상황에 대해서 합법칙적 조건설을 적용하게 되는, 반전된 검토를 하고 있다.

부작위범에서 남은 작업은 결과를 행위자에게 객관적으로 귀속시키는 것뿐이다. 이는 오로지 형법적·규범적 평가의 작업이지, 자연과학적 인과관계의 문제가 아니다.[273]

---

272) 작위범에서는 인과관계가 부정될 경우 필연적으로 무죄가 되는 것과 차이점이라 할 것이다.

이에 따르면, 형법상의 인과관계는 물리적· 자연과학적인 인과개념
이 아니라 형법상의 개념이므로 부작위 이외에서 원인을 찾지 않더라도
부작위와 결과 사이에 직접 연관이 존재한다고 할 수 있다. 즉 부작위범
의 인과관계는 부작위범에게 가능한 행위가 결과를 방지할 수 있었느냐
에서 찾아야 할 것이다.

---

273) 이용식, "상당인과관계설의 이론적 의미와 한계 -상당성의 본질-", 법학 제44
　　권 제3호, 서울대학교 법학연구소, 2003, 211면 이하는 상당인과관계설을 취한
　　다고 하여도 상당성의 개념을 인과관계의 구성요건적 정형성, 결과발생의 가
　　능성, 인과경과의 상당성으로 파악하고 있으므로, 부작위의 인과관계를 상당
　　인과관계설에 따라 파악하더라도 규범적 평가의 작업만을 하게 될 것임을 지
　　적하고 있다.

제4장
구체적 사례에의 적용

부작위범의 인과관계는 마치 관념적인 것에 불과하여 실제로는 아무런 문제가 되지 않을 것만 같지만, 아래에서 상세히 살펴볼 세월호 판례에서도 볼 수 있듯이, 실무에서 부작위범이 문제되는 경우 피고인은 거의 대부분 인과관계를 부정하는 주장을 하게 된다. 물리적 행위로 나아가지 않고 가만히 있었다는 점을 이유로, 부작위범으로 기소된 피고인의 인과관계의 부정 주장은 작위행위를 한 피고인보다 용이하다고 보인다. 앞에서 고찰해본 부작위범의 인과관계의 내용을 어떻게 적용해볼 수 있을 것인가에 대하여 구체적 사례들을 통해서 고찰해보고자 한다.

제1절 판례의 검토

대법원이 부작위범의 성립요건으로서 인과관계를 '명시적으로' 언급한 사건은 거의 존재하지 않는다. 그나마 언급한 사례로는 사기죄에서 부작위에 의한 기망행위와 처분행위 간의 인과관계를 설명한 소수의 사례를 들 수 있다.[1] 그러나 그조차도 기망행위와 처분행위 간의 인과관계를 설명하는 맥락에서 그 기망행위가 부작위에 의하여 성립할 수 있다는 것이지, 부작위범의 인과관계를 본격적으로 판단한 것은 아니었다. 그러던 중 최근 대법원에서 명시적으로 부작위범의 인과관계를 언급하고, 구체적으로 이를 판단한 판결이 등장하였으니, 바로 세월호 사건이다.[2]

---

1) 예를 들면, 대법원은 "사기죄는 타인을 기망하여 착오에 빠뜨리고 그로 인하여 피기망자가 처분행위를 하도록 유발하여 재물 또는 재산상의 이익을 얻음으로써 성립하는 범죄이다. 따라서 사기죄가 성립하려면 행위자의 기망행위, 피기망자의 착오와 그에 따른 처분행위, 그리고 행위자 등의 재물이나 재산상 이익의 취득이 있고, 그 사이에 순차적인 인과관계가 존재하여야 한다(대법원 1989. 7. 11. 선고 89도346 판결, 대법원 2000. 6. 27. 선고 2000도1155 판결; 대법원 2017. 2. 16. 선고 2016도13362 전원합의체 판결 등)"고 판시한 바 있다.

　　예컨대 대법원은 "피고인들은 그들이 이 사건 양식어장에서 정상적으로 어업을 영위하는 것으로 오인하고 있는 김○○의 설문조사에 응함에 있어서는 김○○으로 하여금 착오에서 벗어날 수 있도록 사실을 고지할 신의칙상의 의무가 있다 할 것임에도 그렇게 하지 않고 오히려 허위사실을 답함으로써 김○○이 그대로 이 사건 양식어장의 어획량을 산정하도록 한 것은 사기죄의 기망행위에 해당한다고 할 것이고, 한편, 김○○이 위와 같이 산출한 어획량을 기재하여 제출한 조사용역보고서를 기초로 감정평가법인들이 이 사건 양식어장의 피해액을 평가하였고, 그 감정평가서를 기초로 인천국제공항공사가 피고인들에게 이 사건 보상금을 지급한 이상 결국 피고인들의 기망행위와 위 김○○의 어업피해조사, 감정평가법인들의 감정평가, 인천국제공항공사의 보상금지급 사이에는 모두 인과관계가 있다고 할 것(대법원 2004. 6. 11. 선고 2004도1553 판결)"이라고 판시하였다.

2) 2014. 4. 16. 세월호가 침몰하였고, 탑승객 총 476명(제1심 법원이 파악한 바로

Ⅰ. 세월호 판결

부작위에 의한 살인죄를 인정하고, 부작위범의 인과관계를 명시한 첫 판례로서, 세월호 판결은 부작위범에 대한 중요 법리를 망라하여 검토하였다고 판단되어, 아래에서 상세히 검토해보기로 한다. 판결문의 양이 매우 방대하고, 피고인이 여럿인 바, 표로 간략히 정리해보았다. 아래 분석대상 판결의 피고인들은 세월호 선장을 비롯하여 세월호의 운행과 관련된 행위를 했던 자들 및 법인이다.

당시 해양경찰청장 및 기타 해경 관계자들을 피고인으로 한 사건은 사건이 발생한지 7년만인 2021년에 비로소 제1심 판결이 선고되었다.[3] 제1심 법원은 업무상 과실치사 등의 혐의에 대하여는 해경 관계자 피고인들에게 업무상 과실이 인정되지 않는다고 보아 무죄를 선고하였고, 항소심법원은 2023년 2월 검사의 항소를 기각하였다.[4] 2023년 7월 현재 상고심 계속 중이어서[5] 앞으로 그 귀추가 주목된다.

1. 피고인에 대한 간략한 정보

[표 1]

피고인	지위	승무경력	자격면허	비고
1	선장	27년 9월	2급 항해사	
2	1등 항해사	20년 5월	1급 항해사	
3	2등 항해사	2년 4월	3급 항해사	

는 승무원 33명과 승객 443명)중 174명만 생존하였다. 다양한 매체를 통하여 사실관계가 무수히 다루어진 바, 이 책에서는 법원에서의 법리적 검토에 집중한다. 상세한 사실관계는 김태명, "부작위에 의한 살인죄의 공동정범의 성립요건", 형사판례연구 제24권, 2016, 박영사, 55-62면 참조. 배종대, 형법총론, 720면은 이 사건에 대해 부작위에 의한 살인죄를 처음으로 인정한 판례라고 평가하였다.

3) 서울중앙지방법원 2021. 2. 15. 선고 2020고합128 판결.
4) 서울고등법원 2023. 2. 7. 선고 2021노453 판결.
5) 대법원 2023도2364 사건.

피고인	지위	승무경력	자격면허	비고
4	3등 항해사	2년 1월	3급 항해사	사고당일 당직 항해사
5	조타수	13년 10월		사고당일 당직 조타수
6	1등 항해사	3년 7월	3급 항해사	
7	조타수	5년 9월	4급 항해사	
8	조타수	9년 11월		
9	기관장	24년 11월	1급 기관사	
10	1등기관사	21년 3월	1급 기관사	
11	3등 기관사	1년 4월	3급 기관사	
12	조기장	23년 1월	6급 기관사	
13	조기수	28년 8월		
14	조기수	27년 7월		
15	조기수	10년 4월		
16	해상여객 화물운송업 법인	1999. 2. 설립		피고인 1-15는 피고인 16 회사와 근로계약 체결[6]

2. 인정된 죄명 및 형량

[표 2]

피고인	제1심: 광주지방법원 2014. 11. 11. 선고 2014고합180, 2014고합384(병합) 판결	제2심: 광주고등법원 2015. 4. 28. 선고 2014노490 판결	제3심: 대법원 2015. 11. 12. 선고 2015도6809 전원합의체 판결[상고기각]
1	징역36년[7]	무기징역[8]	

---

6) 이는 피고인들의 승객에 대한 계약상 보호의무를 인정함에 있어 문제되었다. 제1심에서 피고인 12는 피고인 16회사와 근로계약을 체결한 적이 없으므로 승객에 대한 보호의무가 없다고 주장하였으나, 제1심 법원은 피고인 12와 16 간에 묵시의 근로계약의 성립을 인정하여 승객에 대한 계약상의 보호의무를 긍정하였다. 한편 제2심에서 피고인 6은 사고 이틀 전인 2014. 4. 14.에 피고인 16 회사와 면접을 보고 익일인 2014. 4. 15.에 세월호에 승선하였으나 계약서를 작성하지 않았으므로 근로계약이 성립하지 않았다고 다투었으나, 제2심 법원은 피고인 16회사가 인천지방해양항만청에 피고인 6을 선원으로 신고하였으며, 여러 사실관계를 통하여 묵시적 근로계약이 성립하였음을 인정하여 승객에 대한 구호의무를 긍정하였다.

피고인	제1심: 광주지방법원 2014. 11. 11. 선고 2014고합180, 2014고합384(병합) 판결	제2심: 광주고등법원 2015. 4. 28. 선고 2014노490 판결	제3심: 대법원 2015. 11. 12. 선고 2015도6809 전원합의체 판결[상고기각]
	1. 업무상과실선박매몰죄[9] 2. 유기치사죄[10], 유기치상죄[11] 3. 선원법 위반죄[12] 4. 해양환경관리법위반죄[13]	1. 업무상과실선박매몰죄 2. 살인죄[14], 살인미수죄[15] (공소외 3 제외) 3. 특정범죄가중처벌등에관한 법률위반죄[16] 4. 선원법 위반죄 5. 수난구호법 위반죄[17] 6. 해양관리법위반죄[18]	
	1. 살인 및 살인미수의 점 무죄[19] 2. 수난구호법 위반의 점 무죄[20] 3. 특정범죄가중처벌등에관한법률 위반의 점 무죄[21]	살인의 점 무죄(공소외 3에 대한)[22]	
2	징역20년[23]	징역12년[24]	
	1. 업무상과실선박매몰죄 2. 유기치사죄, 유기치상죄[25]	1. 업무상과실선박매몰죄 2. 특정범죄가중처벌등에관한법률 위반죄[26]	
	1. 살인 및 살인미수의 점 무죄[27] 2. 수난구호법 위반의 점 무죄	살인 및 살인미수의 점 무죄[28] 수난구호법 위반의 점 무죄[29]	
3	징역15년[30]	징역7년[31]	
	1. 유기치사죄, 유기치상죄	1. 유기치사죄[32], 유기치상죄[33] 2. 수난구호법 위반죄	
	1. 살인 및 살인미수의 점 무죄[34] 2. 수난구호법 위반의 점 무죄	1. 살인 및 살인미수의 점 무죄[35]	
4, 5	징역10년[36]	징역5년	
	1. 업무상과실선박매몰죄 2. 유기치사죄, 유기치상죄 3. 해양환경관리법위반죄	1. 유기치사죄, 유기치상죄 2. 수난구호법 위반죄	
	1. 수난구호법 위반의 점 무죄 2. 특정범죄가중처벌등에관한법률 위반의 점 무죄	1. 업무상과실선박매몰의 점 무죄[37] 2. 특정범죄가중처벌등에관한법률 위반의 점 무죄[38] 3. 해양환경관리법 위반의 점 무죄[39]	

피고인	제1심: 광주지방법원 2014. 11. 11. 선고 2014고합180, 2014고합384(병합) 판결	제2심: 광주고등법원 2015. 4. 28. 선고 2014노490 판결	제3심: 대법원 2015. 11. 12. 선고 2015도6809 전원합의체 판결[상고기각]
6	징역7년	징역 1년6월[40]	
	1. 유기치사죄, 유기치상죄	1. 유기치사죄, 유기치상죄 2. 수난구호법 위반죄	
	1. 수난구호법 위반의 점 무죄		
7, 8	징역5년	징역2년[41]	
	1. 유기치사죄, 유기치상죄	1. 유기치사죄, 유기치상죄	
	1. 수난구호법 위반의 점 무죄	2. 수난구호법 위반죄	
9	징역30년	징역 10년[42]	
	1. 살인죄(공소외 1, 2에 대한)[43] 2. 유기치사죄, 유기치상죄	1. 유기치사죄, 유기치상죄 2. 수난구호법 위반죄	
	1. 살인 및 살인미수의 점 무죄(공소외 1, 2 제외)[44] 2. 수난구호법 위반의 점 무죄	1. 살인 및 살인미수의 점 무죄[45]	
10, 11, 13, 14, 15	징역5년	징역3년	
	1. 유기치사죄, 유기치상죄	1. 유기치사죄, 유기치상죄	
	1. 수난구호법 위반의 점 무죄	2. 수난구호법 위반죄	
12	징역5년	징역1년6월	
	1. 유기치사죄, 유기치상죄	1. 유기치사죄, 유기치상죄	
	1. 수난구호법 위반의 점 무죄	2. 수난구호법 위반죄	
16	벌금 1000만원	벌금 1000만원 확정 (검사의 항소기각)	
	1. 해양환경관리법위반죄[46]		

---

7) 아래의 유죄가 인정된 범죄들에 관하여, 제1심 법원은 ① 상상적 경합으로 형법 제40조, 제50죄[선원법위반죄, 각 유기치사죄, 각 유기치상죄 상호간, 형과 범정이 가장 무거운 피해자 권○○에 대한 유기치사죄에 정한 형으로 처벌], ② 경합범 가중으로 형법 제37조 전단, 제38조 제1항 제2호, 제2항, 제50죄[업무상과실선박매몰죄, 유기치사죄, 해양환경관리법위반죄 사이, 형이 가장 무거운 유기치사죄에 정한 형에 경합범가중(각 죄의 장기형을 합산한 범위 내

에서)]를 적용하였다.

8) 제2심 법원은 피고인 1의 양형과 관련하여 "피고인 1의 살인죄 및 살인미수죄 는 상상적경합범 관계에 있으므로 원칙적으로 양형기준이 적용되지 않는다. 참고적으로 살인죄에 대한 양형기준을 살펴보면, 살인범죄의 제2유형인 '보통 동기 살인'에 해당하고 특별양형 행위인자로는 감경요소인 '미필적 살인의 고 의'가 있고 가중요소는 없으므로 감경영역에 해당하여 권고되는 형량 범위는 '징역 7년 이상 12년 이하'이다. 양형기준이 설정되지 않은 수난구호법위반죄 와의 경합범으로 다수범죄의 처리 기준에 따라 양형기준이 설정된 범죄의 하 한만이 권고되므로 결과적으로 권고되는 형량 범위는 징역 7년 이상이 된다. 그러나 피고인 1에 대하여는 아래에서 보는 양형사유를 참작하여 위 참고적 권고 형량 범위를 이탈하여 형을 정한다."고 밝혔다.

　　한편 ① 상상적 경합과 관련하여 형법 제40조, 제50조[각 살인죄 및 각 살인 미수죄 상호간, 형과 범정이 가장 무거운 피해자 권○○에 대한 살인죄에 정 한 형으로 처벌, 선원법위반죄 및 수난구호법위반죄 상호간, 형이 더 무거운 수 난구호법위반죄에 정한 형으로 처벌] ② 경합범 가중과 관련하여 형법 제37조 전단, 제38조 제1항 제1호, 제50조[형이 가장 무거운 살인죄에 대하여 무기징역 형을 선택하였으므로 다른 형을 과하지 아니함]를 적용한다고 판시하였다.

9) 형법 제189조 제2항, 제187조, 제30조. 업무상과실선박매몰의 점에 대하여 제1 심은 피고인 1, 2, 4, 5가 공동정범이라고 판단하였으나, 제2심은 피고인 1, 2 에 대하여만 화물 과적과 고박상태의 점검 및 문제 시정할 주의의무를 인정 하였으나 이를 위반하였으므로 유죄를 인정하고, 피고인 4, 5에 대하여는 무 죄판결 하였다. 피고인 1의 경우는 모든 심급에서 화물과적 및 고박불량에 대 한 과실은 인정하였으나, 선원법 9조에 따른 직접지휘의무는 부정하였다. 따 라서 업무상과실선박매몰의 점에 대하여 피고인 1, 2에 대하여는 전 심급에 서, 피고인 4, 5의 경우 제1심에서 적용법조가 같다.

10) 형법 제275조 제1항, 제271조 제1항, 제30조(단, 일부 피해자들에 대해서는 형법 제30조 제외). 한편, 제1심 법원은 피고인 1-15에 대해, 공소외 3의 사망에 대하 여 형사소송법 제325조 후단 이유무죄 판단하였다.

11) 형법 제275조 제1항 전문, 제271조 제1항, 제30조(단, 일부 피해자들에 대해서는 형법 제30조 제외). 제1심 법원은 피고인 1-15 전원이 승객구조의 계약상 의무 를 가지고 있음에도 불구하고, 공동하여 유기행위를 하여 293명을 사망, 140명 을 상해한 결과를 발생시켰다고 판단하였다. 따라서 피고인 1-15의 '승객'에 대 한 유기치사상에 대한 적용법조 또한 같다. 다만, 피고인 1의 경우 승객들 외 에도 '승무원'을 포함한 전 승선원을 구조할 법률상 의무를 인정하여 승무원 10명의 사망과 2명의 상해에 대한 죄책을 인정하였다.

12) 선원법 제161조 전문, 제11조(인명구조 미조치의 점). 전 심급 선원법 위반의
    점에 대하여 적용법조 같다.
13) 해양환경관리법 제127조 제2호, 제22조 제1항, 형법 제30조. 제1심 법원은 피고
    인 1, 4, 5에 대하여 기름유출의 점에 있어 공동정범을 인정하였고, 따라서 적
    용법조는 동일하다. 제2심 법원은 이부분 공소사실에 대하여 피고인 1에 대해
    서만 유죄를 인정하였다.
14) 형법 제250조 제1항.
15) 형법 제254조, 제250조 제1항. 제1심 법원과 달리, 제2심 법원은 살인의 미필적
    고의를 인정(용인하는 내심의 의사 인정)하여 해당 부분을 파기하였다.
16) 특정범죄 가중처벌 등에 관한 법률 제5조의12 제1호, 형법 제268조, 제30조(피
    해자 공소외 3에 대한 선박 교통사고 도주 후 치사 또는 치사 후 도주의 점).
17) 수난구호법 제43조 제2호, 제18조 제1항 단서, 형법 제30조(조난된 사람 구조
    미조치의 점). 제1심 법원은 피고인들 전원에 대해 수난구호법 위반죄에 대하
    여 무죄판결하였으나, 제2심 법원은 피고인 2만을 제외한 피고인 1, 3-15에게
    수난구호법 위반죄 공동정범을 인정하였다. 따라서 피고인 1, 3-15에 대한 수
    난구호법 적용법조는 동일하다.
18) 해양환경관리법 제127조 제2호, 제22조 제1항(과실 선박 기름 배출의 점).
19) 제1심 법원은 피고인들이 자신들의 행위로 인하여 피해자들이 사망에 이를 수
    도 있다는 가능성을 인식한 것을 넘어, 이를 용인하는 내심의 의사까지 있었다
    고 인정하기에는 부족하다는 이유로 살인의 미필적 고의를 부정하였다.
20) 제1심 법원은 수난구호법 제18조, 제15조 제1항의 규정 형식과 문언에 비추어
    보면, 수난구호법 제18조 제1항에 의하여 구조의무를 부담하는 자는 '조난현장
    의 부근에 있는 선박 등(인근 선박 등)'의 선장·기장 등이라 할 것이고 '조난된
    선박 등'은 구조요청의 주체로서 '인근 선박 등'에는 해당되지 않는다고 해석
    하는 것이 타당하다고 판단하면서, 수난구호법 제18조 제1항 단서는 '조난된
    선박' 자체에 해당하는 세월호의 선장 및 승무원들인 위 피고인들에게 적용되
    지 않는다는 이유로 피고인 1-15 모두의 이 부분 공소사실에 대하여 무죄로 판
    단하였다. 다만 이와 상상적 경합의 관계에 있는 유기치사죄 및 유기치상죄를
    유죄로 인정하였으므로 따로 주문에서 무죄의 선고를 하지는 아니하였다.
21) 제1심 법원은 ① 특정범죄가중법 제5조의12에서 규정하고 있는 선박교통사고
    도주죄의 입법취지와 경과, ② 선박교통사고도주죄 규정의 문언상 의미, ③ 일
    반법에 대비되는 특별법의 의미, ④ 특정범죄가중법상의 다른 법 규정과 비교
    되는 선박교통사고도주죄의 체계적 구조 등을 종합하여 보면, 특정범죄가중법
    상의 선박교통사고도주죄는 '수난구호법 제18조 제1항 단서'에 따른 구호조치
    를 취하여야 하는 사람, 즉 '조난사고의 원인을 제공한 선박'의 선장 및 승무원

이 필요한 구조조치를 취하지 않는 경우에 처벌되는 것을 기본 범죄로 하여, 이들이 형법 제268조의 죄(업무상과실 또는 중대한 과실로 사고를 범한 경우)를 범하였음에도 도주하는 경우를 처벌하기 위한 규정이라고 봄이 타당하다고 판단하면서 위 제5조의12는 '조난된 선박' 자체에 해당하는 세월호의 선장 및 승무원들인 위 피고인들에게 적용되지 않는다는 이유로 이 부분 공소사실에 대하여 무죄로 판단하였다. 범죄의 증명이 없는 때에 해당하므로 형사소송법 제325조 후단에 의하여 무죄를 선고하여야 하나, 이와 상상적 경합범 관계에 있는 다른 피해자들에 대한 살인죄, 살인미수죄 및 예비적 공소사실인 피해자 공소외 3에 대한 특정범죄가중처벌등에관한법률위반죄를 유죄로 인정하는 이상 주문에서 따로 무죄의 선고를 하지 아니한다는 것이다.

22) 제2심 법원은 공소외 3에 대한 살인의 점에 대하여 부작위와 사망 결과 사이에 인과관계를 부정하였고, 증거가 부족하므로 무죄라고 판단하였다.

23) ① 상상적 경합-형법 제40조, 제50죄각 유기치사죄 및 각 유기치상죄 상호간, 형과 범정이 가장 무거운 피해자에 대한 유기치사죄에 정한 형으로 처벌] ② 경합범 가중-형법 제37조 전단, 제38조 제1항 제2호, 제2항, 제50죄업무상과실선박매몰죄, 유기치사죄 사이, 형이 더 무거운 유기치사죄에 정한 형에 경합범가중(두 죄의 장기형을 합산한 범위 내에서)]를 적용하였다.

24) 유죄가 인정된 범죄들 간의 관계에 관하여, ① 상상적 경합과 관련하여 형법 제40조, 제50죄각 특정범죄가중처벌등에관한법률위반죄 상호간, 형과 범정이 가장 무거운 피해자 권○○에 대한 특정범죄가중처벌등에관한법률위반죄에 정한 형으로 처벌], ② 경합범 가중과 관련하여 형법 제37조 전단, 제38조 제1항 제2호, 제2항, 제50죄업무상과실선박매몰죄와 특정범죄가중처벌등에관한법률위반죄 상호간, 형이 더 무거운 특정범죄가중처벌등에관한법률위반죄에 정한 형에 경합범가중(두 죄의 장기형을 합산한 범위 내에서)]를 적용한다고 판시하였다.

25) 제1심 법원은 피고인 1을 제외한 피고인 2-15에 대하여 승무원인 피해자들 10인에 대한 사망과 2인에 대한 상해에 대하여 구조의무를 부정하여 유기죄의 정범 또는 공동정범이 될 수 없다고 이유무죄 판단하였다.

26) 특정범죄 가중처벌 등에 관한 법률 제5조의 12 제1호, 형법 제268조, 제30조(선박 교통사고 도주 후 치사 또는 치사 후 도주의 점), 특정범죄 가중처벌 등에 관한 법률 제5조의12 제1호, 형법 제268조(선박 교통사고 도주 후 치상 또는 치상 후 도주의 점).

한편, 피고인 2에 대해서 제2심에서 검사가 공소장변경을 신청하고, 법원이 이를 허가하였다. 내용은 살인 및 살인미수의 점에 대한 예비적 공소사실인 유기치사, 유기치상의 점(원심에서 일부 유죄로 인정되었다)을 제2 예비적 공소사실로 변경하고, 제1 예비적 공소사실로 선박교통사고 후 도주로 인한 특정범죄가중처벌등에관한법률위반의 점을 추가하고 제1 예비적 죄명에 '특정범죄가중처벌등에관한법률위반', 적용법조에 '특정범죄가중법 제5조의12, 제1호, 제2호, 형법 제268조'를 각각 추가하는 것이었다.

27) 제1심 법원은 피고인들이 자신들의 행위로 인하여 피해자들이 사망에 이를 수도 있다는 가능성을 인식한 것을 넘어, 이를 용인하는 내심의 의사까지 있었다고 인정하기에는 부족하다는 이유로 살인의 미필적 고의를 부정하였다.

28) 제2심 법원은 세월호 퇴선 당시 승객들의 사망을 용인하는 내심의 의사까지 있었다고 단정하기는 어렵다는 이유로, 제1심 법원과 동일하게 피고인 2, 3에 대해 부작위 살인의 미필적 고의를 부정하였다. 다만, 피고인 2에 대하여는 이와 제1 예비적 공소사실 관계에 있는 각 특정범죄가중처벌등에관한법률위반죄를 유죄로 인정하는 이상 주문에서 따로 무죄의 선고를 하지 아니하였다.

29) 피고인 2의 경우 다른 피고인들과 달리, 업무상과실로 세월호를 매몰시켜 승객 등을 사망 또는 상해에 이르게 하고도 수난구호법 제18조 제1항 단서에 따른 조치를 하지 아니하고 도주한 경우, 특정범죄가중처벌등에관한법률위반죄만이 성립하고 별도로 수난구호법위반죄는 성립하지 아니한다고 판시하였다. 이 부분 공소사실은 죄가 되지 아니하는 경우에 해당하므로, 형사소송법 제325조 전단에 의하여 무죄를 선고하여야 하나, 이와 법조경합의 관계에 있는 판시 각 특정범죄가중처벌등에관한법률위반죄를 유죄로 인정하는 이상 따로 주문에서 무죄의 선고를 하지 아니하였다.

30) 상상적 경합 - 형법 제40조, 제50조[각 유기치사죄 및 각 유기치상죄 상호간, 형과 범정이 가장 무거운 피해자에 대한 유기치사죄에 정한 형으로 처벌]를 적용하였다. 제1심 법원 피고인 3, 6-8, 10-15에 동일하게 적용되었다.

31) 유죄로 인정된 범죄들 간에 상상적 경합을 인정하였다. 형법 제40조, 제50조[각 유기치사죄, 각 유기치상죄 및 수난구호법위반죄 상호간, 형과 범정이 가장 무거운 피해자에 대한 유기치사죄에 정한 형으로 처벌]. 이는 피고인 4, 5, 10, 11, 13-15에 대하여도 마찬가지이다.

32) 형법 제275조 제1항, 제271조 제1항, 제30조. 피고인 3-15의 유기치사의 점에 대해 적용법조 같다.

33) 형법 제275조 제1항 전문, 제271조 제1항, 제30조. 피고인 3-15의 유기치상의 점에 대해 적용법조 같다.

34) 제1심 법원은 피고인들이 자신들의 행위로 인하여 피해자들이 사망에 이를 수도 있다는 가능성을 인식한 것을 넘어, 이를 용인하는 내심의 의사까지 있었다고 인정하기에는 부족하다는 이유로 살인의 미필적 고의를 부정하였다.

35) 제2심 법원은 세월호 퇴선 당시 승객들의 사망을 용인하는 내심의 의사까지 있

었다고 단정하기는 어렵다는 이유로, 피고인 2, 3에 대하여 제1심 법원과 동일하게 부작위 살인의 미필적 고의를 부정하였다. 다만, 범죄의 증명이 없는 때에 해당하므로 형사소송법 제325조 후단에 의하여 무죄를 선고하여야 하나 피고인 3, 피고인 9에 대하여는 예비적 공소사실 관계에 있는 각 유기치사죄 및 유기치상를 유죄로 인정하는 이상 주문에서 따로 무죄의 선고를 하지 아니한다고 밝혔다.

36) ① 상상적 경합 - 형법 제40조, 제50조[각 유기치사죄 및 각 유기치상죄 상호간, 형과 범정이 가장 무거운 피해자에 대한 유기치사죄에 정한 형으로 처벌], ② 경합범가중-형법 제37조 전단, 제38조 제1항 제2호, 제2항, 제50조[업무상과실선박매몰죄, 유기치사죄, 해양환경관리법위반죄 사이, 형이 가장 무거운 유기치사죄에 정한 형에 경합범가중(각 죄의 장기형을 합산한 범위 내에서)]를 적용하였다.

37) 제1심이 업무상 과실을 인정한 반면, 제2심에서는 업무상 과실을 인정하지 않았다. 제2심 법원은 "형사재판에서 유죄의 인정은 법관으로 하여금 '합리적인 의심'을 할 여지가 없을 정도로 공소사실이 진실한 것이라는 확신을 가지게 하는 증명력을 가진 증거에 의하여야 하므로, 그와 같은 증거가 없다면 설령 피고인들에게 유죄의 의심이 간다고 하더라도 피고인들의 이익으로 판단할 수밖에 없다."고 하면서, 사고 당시 조타기나 프로펠러가 정상적으로 작동하였는지에 관하여 합리적인 의심이 있는 이상 피고인 5에게 우현으로 대각도로 조타한 업무상과실이 있고 피고인 4에게 대각도 조타에 관한 감독의무를 소홀히 한 과실이 있다고 단정하기 어렵고 달리 이를 인정할만한 증거가 없다고 판단하였다.

38) 제2심 법원은 "특정범죄가중법 제5조의12는 선박의 교통으로 인하여 형법 제268조의 죄를 범하고도 구호조치를 하지 아니하고 도주한 선장 또는 승무원인 피고인 1, 피고인 4, 피고인 5에게 적용되어야 함에도 이와 달리 판단한 제1심의 판단은 부당하다."고 하여, 피고인 4, 5에 대하여서도 특정범죄가중법이 적용될 수 있음을 밝혔으나, 조타와 관련한 업무상과실을 인정하기 어려우므로 결과적으로 피고인 4, 피고인 5에 대한 특정범죄가중처벌등에관한법률위반 공소사실을 무죄로 판단한 제1심판결이 정당하다고 판시하였다. 요약하면 제2심 법원은 피고인 1에 한하여 특정범죄가중법 부분에 대해서만 제1심을 파기하고 유죄판결하였고, 피고인 4, 5에 대해서는 무죄로 판단하였다. 다만, 형사소송법 제325조 후단에 의하여 무죄를 선고하여야 하나 예비적 공소사실인 유기치사죄, 유기치상죄 및 수난구호법위반죄를 유죄로 인정한 이상 주문에서 따로 무죄의 선고를 하지 아니한다고 밝혔다.

39) 제1심 법원의 유죄판시부분을 제2심 법원에서 파기하였다. 사고 당시 조타기가 정상적으로 작동하였는지에 관하여 합리적인 의심이 있는 이상 피고인 5에게 우현으로 대각도로 조타한 업무상과실이 있고 피고인 4에게 대각도 조타에

관한 감독의무를 소홀히 한 과실이 있다고 인정하기 어렵고 달리 이를 인정할
만한 증거가 없다는 것을 이유로 하였다.

40) 제2심 법원은 "피고인 6, 피고인 12의 유기치사죄 및 유기치상죄의 경우도 유
기범죄에 대한 양형기준이 적용되지 않으나, 참고적으로 위 피고인들의 유기
치사죄에 대한 양형기준을 살펴보면, 체포·감금·유기·학대범죄 중 유기·학대,
사망의 결과가 발생한 경우에 해당하고 특별양형 행위인자로는 감경요소인
'미필적 고의로 범행을 저지른 경우', '범행가담에 특히 참작할 사유가 있는 경
우'(이 사건 사고 직전인 2014. 4. 15. ○○호에 처음으로 탑승함)가 있고 가중
요소인 '다수의 피해자를 대상으로 하거나 상당한 기간에 걸쳐 반복적으로 범
행한 경우'가 있으므로 감경영역에 해당하여 권고되는 형량 범위는 '징역 1년
6개월 이상 3년 이하'"라고 밝혔다. 한편, ① 유죄인 범죄 간에 상상적경합관계
가 있어, 형법 제40조, 제50조[각 유기치사죄, 각 유기치상죄 및 수난구호법위
반죄 상호간, 형과 범정이 가장 무거운 피해자에 대한 유기치사죄에 정한 형
으로 처벌]를 적용하였고, ② 작량감경을 적용하였다. 피고인 12에 대하여도 동
일하다.

41) ① 유죄인 범죄 간에 상상적경합관계가 있어, 형법 제40조, 제50조[각 유기치사
죄, 각 유기치상죄 및 수난구호법위반죄 상호간, 형과 범정이 가장 무거운 피
해자에 대한 유기치사죄에 정한 형으로 처벌]를 적용하였고, ② 작량감경을 적
용하였다.

42) 제2심 법원은 "피고인 9 등의 유기치사죄 및 유기치상죄는 상상적경합범 관계
에 있고, 유기범죄에 대한 양형기준은 2014. 10. 1. 이후 공소 제기된 사건에
대하여 적용되므로 2014. 5. 15. 기소된 이 사건에는 위 양형기준이 적용되지
않는다. 참고적으로 피고인 9 등의 유기치사죄에 대한 양형기준을 살펴보면,
체포·감금·유기·학대범죄 중 유기·학대, 사망의 결과가 발생한 경우에 해당하
고 특별양형 행위인자로는 감경요소인 '미필적 고의로 범행을 저지른 경우'가
있고 가중요소인 '다수의 피해자를 대상으로 하거나 상당한 기간에 걸쳐 반복
적으로 범행한 경우'가 있으므로 기본영역에 해당하여 권고되는 형량 범위는
'징역 2년 이상 4년 이하'이다. 피고인 9, 3, 4, 5에 대하여는 위 권고 형량 범위
를 이탈하여 형기를 정한 것"이라고 밝혔다. 한편, 유죄인 범죄 간에 상상적경
합관계가 있어, 형법 제40조, 제50조[각 유기치사죄, 각 유기치상죄 및 수난구
호법위반죄 상호간, 형과 범정이 가장 무거운 피해자에 대한 유기치사죄에 정
한 형으로 처벌]를 적용하였다.

43) 형법 제250조 제1항(공소외 1, 2에 대한 살인 부분).

44) 제1심 법원은 피고인들이 자신들의 행위로 인하여 피해자들이 사망에 이를 수
도 있다는 가능성을 인식한 것을 넘어, 이를 용인하는 내심의 의사까지 있었다

3. 주목할 만한 법리 및 쟁점

아래에서는 피고인과 검사 측에 다툼이 있었던 부분, 심급간 판단이 달랐던 부분, 대법원 전원합의체에서 다수의견과 반대의견이 존재했던 부분을 중심으로 다루어보기로 한다.

가. 부작위에 의한 살인죄의 성부

세월호 판결에서 현실적으로 혹은 형사정책적으로 가장 논란이 되었던 쟁점은 승객이나 다른 승무원들을 구호하지 않고 퇴선한 피고인들에게 '살인죄'를 인정할 수 있을 것인가의 문제였다고 생각된다. 사망한 승객들에 대하여 제1심 법원은 피고인 전원에 대해 살인죄 혹은 살인미수죄에 대하여 무죄판결을 선고하였으나, 항소심 법원은 선장인 피고인 1에 대하여만 살인죄의 성립을 인정하여 유죄판결을 선고하였으며, 대법원 또한 이를 유지하였다. 피고인 2(1등 항해사), 3(2등 항해사), 9(기관장)에 대하여는 승객에 대한 살인죄의 고의가 인정될 수 없음을 이유로 살인 및 살인미수의 점에 대해서 무죄로 판단하였다. 피고인 9에 대해서는 제1심에서는 승객에 대한 살인의 점은 무죄판단하였으나, 같은 배의 승

고 인정하기에는 부족하다는 이유로 살인의 미필적 고의를 부정하였다.

45) 승객에 대한 살인죄에 대해서는 전 심급 모두 결과를 용인하는 내심의 의사를 인정하기 어렵다고 보아, 고의를 부정하였다. 그러나 제2심 법원은 제1심 법원과 달리, 피고인 9의 공소외 1, 2(선원들)에 대하여도 살인의 고의를 부정하였다. 피고인 9가 피해자 공소외 1, 공소외 2가 좌현 쪽으로 떨어질 무렵에는 살아 있을 것이라고 생각하였더라도, 퇴선 무렵에는 위 피해자들이 사망하였을 수도 있다고 오해했을 가능성이 있고, 퇴선 당시 피고인 9가 기관부 선원들에게 "우리도 위험한데, 피해자들을 그냥 두고 갑시다"라는 식으로 적극적으로 피해자들을 방치하도록 하지는 않았고, 다른 기관부 선원들이 피고인 9에게 위 피해자들을 데리고 나가자고 제안한 적도 없었음을 이유로 들고 있다.

46) 해양관리법 제130조 본문, 제127조 제2호, 제22조 제1항.

무원들인 공소외 1, 2에 대하여 살인죄를 인정하였고, 고등법원과 대법원은 이 부분 공소사실에 대하여 제1심을 파기하고 무죄로 판단하였다.

먼저, 선장인 피고인 1에 대하여 살인죄를 인정한 부분에서 대법원은

"범죄는 보통 적극적인 행위에 의하여 실행되지만 때로는 결과의 발생을 방지하지 아니한 부작위에 의하여도 실현될 수 있다. 형법 제18조는 "위험의 발생을 방지할 의무가 있거나 자기의 행위로 인하여 위험발생의 원인을 야기한 자가 그 위험발생을 방지하지 아니한 때에는 그 발생된 결과에 의하여 처벌한다."라고 하여 부작위범의 성립 요건을 별도로 규정하고 있다.

자연적 의미에서의 부작위는 거동성이 있는 작위와 본질적으로 구별되는 무(無)에 지나지 아니하지만, 위 규정에서 말하는 부작위는 법적 기대라는 규범적 가치판단 요소에 의하여 사회적 중요성을 가지는 사람의 행태가 되어 법적 의미에서 작위와 함께 행위의 기본 형태를 이루게 되므로, 특정한 행위를 하지 아니하는 부작위가 형법적으로 부작위로서의 의미를 가지기 위해서는, 보호법익의 주체에게 해당 구성요건적 결과발생의 위험이 있는 상황에서 행위자가 구성요건의 실현을 회피하기 위하여 요구되는 행위를 현실적·물리적으로 행할 수 있었음에도 하지 아니하였다고 평가될 수 있어야 한다.

나아가 살인죄와 같이 일반적으로 작위를 내용으로 하는 범죄를 부작위에 의하여 범하는 이른바 부진정 부작위범의 경우에는 보호법익의 주체가 법익에 대한 침해위협에 대처할 보호능력이 없고, 부작위행위자에게 침해위협으로부터 법익을 보호해 주어야 할 법적 작위의무가 있을 뿐 아니라, 부작위행위자가 그러한 보호적 지위에서 법익침해를 일으키는 사태를 지배하고 있어 작위의무의 이행으로 결과발생을 쉽게 방지할 수 있어야 부작위로 인한 법익침해가 작위에 의한 법익침해와 동등한 형법적 가치가 있는 것으로서 범죄의 실행행위로 평가될 수 있다. 다만 여기서의 작위의무는 법령, 법률행위, 선행행위로 인한 경우는 물론, 신의성실의 원칙이나 사회상규 혹은 조리상 작위의무가 기대되는 경우에도 인정된다.

또한 부진정 부작위범의 고의는 반드시 구성요건적 결과발생에 대한 목적이나 계획적인 범행 의도가 있어야 하는 것은 아니고 법익침해의 결과발생을 방지할 법적 작위의무를 가지고 있는 사람이 의무를 이행함으로써 결과발생을 쉽게 방지할 수 있었음을 예견하고도 결과발생을 용인하고 이를 방관한 채 의무를 이행하지 아니한다는 인식을 하면 족하며, 이러한 작위의무자의 예견 또는 인식 등은 확정적인 경우는 물론 불확정적인 경우이더라도 미필적 고의로 인정될 수 있다. 이때 작위의무자에게 이러한 고의가 있었는지는 작위의무자의 진술에만 의존할 것이 아니라, 작위의무의 발생근거, 법익침해의 태양과 위험성, 작위의무자의 법익침해에 대한 사태지배의 정도, 요구되는 작위의무의 내용과 이행의 용이성, 부작위에 이르게 된 동기와 경위, 부작위의 형태와 결과발생 사이의 상관관계 등을 종합적으로 고려하여 작위의무자의 심리상태를 추인하여야 한다."

고 하여 부진정부작위범의 성립요건 중 특히 구성요건요소들을 객관적인 것에서부터 주관적인 것까지 빠짐없이 명확히 밝히고 있다.

나. 살인의 미필적 고의

한편, 피고인 2(1등 항해사), 3(2등 항해사)에 대해서 부작위에 의한 살인죄를 판단함에 있어서는, 먼저 피고인들에게 살인의 미필적 고의가 인정되는지가 큰 쟁점이 되었다. 이 쟁점에서 대법원 다수의견은 피고인 2, 3은 간부선원이기는 하나 나머지 선원들과 마찬가지로 임무의 내용이나 중요도가 선장의 지휘 내용이나 구체적인 현장상황에 따라 수시로 변동될 수 있고, 경우에 따라서는 승객이나 다른 승무원에 의해서도 비교적 쉽게 대체 가능하다고 보아, 피고인 1의 승객 등의 퇴선을 위한 선장의 아무런 지휘·명령이 없는 상태에서 피고인 2, 3이 단순히 비상임무 현장에 미리 가서 추가 지시에 대비하지 아니한 채 선장과 함께 조타실에 있었다거나 혹은 기관부 선원들과 함께 3층 선실 복도에서 대기하였다는 사정만으로, 선장과 마찬가지로 선내 대기 중인 승객 등의 사망 결과나 그에 이르는 사태의 핵심적 경과를 계획적으로 조종하거나 저지·촉진하는 등 사태를 지배하는 지위에 있었다고 보기 어렵다고 하였다. 즉, 별다른 구조조치를 취하지 아니한 채 사태를 방관하여 결과적으로 선내 대기 중이던 승객 등이 탈출에 실패하여 사망에 이르게 한 잘못은 있으나, 그러한 부작위를 작위에 의한 살인의 실행행위와 동일하게 평가하기 어렵고, 또한 살인의 미필적 고의로 피고인 갑의 부작위에 의한 살인행위에 공모 가담하였다고 단정하기도 어려우므로, 살인의 고의가 부정된다고 한 것이다.

이에 대하여 반대의견은 피고인 2, 3의 보증인 지위와 보증인 의무의 내용을 다수의견과는 달리, 선장에 준하는 정도로 평가할 수 있다고 보았다. 또한, 피고인 1이 승객의 인명구조와 관련된 선장의 역할을 전면적으로 포기·방기하는 비정상적 상황임을 모두 지켜보고 인식하였고, 승객 등의 사망이라는 결과발생을 직접적으로 용이하게 저지할 수 있을 정도로 사태를 지배하고 있었음에도 어떠한 의무도 이행하지 않고 방관한 점, 구조정이 도착한 이후에 승객 등에게 퇴선하라는 아무런 명령·조치도 없이 선내에 그대로 방치한 채 선장 및 다른 갑판부 선원들과 함께 먼저 퇴선함으로써, 그 후 승객 등이 사망할 가능성이 크지만 사망해도 어쩔 수 없다는 의사, 즉 결과발생을 인식·용인하였다는 점에서 살인의 고의를 인정하여 살인죄 및 살인미수죄를 인정할 수 있다고 보았으며, 이에 대해서는 다시 다수의견에 대한 보충의견이 존재한다. 여기에서 자세한 인용은 생략하겠으나, 이 부분 논점은 위 피고인 2, 3에 대한 유기치사죄를 인정할 것인지 부작위에 의한 살인죄를 인정할 것인지에 대한 중요한 기준으로서 다루어졌다는 의미가 있다. 피고인들의 부작위라는 행위와 승객들의 사망의 결과가 발생하였다는 점에서 객관적 구성요건요소가 동일하므로, 주관적 구성요건요소인 고의로서 두 죄를 구별하게 된 것이다.[47]

다. 부작위범의 공동정범

두 번째로 피고인 2, 3에 대하여 크게 다투어진 쟁점은 피고인1의 부작위에 의한 살인행위에 대하여 피고인 2, 3에게 살인죄의 공동정범이 성립할 수 있는가의 문제였다. 다수의견은 피고인 2, 3에게 살인의 미필적 고의를 부정하면서 동시에 피고인 1과의 공모가담관계를 부정하여 공동정범도 성립할 수 없다고 판시하였다. 반면, 반대의견은 피고인 1, 2, 3이 명시적으로 의견을 나누고 의사 합치에 이르는 등 모의를 한 것은 아니지만, 각자 자신의 의무의 존재와 불이행 사실 및 다른 피고인들의 불이행 사실까지도 모두 인식하였고 이와 같이 아무도 의무를 이행하지 않은 데에서 더 나아가 공동 퇴선에 의하여 향후의 이행 가능성까지 차단함으로 인하여 피해자들의 사망이라는 결과가 발생할 수 있다는 점을 모두 인식하고도 이를 용인하였으므로, 순차적 또는 암묵적으로 공동 가공에 의한 구성요건 실현 의사의 결합이 이루어졌다고 인정하여 공동정범의 성립을 인정할 수 있다고 하였다.[48]

---

47) 이 부분은 다수의견에 대한 보충의견에서 설시되기도 하였는데, 그 부분을 인용해 본다.

"특히 부작위에 의한 살인은 작위에 의한 살인과 달리 행위에 정형이 없고 외형상으로는 적극적인 행위 없이 소극적으로 결과방지의무를 이행하지 않은 것에 불과하므로, 부작위에 의한 살인죄와 유기치사죄는 주로 사망이라는 결과발생에 대한 고의의 존부, 구체적으로는 사망이라는 결과발생을 용인하는 내심의 의사의 존부에 의하여 구별된다. 따라서 부작위에 의한 살인죄의 고의를 인정함에 있어서는 위와 같은 내심의 의사가 존재하는지를 엄격하게 심사할 필요가 있다."

48) 여기에도 다수의견에 대한 보충의견이 존재하는데, 보충의견은 반대의견이 제시하는 사정을 고려하더라도 그러한 사정만으로 공동 가공의 의사에 기한 상호 이용의 관계가 있다고 보기는 어려우므로, 공동정범의 성립을 부정하였다. 대상판결에 대한 평석 중 공동정범에 관하여, ① 사고 발생 이전의 선박개조행위에 관여한 사람들과 사고발생 후의 구조의무를 불이행한 사람들 사이에 공동가공행위를 인정하기 어렵고, ② 피고인들이 작위의무를 불이행하는 동안 다른 작위의무자(해경 등)의 과실로 구조의무를 이행하지 못한 것에 대하여 상호간의 의사연락이 필요한데 없었으므로 부정된다는 견해로 권노을, "부작위

라. 소결

대상판결의 부작위에 의한 살인죄의 쟁점은 크게 (ⅰ) 살인죄의 고의 부분과 (ⅱ) 부작위범의 성립요건 (ⅲ) 부작위범의 공동정범의 성립요건에 관한 것으로 나누어볼 수 있을 것이다. 형사법적으로 세월호 사건을 검토하는 문헌들 또한 대부분 위의 세 가지에 초점을 두고 있다.[49] 이

범의 공동정범이 성립하기 위한 요건", 재판실무연구, 광주지방법원, 2016, 293면.
49) 특히 대상판결에 대해 살인의 고의에 관한 것은 박경규, "세월호 판결의 논증 상의 문제점: 미필적 고의와 범죄참가형태를 중심으로", 법학논고 제53집, 경북 대학교 법학연구원, 2016, 162면 이하; 박상식, "세월호 선장에 대한 미필적 고의 의 적용 여부에 관한 연구", 법학연구 제22권 제4호, 경상대학교 법학연구소, 2014; 오영근, "2015년도 형법판례 회고", 형사판례연구 제24권, 박영사, 2016, 648 면 이하 참조. 부작위범의 성립요건 중 보증인 의무와 관련된 검토는 임정호, "부진정 부작위범의 보증인 의무의 한계", 형사법연구 제28권 제1호, 한국형사 법학회, 2016, 221면 이하, 부작위범의 공동정범의 성립요건에 관한 검토는 김태 명, "부작위에 의한 살인죄의 공동정범의 성립요건", 형사판례연구 제24권, 박영 사, 2016, 77면 이하; 박경규, 위 논문 175면 이하 참조. 살인죄의 고의 부분에서 의 다툼은 유기치사상죄에서도 유사하게 다루어져, 피고인들은 유기의 고의를 부정하였으나, 대법원 판결에서는 고의가 인정되었다.
  이에 덧붙여, 대법원에서 문제되었던 다른 큰 쟁점은 수난구호법 제18조 제1 항 단서의 '조난사고의 원인을 제공한 선박의 선장 및 승무원'에 조난사고의 원 인을 스스로 제공하여 '조난된 선박의 선장 및 승무원'이 포함되는지 여부였고, 이는 법조문의 해석에 관한 것이 쟁점이 되었다. 제1심 법원은 이에 해당하지 않기 때문에 무죄로 판시하였으나, 제2심 및 대법원에서는 이를 파기하고 해당 한다는 입장을 명시하였다. 이는 대법원에서까지 크게 다투어져, 포함된다는 다수의견에 대해, 포함되지 않는다는 반대의견과 다수의견에 대한 보충의견이 있었다. 이 쟁점에 대해서는 오영근, "2015년도 형법판례 회고", 650면 이하 참 조. 한편, 당해 판결에 대하여 부진정부작위범의 성립요건으로서 위험발생의 요건을 비교법적, 연혁적으로 접근한 문헌으로 조인현, "부진정부작위범에 있 어서 위험발생 요건의 연혁적 해석 - '세월호' 선장 및 승무원의 구조의무 불이 행 사건 판례 평석", 형사정책 제28권 제3호, 한국형사정책학회, 2016, 385면 이 하 참조.
  한편, 수난구호법 해당여부와 관련하여 특정범죄 가중처벌 등에 관한 법률

책에서는 이미 다른 문헌들에서 다루어진 위 쟁점들에 대해서는 상세한 언급을 피하고, 인과관계 부분에 집중해서 검토하고자 한다. 아직까지 위 판결에 대하여 인과관계의 측면에서는 검토한 문헌들은 존재하지 않는 것으로 보인다. 법원에서의 사실판단에 의하여 결정된 것으로 법리적으로 크게 문제될 것이 없다고 보여지기 때문이라고 짐작되나, 해당 판결에서 피고인들은 각 죄의 공소사실마다 인과관계가 부정됨을 크게 다투었고, 판결이유에서도 이를 모두 검토하였다. 피고인들의 죄책을 판단함에 있어 전 심급에 걸쳐 인과관계 쟁점은 특히 살인죄와 유기치사죄의 성립여부를 판단함에 있어 검토되었다. 본 판결에서 결론적으로 인과관계에 대한 판시내용은 간단하지만, 특히 부작위범의 인과관계라는 주제에 대해서 지금까지 명시적으로 언급한 판례를 찾기 어려웠다는 점, 따라서 기존에 정립된 판단기준이 존재하지 않음에도 불구하고, 증거관계를 검토하는 과정에서 법원이 구체적으로 부작위범의 인과관계를 판단해보았다는 점만으로도 의미를 부여할 수 있다고 생각한다.

4. 인과관계의 검토

가. 인과관계가 다투어진 부분

사안에서 피고인들은 거의 모든 공소사실에 대하여 인과관계가 인정되지 않는다고 주장하였다. 먼저, 인과관계가 문제된 위치를 개괄적으로 파악해보기 위해 피고인이나 검사의 주장과 법원의 판단을 위주로 공소사실별로 간략히 표로 정리해보았다. 인과관계와 관련된 쟁점은 본문에서 상술하기로 한다.

제5조의 12 위반죄에 해당할 것인가가 쟁점이었고, 이 또한 수난구호법과 마찬가지로 당해 조문 및 관련 법률의 해석이 큰 쟁점이 되었다.

[표 3]

	제1심	제2심	제3심
살인 및 살인미수의 점 (피고인 1)	〈법원〉 미필적 고의 부정, 무죄.	〈검사〉 항소. 미필적 고의 긍정 주장.	〈피고인 1〉 상고. 부작위의 동가치성 부정, 미필적 고의 부정, 인과관계 부정 주장.
		〈법원〉 미필적 고의 인정.50) 단, 공소외3에 대하여는 인과관계 부정, 무죄.	〈검사〉 상고. 공소외 3에 대한 인과관계 긍정 주장.51)
			〈법원〉 인과관계 긍정(공소외 3 제외). 공소외 3에 대한 인과관계는 부정.
업무상과실선박매몰의 점 (피고인 1, 2, 4, 5)	〈피고인 1, 2, 4, 5〉 과실 부정, 인과관계 부정 주장.	〈피고인 4, 5〉 항소. 업무상과실 부정52), 인과관계 부정 주장.53)	
	〈법원〉 과실 긍정, 인과관계 긍정. 유죄.54)	〈법원〉 피고인 4, 5의 과실 부정, 무죄.55)	
유기치사의 점 (피고인 1-15)	공소외 3 제외한 사망 피해자들에 대한 부분		
	〈피고인 1-15〉 인과관계 부정, 인과 단절 주장. 〈피고인 2, 3, 6, 12, 15〉 인과관계 부정 주장.	〈피고인 6, 7〉 항소. 인과관계 부정 주장.56) 〈피고인 11, 13, 14〉 항소. 인과관계 부정 주장.57) 〈피고인 12〉 항소. 인과관계 부정 주장.58)	〈피고인 5, 10〉 상고. 인과관계 부정 주장.59)
	〈법원〉 피고인 1-15의 주장에 대하여 인과관계 긍정. 인과 단절 부정.	〈법원〉 인과관계 긍정.	〈법원〉 인과관계 긍정.

	제1심	제2심	제3심
	피고인 2, 3, 6, 12, 15의 주장에 대하여 인과관계 긍정.		
	공소외 3의 사망관련		
	〈피고인1-15〉 인과관계 부정 주장.	〈검사〉 항소. 인과관계 긍정 주장.[60]	〈검사〉 상고. 인과관계 긍정 주장.
	〈법원〉 이를 인용, 무죄.[61]	〈법원〉 인과관계 부정, 요부조상 태 인식도 없음. 무죄.[62]	〈법원〉 인과관계 부정.[63]
유기치상의 점 (피고인 1-15)	〈피고인 1-15〉 정신적 상해 부정, 인과관계 부정, 인과 단절 주장.[64]	〈피고인 1-15〉 항소. 인과관계 부정 주장.	
	〈법원〉 신체적 상해, 정신적 상 해 인정.[65] 인과관계 인정. 인과단절 부정.[66]	〈법원〉 인과관계 긍정.[67]	
해양환경관리법 위반의 점 (피고인 1, 4, 5)	〈피고인 1, 4, 5〉 과실 부정, 인과관계 부정 주장.	〈피고인 4〉 항소. 과실 부정, 인과관 계 부정 주장.[68]	
	〈법원〉 과실 인정, 인과관계 인정. 유죄.[69]	〈법원〉 피고인 4, 5의 과실 부정, 무죄.[70]	

50) 피고인 2, 3에 대하여는 고의를 부정하여 살인죄에 대하여 무죄라고 판시하자, 검사는 고의가 있다고 상고하였으나 대법원에서 상고기각되었다. 제2심 법원은 다음과 같이 판시하였다. "원심의 판단 중 피고인 2, 피고인 3, 피고인 9에 대하여 살인의 미필적 고의를 인정하기 어렵다고 판단한 부분은 그 결론이 정당하다. 그러나 피고인 1에 대하여는 살인의 미필적 고의가 인정됨에도 이와 달리 판단한 원심 판결에는 사실을 오인하고 법리를 오해하여 판결에 영향을 미친 잘못이 있다. 따라서 검사의 이 부분 주장은 피고인 1 부분에 한하여 이유 있다(광주고등법원 2015. 4. 28. 선고 2014노490 판결)."

51) 이 외에 검사는 피고인 2, 3, 9에 대하여 제2심 법원이 살인의 점에 대하여 무죄로 판결하자, 살인의 고의가 인정됨을 이유로 상고하였다.

52) 피고인 2도 항소하였으나, 과실이 없다는 취지로만 주장하였다.

53) 해당부분의 판시는 다음과 같다(광주고등법원 2015. 4. 28. 선고 2014노490 판결).

"(1) 피고인 4

(가) 피고인 4는 이 사건 사고 해역에서 정해진 항로를 따라 5도씩 나누어 정침이 됐는지를 확인하면서 피고인 5에게 변침을 지시하였고, 레이더와 각종 기기 등을 주의 깊게 살피며 항해하고 있었는데, 이 사건 사고 지점에 이르러 피고인 5에게 145도 변침을 지시한 직후 갑자기 선체가 급격히 우회두하면서 좌현으로 기울기 시작하였고, 이러한 현상이 발생한 원인은 명확히 밝혀지지 않았다. 선박이 정상적으로 운항하기 위해서는 15도 이상의 타각도 당연히 사용할 수 있어야 하는데, 설령 변침 과정에서 피고인 5가 타기를 조금 더 돌렸다고 하더라도 그로 인해 ○○호의 선체가 기울어져 복원력을 상실하였다면 그 자체로 ○○호에 결함이 있는 것이고, 당직항해사인 피고인 4가 조타수인 피고인 5가 타기를 얼마나 돌리는지를 계속 지켜보고 있어야 하는 것은 아니므로, 조타지휘에 관한 피고인 4의 업무상과실은 인정될 수 없다.

(나) 이 사건 사고의 원인은 무리한 선박 개조로 인한 선박 무게중심의 상향이동 및 복원성의 심각한 저하, 과적 및 평형수 부족, 부실한 고박 등에 있는데, 이러한 사정은 전적으로 ○○호의 선사인 피고인 16 회사(대법원:공소외 4 회사)에 의해 발생한 것이다. 따라서 설령 피고인 4 등의 과실이 인정된다고 하더라도 위와 같은 사정들이 선박 침몰의 주된 원인인 이상 피고인 4 등의 과실과 선박매몰 사이에 상당인과관계가 인정될 수 없다.

(2) 피고인5

(가) 피고인 5는 이 사건 사고 해역에서 135도 방향으로 진행하던 중에 피고인 4의 140도 변침 지시에 따라 타를 우현으로 5도 정도 돌렸다가 선체 방향이 143도까지 넘어가는 것을 보고 정침을 위해 좌현 방향으로 타를 돌린 적이 있을 뿐, 원심 판시 범죄사실 기재와 같이 타를 우현 대각도로 돌린 사실이 없다.

(나) 설령 피고인 5가 15도 이상의 타각을 40초 동안 유지하는 것과 대등한 정도의 대각도 타각을 사용하였다고 하더라도 화물 고박이 제대로 되어 있었다면 ○○호가 매몰되지 않았으므로 위 피고인의 과실과 선박매몰 사이에 인과관계가 없다."

54) 해당부분의 판시는 다음과 같다(광주지방법원 2014. 11. 11. 선고 2014고합180 판결).

"〈선박 매몰에 대한 인과관계 및 예견가능성〉

이 법원이 적법하게 채택하여 조사한 증거들에 의하여 알 수 있는 다음과 같은 사정들 즉, ① 피고인 5, 피고인 4의 조타 및 항해감독상 과실로 인하여 ○○호에 대각도 횡경사가 발생하였고, 그로 인하여 부실하게 고박된 화물이 이동하여 ○○호가 복원성을 상실한 점, ② ○○호의 D데크 Side Door와 선미 차량 램프는 풍우밀문으로서 비바람은 막아주지만 수밀기능은 없기 때문에 물속에

잠기면 누수가 발생하는바, 사고 초기에 ○○호가 기울어 위 부분으로 침수가 발생하여 횡경사각이 커지기 시작한 점, ③ 피고인 4는 평소 공소외 11로부터 ○○호의 복원력이 좋지 않으니 미리미리 변침을 하고 타도 조금씩 사용하라고 교육을 받았던 점, ④ 피고인 5는 이 법정에서 우현으로 변침할 때에 ○○호가 좌현으로 더 기울고 복원되는 것도 느린 사실을 알았다고 진술하였고, 2014. 1.경 ○○호의 선체가 심하게 기우는 경험도 하였던 점 등을 종합하면, 피고인 4, 피고인 5의 과실행위가 ○○호 침몰의 원인이 되었고, 피고인 4, 피고인 5는 ○○호가 큰 경사로 기울게 되면 복원력을 잃고 침몰할 수 있는 점을 충분히 예견할 수 있었다고 할 것이므로, 이에 관한 위 피고인들의 주장을 받아들이지 않는다(광주지방법원 2014. 11. 11. 선고 2014고합180 판결)." 이를 보면 법원은 인과관계와 예견가능성을 별도로 판단하지 않았고, 오히려 제목은 '인과관계 및 예견가능성'이라고 하였으나, 내용은 예견가능성만을 판단하였음을 알 수 있다.

55) 사고 당시 조타기가 정상적으로 작동하였는지에 관하여 합리적인 의심이 있는 이상 피고인 5에게 우현으로 대각도로 조타한 업무상과실이 있고 피고인 4에게 대각도 조타에 관한 감독의무를 소홀히 한 과실이 있다고 인정하기 어렵고 달리 이를 인정할 만한 증거가 없다. 그럼에도 피고인 4, 피고인 5에게 조타와 관련한 업무상과실을 인정한 원심 판결에는 사실을 오인하여 판결에 영향을 미친 잘못이 있다. 따라서 피고인 4, 피고인 5의 이 부분 주장도 이유 있다(광주고등법원 2015. 4. 28. 선고 2014노490 판결). 여기에서 업무상 과실없음만을 판단하고, 인과관계에 대하여는 언급하지 않았음을 알 수 있다.

56) 이 외에도 피고인 6, 7은 작위의무 없음, 설령 계약상 보호의무 있다 하더라도 이를 다했음, 유기행위 기수시점, 유기의 고의 없음, 긴급피난, 기대가능성 등을 다투었다.

57) 이 외에도 유기의 고의 없음, 긴급피난, 기대가능성 없음 등을 주장하였다.

58) 이 외에 유기 고의 없음을 주장하였다. 피고인 15는 유기의 고의 없음만을 주장하였다.

59) 피고인 4, 5, 6, 7, 8, 12는 보호의무 없음을, 피고인 9를 제외한 피고인 4-15는 유기 고의 없음과 긴급피난 또는 기대가능성을 주장하였다.

60) 검사는 "원심은 ○○호가 기울기 시작할 무렵에 바다로 추락한 실종자 공소외 3의 경우 위 피고인들의 유기행위와 그 사망 결과 사이에 인과관계를 인정하지 않았으나, 공소외 3이 추락 즉시 사망하였다고 단정할 수 없는 한 위 피고인들이 바다로 추락한 공소외 3을 구조할 의무가 있는데 위 피고인들이 구조조치를 취하지 아니하여 공소외 3이 사망한 것이므로 위 피고인들의 유기행위와 공소외 3의 사망 사이에 인과관계가 인정된다."는 취지로 주장했다.

61) 공소외 3의 경우 다른 실종자들과는 달리 ○○호가 침몰할 때까지 선체 내부에 있었다고 볼 수 없고, 검사가 제출한 증거만으로는 사망한 시점이나 사망한 원인을 알 수 없어 유기행위와 사망의 결과 사이에 인과관계가 인정된다고 할 수 없으며, 달리 이를 인정할 증거가 없다(광주지방법원 2014. 11. 11. 선고 2014고합180 판결).

62) 원심이 적법하게 채택하여 조사한 증거들에 의하여 인정한 사실을 인과관계에 대한 법리에 비추어 보면, 원심의 판단은 정당한 것으로 수긍이 가고, 거기에 검사가 주장하는 것과 같은 사실오인 및 법리오해의 위법이 없다. 더구나 검사가 제출한 증거들만으로는 피고인 16 회사(대법원:공소외 4 회사)를 제외한 나머지 피고인들에게 피해자 공소외 3이 ○○호가 기울 무렵 바다에 빠져 부조를 요하는 상태에 있다는 사실에 대한 인식이 있다고 할 수 없으므로 위 피고인들의 피해자 공소외 3에 대한 유기치사죄를 무죄로 판단한 원심의 결론은 정당하다. 따라서 검사의 이 부분 주장도 이유 없다(광주고등법원 2015. 4. 28. 선고 2014노490 판결).

63) 피고인들의 상고이유에 관하여는 본문에서 상술. 단, 검사의 상고이유에 관하여 대법원은 "원심은 그 판시와 같은 이유를 들어 피고인 3, 피고인 4, 피고인 5, 피고인 9의 유기치사의 점에 대한 이 사건 공소사실 중 피해자 공소외 3 부분에 대하여, 위 제1의 마.항 중 (3)의 (가)항 기재와 같은 이유로 유기행위와 사망 결과 사이에 인과관계를 인정할 수 없다고 판단하여, 무죄를 선고한 제1심판결을 그대로 유지하였다."고 정리하며, 원심판단이 정당하다고 밝혔다(대법원 2015. 11. 12. 선고 2015도6809 전원합의체 판결).

64) 유기치사에서와 같다.

65) 판례에 따르면 상해는 피해자의 신체의 완전성을 훼손하거나 생리적 기능에 장애를 초래하는 것으로, 반드시 외부적인 상처가 있어야만 하는 것이 아니고, 여기에서의 생리적 기능에는 육체적 기능뿐만 아니라 정신적 기능도 포함된다(대법원 1999. 1. 26. 선고 98도3732 판결 등 참조).

66) 유기치사에서와 같다.

67) 원심이 적법하게 채택하여 조사한 증거들에 의하여 인정되는 원심 설시와 같은 사정들을 기록에 비추어 살펴보면, 원심의 위와 같은 판단은 정당한 것으로 수긍이 가고, 거기에 피고인 11, 피고인 12, 피고인 13, 피고인 14가 주장하는 잘못이 없다. 따라서 위 피고인들의 이 부분 주장은 받아들이지 않는다(광주고등법원 2015. 4. 28. 선고 2014노490 판결).

68) 피고인 5는 매몰에 관한 과실 없음만을 들어 항소하였다.

69) 피고인 1에게는 ○○호의 화물과적과 부실고박에 관한 점검 및 감독을 게을리한 업무상과실이, 피고인 4, 피고인 5에게는 사고 당시 당직근무자로서 대각도

아래에서는 법원이 부작위범의 인과관계를 판단한 부분에 한하여 검토해보기로 한다.

나. 부작위범의 인과관계

1) 피고인 1(선장)의 살인 및 살인미수의 점
가) 공소외 3을 제외한 피해자들에 대하여

제1심 법원에서는 살인 및 살인미수의 점에 대하여 고의를 부정함으로써 무죄로 판단하였으나(유기치사죄 및 유기치상죄를 인정하였다), 제2심 법원에서는 앞에서 검토한 바와 같이, 미필적 고의를 긍정하여 유죄 판단하였다. 이에 피고인 1은 퇴선 전에 퇴선방송을 지시하였다고 함으로써 승객 등의 안전에 대한 선장으로서의 임무를 나름대로 수행하였으므로 살인의 미필적 고의가 부정되어야 한다고 주장하였다.[71] 또한 자신의 부작위와 작위에 의한 살인의 실행행위 간에는 동가치성이 부정되며, 그 부작위와 피해자들의 사망 결과 사이에 인과관계가 있다고 보기도 어렵다고 하여, 살인죄에 대하여 유죄판단한 원심판결은 자유심증주의의 한계를 벗어나거나 살인의 미필적 고의와 부작위범 및 인과관계에 관한 법리를 오해하는 등의 잘못이 있다는 이유로 상고하였다.

이에 대법원은 상고를 기각함으로써 고의와 인과관계를 모두 긍정하는 결론에 이르게 되었다.[72] 인과관계에 대한 판시부분을 조금 더 상세

변침을 하고 이를 제대로 감독하지 못한 업무상과실이 각 인정되고, 앞서 거시한 증거들에 의하면 이로 인해 ○○호가 침몰하면서 그 안에 보관되어 있던 기름이 해상으로 유출된 사실이 인정되므로, 피고인들의 주장을 받아들이지 않는다(광주지방법원 2014. 11. 11. 선고 2014고합180 판결).

70) 업무상과실선박매몰의 점과 마찬가지로, 업무상과실을 부정하였다. 이 때에도 인과관계에 대한 판단은 별도로 하지 않았다.

71) 내용을 보면 고의의 부정이라기보다는, 작위의무를 다하였음을 주장하고 있는 것으로 보인다.

72) 제1심 법원은 피고인 1, 2, 3, 9가 살인죄 및 살인미수죄로 기소되었으나 모두

히 살펴보면, 대법원은 피고인의 상고에 대하여

> "피고인 1의 부작위와 승객 등의 사망 결과 사이에 인과관계가 있는지에 관하여 본다. 위 사실관계를 앞서 본 법리에 비추어 살펴보면, 피고인 1이 해경 등 구조세력의 퇴선요청에 따라 퇴선 대피 안내방송을 실시하고 승객 등을 퇴선하기 좋은 외부 갑판으로 유도하거나 구호장비를 작동시키는 등 <u>승객 등에 대한 구조조치를 하였다면 적어도 승객 등이 사망에 이르지는 아니하였을 것으로 보이므로, 피고인 1의 부작위와 피해자 공소외 3을 제외한 나머지 익사자 303명의 사망 결과 사이에 인과관계가 인정된다</u>고 할 것이다."

라고 판시하였다.

이 부분 대법원 판시는 부작위범의 인과관계에 대하여 학설들이 제시하고 있는 것과 같이 작위의무를 다하였더라면 결과발생이 방지되었을 것인지를 인과관계의 내용으로 판단하였다고 볼 수 있다. 다만 앞에서 검토한 바와 같이 작위범의 가설적 제거공식과 부작위범의 가설적 추가공식은 사고의 방향이 반대인 바, 판단의 내용과 방식이 특히 구체적인 사안을 놓고는 달라져야 할 것이다. 작위범의 인과관계를 판단함에 있어 '작위가 없었더라면'이라는 가정적인 상황을 설정하는 것은 행위자의 행위만을 제거하고 생각할 수 있기 때문에 비교적 쉽고, 큰 문제가 되지 않는 반면, 부작위범의 경우, '부작위가 없었다면, 즉 작위가 있었다면'이라는 상황은 없는 행위를 있다고 가정해야 하며, 행위를 했을 경우에도 다른 상황이 그대로 존재하리라는 보장이 없으므로 그 방법이 가정적이라는 점에서만 같을 뿐, 고려해야 할 것은 수백만 가지에 달할 수도 있기 때문이다. 이러한 점에서 부작위범의 가정적 인과판단은 작위

미필적 고의를 부정하여 무죄판결하였다. 이에 검사가 항소하자, 제2심 법원은 피고인 2, 3, 9에 대해서는 미필적 고의를 부정하여 무죄판결하였고, 인과관계에 대해서는 언급하지 않았다.

범의 가정적인 인과판단과 같을 수 없다. 이러한 비판에서 결코 자유로울 수 없는 부작위범의 가정적 인과관계를 판단함에 있어, 최대한 가정해 볼 수 있는 것들을 상세히 고려하여야만 한다. 그럼에도 불구하고 이 부분 공소사실에 대하여 대법원은 인과관계를 세 줄로 판단하고 넘어갔다는 점에서 아쉬움이 남는다.

이와는 달리, 아래에서 살펴볼 유기치사의 점에 관한 제1심 법원의 가정적 인과관계 검토는 작위의무를 다하였다는 상황을 매우 구체적으로 가정해가면서 판단하였는데, (유기치사죄를 부작위범으로 보는 것을 전제로 한다면) 타당한 태도라고 생각한다.[73]

나) 공소외 3에 대하여

실종자 중 한 명인 공소외 3에 대하여 다른 피해자들과 마찬가지로 제1심 법원은 살인의 점에 대하여 미필적 고의를 부정하였고, 유기치사의 점에 대하여는 다른 피해자들과 달리, 인과관계를 부정하여 선장인 피고인 1에게 무죄를 인정하였다.[74] 제2심 법원은 제1심의 유기치사부분에 더하여, 살인의 점에 대하여도 다른 피해자들에 대한 부분과는 달리, 피고인 1의 부작위와 공소외 3의 사망 사이에 인과관계를 부정하여 무죄라고 판시하였다. 이에 대하여 검사가 공소외 3의 사망은 피고인 1

---

73) 그러나 비록 유기행위가 부작위의 형태로 이루어졌다 하더라도 유기치사죄의 인과관계는 결과적가중범의 인과관계 차원에서 검토되어야 하지, 부작위범의 인과관계의 차원으로 검토하는 것은 타당하지 않다고 생각된다.

74) 최○필의 수사기관 및 법정진술 등에 의하여 ○○호가 기울기 시작한 08:49경 60대로 추정되는 남자 1명이 3층 좌현 난간에서 바다로 추락하였는데 위 남자는 사망하거나 실종된 사실을 인정하고, ○○호 침몰 사고 희생자 현황 및 연령의 유사성을 고려할 때 최○필이 목격한 남자는 실종자 공소외 3인 사실을 인정하면서 공소외 3의 경우 다른 실종자들과는 달리 ○○호가 침몰할 때까지 선체 내부에 있었다고 볼 수 없고, 검사가 제출한 증거만으로는 사망한 시점이나 사망한 원인을 알 수 없어 유기행위와 사망의 결과 사이에 인과관계가 인정된다고 할 수 없다(광주지방법원 2014. 11. 11. 선고 2014고합180 판결).

의 구조조치 불이행으로 인한 것으로 보아야 하므로, 다른 피해자와 마찬가지로 피고인 1의 부작위와 피해자 공소외 3의 사망 결과 사이에도 인과관계가 인정되어야 한다는 취지로 상고하였다. 그러나 대법원은 원심을 인용하여 인과관계를 부정함으로써 이 부분 공소사실에 대하여 상고를 기각하고 무죄판단하였다. 대법원은 그 이유로 공소외 3의 경우 이 사건 사고 관련 나머지 실종자들과는 달리 세월호가 침몰할 때까지 선체 내부에 있었다고 볼 수 없고, 검사가 제출한 증거만으로는 사망시점이나 사망원인을 알 수도 없음을 들어 피고인 1의 행위와 위 피해자의 사망 결과 사이에 인과관계가 인정되지 아니한다고 판단한 것이다.

위의 대법원과 원심법원의 태도를 요약하자면, 공소외 3에 대한 살인의 공소사실에 대하여 인과관계를 부정하여 이 부분 공소사실에 대하여 무죄라고 판단하였다. 그런데 피고인의 부작위가 인정되고 공소외 3의 사망의 결과가 인정되나 인과관계가 부정된다면, 작위범과 비교해볼 때, 살인미수라고 판단함이 타당할 것이다. 판결이유를 살펴보면 법원은 인과관계의 입증이 부족한 것으로 명시하였는데, 살인죄의 다른 객관적 구성요건요소가 부정됨을 명확히 밝혔다면 무죄에 대한 결론이 곧바로 도출된다고 볼 수 있겠으나, 다른 구성요건요소가 모두 인정되고 인과관계만 부정된다면 응당 미수범을 인정하였어야 한다. 따라서 이 부분 공소사실에 대하여 미수범이 아니라 무죄로 판단하고자 하였다면, 그 이유를 보다 명확히 설시하였어야 할 것이다.

2) 피고인 3 – 15의 유기치사의 점

가) 공소외 3을 제외한 피해자들에 대하여

(1) 유기행위와 사망간의 인과관계

제1심에서 피고인들(피고인 1-15)은 유기행위와 피해자들의 사망 사이의 인과관계에 대하여, "피고인들이 적절한 구호조치를 하였다고 하더라도 당시 사고 지점의 조류의 세기와 수온 등을 고려하면 피해자들이 모두 사망하지 않았을 것이라고 단정하기 어렵고, 피해자들이 사망에 이른 주된 원인은 해경의 부실한 구조행위로 인한 것이므로, 피고인들의 유기행위와 피해자들의 사망 사이에 상당인과관계가 인정된다고 볼 수 없다."고 주장하였다.

또한, 일부 피고인들(피고인 2, 3, 6, 12, 15)은 "구명동의를 입지 않은 채 발견된 피해자들의 경우 피고인들의 유기행위가 없었더라도 사망의 결과가 발생하였을 가능성이 있고, 시신이 선체 밖에서 발견된 피해자들의 경우도 사망에 이른 경위를 알 수 없으므로, 피고인들의 유기행위와 위 피해자들의 사망 사이에 인과관계가 인정될 수 없다."고 주장하였는데, 이는 전 심급에서 공소외 3에 대하여 피고인들에게 살인 및 유기치사죄의 인과관계를 부정한 판례의 문구와 거의 일치하는 주장이었다.

그러나 피고인 1-15의 주장에 대하여 제1심 법원은 "피고인들이 09:26경 퇴선 안내방송을 실시하고 피해자들을 퇴선하기 좋은 외부 갑판으로 유도하거나 구명뗏목 등 구호장비를 작동시키는 등 피해자들에 대한 구호조치를 하였다면, 사망한 피해자들이 모두 구출되어 생존할 수 있었을 것으로 인정할 수 있다. 따라서 피고인들의 위 주장은 받아들이지 않는다."고 하여 유기치사죄의 인과관계를 긍정하였다.[75]

(2) 인과관계 단절의 문제 (제3자 행위 개입)

나아가 피고인들은 인과관계의 단절도 주장하였는데, "해경의 도착으로 피고인들이 부담하던 구조의무가 해경에게 이전되었고, 피해자들이 세월호를 탈출하지 못하고 사망하거나 상해를 입게 된 것은 해경이 피해자들에 대한 구조활동을 제대로 하지 못하였기 때문이므로, 해경의 구조상 과실로 인하여 피고인들의 유기행위와 피해자들의 사망 또는 상해의 결과 사이에 인과관계가 단절된다."고 하였다. 즉 제3자의 행위(과실·

---

75) 광주지방법원 2014. 11. 11. 선고 2014고합180 판결.

부작위)가 개입되었음을 이유로 자신들의 부작위와 결과 발생 간의 인과관계를 부정하고자 한 것이다. 이는 뒤에서 보게 될 제3자의 행위가 개입된 사례라고 보아 인과관계(필자의 입장으로는 객관적 귀속)가 부정된다고 주장한 것이라 하겠다.

한편, 피고인들의 인과관계 단절 주장에 대하여는 "형법 제17조는 "어떤 행위라도 죄의 요소되는 위험 발생에 연결되지 아니한 때에는 그 결과로 인하여 벌하지 않는다."고 정하고 있는바, 자신의 행위로 초래된 위험이 그대로 또는 그 일부가 범죄 결과로 현실화된 경우라면 비록 그 결과 발생에 제3자의 행위가 일부 기여하였다 할지라도 그 결과에 대한 죄책을 면할 수 없다."[76] 고 하면서 피해자의 사상의 결과가 피고인들의 "유기행위로 초래된 위험이 그대로 현실화"된 경우라고 판단하여 가사 해경의 구조행위가 부실한 것이라고 하더라도 피고인들의 구조의무가 해경에게 완전히 이전된 것도 아니고, 피해의 발생 미방지에 대한 책임이 해경에게만 있다고도 할 수 없다고 하여[77] 피고인들에게 결과에 대한 인과관계가 인정된다고 보았다.[78]

(3) 판례의 태도 – 유기치사죄는 부작위범인가 결과적가중범인가

위 (1)의 일부 피고인들의 주장에 대해서 제1심 법원은 "선체 밖에서 발견된 피해자들은 ○○호가 전복될 당시 탈출에 실패하여 익사한 것으

---

76) 대법원 1984. 6. 26. 선고 84도831, 84감도129 판결, 대법원 2009. 4. 23. 선고 2008도11921 판결 등 참조.
77) 광주지방법원 2014. 11. 11. 선고 2014고합180 판결 참조.
78) 권노을, "부작위범의 공동정범이 성립하기 위한 요건", 294면은 공동정범이 인정되지 않는 경우 각자의 행위에 대하여 인과관계를 판단하게 되는데, 우선은 행위당시 작위의무를 이행하였을 경우, 결과발생을 막을 수 있었는지를 가정적으로 판단한다고 한다. 세월호 사건에 대하여 앞선 과실행위의 결과 발생과의 인과관계가 뒤의 부작위 범행으로 인하여 단절의 여지가 생긴다고 하나, 이에 대한 직접적인 판단은 하지 않고 있다.

로 보이고 다른 원인에 의하여 사망한 것으로 보이지 않는다. 또한, 피고인들이 적절한 구호조치를 하였다면 구명동의를 찾지 못한 피해자들도 구명동의를 입을 수 있었고, 가사 구명동의가 부족하여 이를 입지 못했다고 하더라도 구명뗏목이나 구명환 등을 이용하여 해경 구명단정이나 선체에 접안한 구조정 또는 어선에 바로 옮겨타는 방법으로 충분히 탈출이 가능하였을 것으로 판단된다. 따라서 위 피고인들의 주장은 받아들이지 않는다."고 판시함으로써 인과관계를 긍정하였다.

그러자 피고인 6, 7은 자신들이 09:26경 승객들을 외부 갑판으로 유도했다고 하더라도 400명이 넘는 승객들이 외부 갑판에서 안전하게 구조를 기다린다는 것은 현실적으로 불가능하고 선박 밖으로 나왔으나 바다에 떨어져 사망한 피해자도 있으므로 위 피고인들의 유기행위와 피해자들의 사망 사이에 인과관계가 없다는 이유로 인과관계를 부정하며 항소하였다. 그리고 피고인 11, 13, 14는 사고 지점 조류의 속도와 방향, 수온 및 배의 침몰상황 등에 비추어 자신들이 구호조치를 하였다면 피해자들이 모두 구조되었거나 상해를 입지 않았다고 단정하기 어려우므로 위 피고인들의 유기행위와 피해자들의 사망 또는 상해 사이에 인과관계가 없다는 이유로, 피고인 12는 피해자들의 사망 또는 상해의 결과가 자신의 유기행위에 따른 것이라고 단정하기 어려우므로 위 피고인의 유기행위와 피해자들의 사망 또는 상해 사이에 인과관계가 없다는 이유로 각 항소하였다.

항소심 법원79)은 이러한 피고인들의 항소를 기각함으로써 제1심 법원의 판결을 인용하여 인과관계를 긍정하였다.

이에 피고인 5, 10이 인과관계를 부정하는 취지로 상고하였으나, 대법원은 피고인들의 상고이유에 관하여

---

79) 광주고등법원 2015. 4. 28. 선고 2014노490 판결.

"형법 제275조 제1항의 유기치사·치상죄는 결과적가중범이므로, 위 죄가 성립하려면 유기행위와 사상의 결과 사이에 상당인과관계가 있어야 하며 행위 시에 결과의 발생을 예견할 수 있어야 한다. 다만 유기행위가 피해자의 사상이라는 결과를 발생하게 한 유일하거나 직접적인 원인이 된 경우뿐만 아니라, 그 행위와 결과 사이에 제3자의 행위가 일부 기여하였다고 할지라도 유기행위로 초래된 위험이 그대로 또는 그 일부가 사상이라는 결과로 현실화된 경우라면 <u>상당인과관계를 인정할 수 있다.</u>

원심은 그 판시와 같은 이유를 들어 사고지점의 수온과 조류의 세기, 구조세력의 대기 상태, 선내 이동의 용이성 등 제반 사정에 비추어 피해자 공소외 3을 제외한 나머지 사망 피해자들이 적절하게 대피했더라면 모두 생존할 수 있었고, 생존 피해자들의 정신적·신체적 상해 역시 피고인들의 유기행위로 인해 피해자들이 스스로 탈출하는 과정에서 발생하였다고 판단하여, 위 피고인들의 유기행위와 피해자 445명의 사망 또는 상해 결과 사이의 인과관계를 인정하였다."

고 하면서 원심의 판단이 적법하다고 판시하였다.[80]

(4) 판례의 분석

이 부분 공소사실에 대한 인과관계 부분을 정리해보면, 제1심 법원은 위의 부작위에 의한 살인죄의 인과관계를 검토한 것과 마찬가지로, "구조행위를 했더라면" 어떠하였을지, 즉 가정적 상황을 설정하여 인과관계를 판단하였다. 마치 유기치사죄를 부작위범이라고 전제한 것으로 보인다. 항소심 법원은 이러한 제1심 법원의 태도에서 크게 바꾸지 않고 피고인들의 항소이유에 대하여 이유 없음을 판시한 정도에 그쳤다.

만약 유기치사죄의 인과관계를 제1심 및 항소심 법원의 태도에 따라 부작위범의 인과관계로 판단한다면, 작위행위, 여기에서는 구조행위가

---

80) 대법원 2015. 11. 12. 선고 2015도6809 전원합의체 판결.

있었더라면 결과가 방지되었을 것인가를 판단함에 있어 다른 모든 상황을 부작위상태와 동일하다고 가정할 수 있어야 할 것이다. 특히 제1심 법원은 구조행위를 했더라면 피해자들이 사망하지 않았을 것인가를 판단하면서, 상세한 인과관계를 검토하였다. 구체적으로 법원은 피고인들의 유기행위와 피해자들의 사망과의 인과관계를 판단하기 위해 사고지점의 수온, 사고지점의 조류, 구조세력(해경 등)의 도착, 피해자들의 탈출가능성(각 선실에서 복도로 나오는 경로, 피고인들이 주장한 것처럼 승객들의 이동이 어려웠는지 여부, 각 구역별 탈출가능성 등을 상세히 검토하고, 그것에 대한 탈출시뮬레이션 결과를 분석하기도 하고, 실제 상황에 근거하여 판단하기도 했다.[81] 이는 앞서 살인죄의 인과관계를 검토하면서도

---

81) 광주지방법원 2014. 11. 11. 선고 2014고합180 판결에서 훨씬 자세히 판단하였고, 아래는 분량관계상 항소심인 광주고등법원 2015. 4. 28. 선고 2014노490 판결에서 정리한 제1심 법원의 판단내용을 인용하였다.

"원심은 다음과 같은 사정들을 종합하면, 위 피고인들이 09:26경 퇴선 안내방송을 실시하고 피해자들을 퇴선하기 좋은 외부 갑판으로 유도하거나 구명뗏목 등 구호장비를 작동시키는 등 피해자들에 대한 구호조치를 하였다면, 사망한 피해자들이 모두 구출되어 생존할 수 있었을 것으로 인정할 수 있다는 이유로 위 피고인들의 유기행위와 피해자들의 사망 사이에 인관관계를 인정하였다.

(가) 사고 당시의 수온(12.6도)과 국제 항공 및 해상 수색구조 매뉴얼에 의한 사람의 생존 예상 시간(10도에서 15도 사이의 수온에서 6시간 미만, 4도에서 10도 사이의 수온에서 3시간 미만)을 고려하면, ○○호의 승객들이 구명동의를 입고 바다에 빠지더라도 상당한 시간 동안 생존해 있었을 것으로 판단된다.

(나) 사고 지점 인근 해역의 조류 세기(09:00경 0.2노트 또는 0.5노트, 10:00경 0.4노트 또는 1.9노트, 10:30경까지 2노트를 넘지 않음)와 ○○호에서 바다로 뛰어든 승객들이 큰 움직임 없이 바다에 떠 있다가 구명뗏목 쪽으로 헤엄쳐 갈 수 있었던 점, 당시 구조헬기에서 바다로 뛰어들어 구명뗏목을 이동시켰던 공소외 13이 법정에서 구명뗏목을 이동시키는 데에 조류의 영향은 크게 느끼지 못했고 ○○호의 선체가 조류를 막아주는 역할을 했다고 진술하였던 점을 고려하면, 사고 당시 승객들이 바다에 뛰어들었다고 하더라도 조류에 떠밀려 흩어질 정도는 아니었고, 설사 다른 곳으로 떠내려갔다고 하더라도 ○○호 근처에 대기하고 있던 초계기와 헬기, 어선 등에 의해서 충분히 발견될 수 있었다.

(다) 사고 이후 해경 123정, □□□□□호, 어업지도선인 전남 201호 등 선박

지적한 바 있지만, 부작위범의 인과관계의 판단태도로서는 타당하다고 보인다.

반면, 대법원은 유기치사죄의 인과관계를 검토함에 있어 제1, 2심과는 달리 가정적 인과관계를 검토한 것이 아니라, 기본범죄인 유기행위와 중한 결과인 사망 간의 인과관계와 예견가능성이 필요하다는 구조를 적용하였다. 즉, 부작위범의 인과관계가 아닌, 결과적가중범의 인과관계 차원에서 인과관계를 검토한 것으로 보인다. 이는 인과관계의 검토의 내용에 있어 중요한 차이를 가져온다고 생각한다. 전자는 가설적 관계를 검토하는 것이나, 후자는 가설적인 것이 아니다. 부작위범의 인과관계를 판단하면서, 판례는 '상당인과관계'라는 표현을 사용하지 않는다. 그런데 결과적가중범의 인과관계를 판단할 때에는 기본범죄와 중한 결과와의 사이에 '상당인과관계'라는 용어를 사용한다. 이에 대해서는 유기치사죄의 인과관계에 대하여 별도로 논하기로 하며, 여기에서는 대법원의 태도가 타당하며, 이를 지지함을 밝혀둔다.

들이 ○○호 근처에 도달한 시간, 승선 가능 인원과 해경 소속 CN-235 초계기가 09:30경부터 상공에 뜬 상태에서 ○○호 주변을 관찰하고 있었던 점 등을 고려하면, 승객 443명이 09:26경부터 모두 사고해역에 표류하였다고 하더라도 전남 201호가 도착한 10:06경까지 바다에 표류한 모든 사람들의 구조가 가능하였다고 판단된다.

(라) 각 선실에서 복도로 나올 수 있는 방법 및 경로, 승객들이 ○○호의 선실로부터 복도를 거쳐 출입문까지 이동하는 데에 특별히 이동에 장애가 될 만한 요소가 발견되지 않는 점, 각 구역별 탈출 가능성 및 실제 상황에 근거한 탈출 가능성 등을 고려하면, 09:26경 퇴선명령이 내려졌을 경우 모든 승객들의 대피와 퇴선이 원활하게 이루어졌을 것으로 판단된다.

(마) 시신이 선체 밖에서 발견된 피해자들의 경우도 ① ○○호가 기울 당시 바다로 빠진 것으로 목격된 60대 남자 1명을 제외하고 피해자들은 모두 사고 당시 선내에 있었던 사실, ② ○○호가 전복될 당시 탈출에 성공한 사람들은 모두 해경 또는 어선에 의해 구조되어 다른 선박으로 옮겨진 사실 등에 비추어 보면 ○○호가 전복될 당시 탈출에 실패하여 익사한 것으로 보이고 다른 원인에 의하여 사망한 것으로 보이지 않는다."

나) 공소외 3에 대하여

공소외 3에 대하여 전 심급에서 법원은 피고인들에 대해 유기치사의 점은 무죄로 판단하였다. 이 부분 공소사실에 대하여는 살인죄의 법리와 유사하게 전개되었으므로, 표에 대한 각주의 설명으로 대체하고, 여기에서는 간단하게만 검토하고자 한다.

제1심 법원은 이 부분 공소사실에 대하여 인과관계를 부정하여 바로 무죄로 판단하였으나, 살인죄에서의 인과관계와 마찬가지로, 인과관계만 부정될 경우에는 미수범의 성립을 의심해보아야 할 것이다. 다만, 유기치사죄의 경우 미수범 처벌규정이 없기 때문에, 무죄의 결론은 타당하고, 항소심 법원과 대법원은 인과관계 외에도 객관적 구성요건요소의 인식이 없다고 보았으므로 무죄의 결론이 보다 타당하게 도출되었다 할 것이다.

3) 피고인 3 – 15의 유기치상의 점

대법원은 유기치상의 점을 유기치사의 점과 함께 판단하였으므로 위의 유기치사의 점과 같다. 다만, 하급심에서는 유기행위와 상해부분과의 인과관계를 보다 상세히 검토한 부분이 있어, 그 부분에 대해 언급하겠다. 인과관계의 단절에 관한 판단도 앞의 유기치사의 점과 같다.

제1심에서 피고인들은 상해부분에 대하여 "이 사건 사고의 생존자들이 모두 상해에 이를 정도의 정신적 스트레스를 겪었다고 보기 어렵고, 피해자들이 입은 육체적, 정신적 상해가 피고인들의 유기행위로 인해 발생한 것인지, 아니면 이 사건 사고 발생 자체로 발생한 것인지 불분명하므로, 피고인들의 유기행위와 피해자들에게 발생한 상해 사이에 인과관계를 인정할 수 없다."고 주장하였다.

이에 대하여 제1심 법원은 유기행위와 상해의 인과관계를 정신적 상해와 신체적 상해로 나누어 각각의 인과관계를 판단하였고, 결론적으로는 정신적 상해와 신체적 상해 모두에 대한 인과관계를 긍정하였다. 정신적 상해의 경우에 있어서 제1심 법원은 "피해자들이 입은 정신적 상해가 피고인들의 유기행위로 인하여 발생하였다는 사실을 충분히 인정할 수 있다."고 하였고, 신체적 상해의 경우에 대하여는 피해자들의 신체적 상해의 경우 피고인들의 유기행위로 인하여 피해자들이 스스로 탈출하는 과정에서 발생하였음이 확인되었다는 이유로, 피해자들에게 발생한 신체적 상해와 피고인들의 유기행위 사이의 인과관계를 인정하였다.[82]

위의 제1심 법원의 인과관계 판단에 대하여 눈여겨볼 것은, 유기치사죄에서의 인과관계 판단과 유기치상죄에서의 인과관계 판단이 달랐다는 것에 있다. 보다 상세히 비교하자면, 유기치사죄에서는 그 인과관계를 유기행위가 없었더라면, 즉 구조행위를 하였더라면 어떻게 되었을지를 판단하는 가정적 방법을 사용하여 마치 부작위범과 같이 판단한 것으로 보이는데, 이와 달리 유기치상죄의 경우에는 (타당하게도) 결과적가중범의 인과관계 판단을 적용하고 있다. 즉 기본범죄의 행위인 유기행위와 중한 결과인 상해 간의 인과관계를 판단한 것이다. 이미 기본범죄인 유기죄에 해당하는 이상 유기행위가 작위인지 부작위인지에 대하여는 별도로 언급하지 않았다는 점을 보아도 그러하다. 여기까지의 검토를 마치고 나면, 더욱이 제1심 법원 및 항소심 법원에서의 유기치사죄에 대한 가정적 인과관계 판단방법에 의문이 제기된다 할 것이다.

---

82) 광주지방법원 2014. 11. 11. 선고 2014고합180 판결. 다만, 같은 판결에서 법원은 검사의 입증부족으로 인하여 일부 피해자들에 대한 상해에 대해서는 인과관계를 부정하는 피고인들의 주장을 받아들여, 다음과 같이 설시하였다. "2014. 10. 1.자 공소장변경허가신청서의 별지 피해자 일람표Ⅲ 순번 2, 4, 12, 15, 16, 18, 20, 24, 26, 39, 40, 41, 44, 59, 61번 기재 각 일부 상해내용은 검사가 제출한 증거만으로는 사고 초기에 ○○호가 기울면서 당한 부상인지 아니면 선원들의 지시나 도움 없이 탈출하는 과정에서 입게 된 부상인지를 확인할 수 없어 유기행위로 인한 상해라고 인정하기에 부족하고, 달리 이를 인정할 증거가 없다. 따라서 인과관계가 인정되지 않는다는 피고인들의 주장은 이유 있으므로, 이 부분은 범죄사실에서 제외한다."

다. 약간의 분석

여기에서는 본건 사안에 대하여 앞 제3장에서의 분석내용을 이론적으로 적용하는 것을 간단히 시도해보고자 한다. 선원인 피고인은 법적으로 요구되고 있는 구조의무를 다하지 않았고, 피해자는 침몰한 배 안에서 익사한 것으로 사안을 간략히 각색하여 부작위범의 인과관계에 대하여 판단해본다. 사안에 합법칙적 조건설과 객관적 귀속의 관점을 적용해보면, 인과관계의 판단은 피고인이 자신에게 요구되는 작위의무를 다하였다면 (구조의무를 다하였다면) 발생한 '구체적 결과', 즉 피해자가 배 안에서 동일 시간에 동일한 사인(死因)으로 사망하였을 것인가를 자연법칙적으로 판단하게 된다. 이는 부정되기 어려우며, 따라서 피고인의 부작위와 피해자의 사망 간의 인과관계는 인정된다.

세월호 판결에서 피고인들은 만약 자신들이 퇴선명령을 내렸다면 승객들이 무질서함 속에서 사람들끼리 충돌하거나, 다른 곳에 충돌하여 사상하였을 것이라는 주장을 하기도 하고, 바다에 뛰어들었더라도 저체온증이나 급류에 휩쓸려 내려가 사망하였을 것이라고 언급하며 본인들의 부작위와 사망결과 사이의 인과관계를 부정하는 주장을 하였다. 이는 체계적으로는 객관적 귀속을 부정하는 주장에 해당하는데, 이 단계에서는 부작위자가 작위의무를 다하였음을 전제로 '추상적 결과'인 구성요건적 결과로서 사망의 결과가 방지되었을지, 즉 생존하였을지를 판단하게 된다. 생존하였을 것임이 높은 확률로 인정된다면 피고인의 부작위행위에 대한 형사책임을 긍정하게 될 것이며, 본건에서는 피고인들의 주장과는 달리 여러 사정을 고려한 결과 생존가능성이 높게 판단되어 귀속을 긍정하는 과정을 거치게 된다.

II. 유기치사죄 판결

1. 유기치사죄의 특수성

세월호 판결에서 명시적으로 부작위에 의한 살인죄의 인과관계를 설시하기 전까지 고전적으로 부작위범의 인과관계 쟁점 하에서 가장 빈번하게 예로 제시되어온 판결은 아래의 청산가리 음독과 관련된 유기치사죄 사안이다.[83] 그런데 유기치사죄를 보통의 부작위범으로 보기에는 애매한 측면이 있다. 유기치사죄는 기본범죄를 유기죄로 하여 사망이라는 중한 결과가 발생하는 결과적가중범인데, 중한 결과에 대해 고의가 있는 경우 살인죄가 인정되므로, 중한 결과는 과실에 의하여 발생하는 경우에만 인정된다.[84] 유기치사죄의 인과관계를 특히 검토해보는 이유는, 우리 형법상 유기죄의 유기행위는 작위로도 부작위로도 이루어질 수 있으므로, 부작위에 의한 유기행위가 이루어지고 사망의 결과가 발생한 경우 유기행위와 사망이라는 결과 간의 인과관계를 어떻게 판단할지가 문제되기 때문이다. 앞서 상세히 살펴본 것처럼, 세월호 판결의 제1심 법원의 유기치사죄의 인과관계에 관한 판단은 부작위범의 그것과 마찬가지로 부작위가 없었더라면, 즉 작위의무를 다했을 경우를 가정하여 판단하였던 반면, 항소심 법원과 대법원은 이를 결과적가중범으로 보아 유기행위와 사망 간의 상당인과관계로 판단하였다. 이처럼 기존의 유기치사죄

---

83) 대법원 1967. 10. 31. 선고 67도1151 판결. 김성돈, 형법총론, 551면은 해당 판결을 부작위범의 인과관계 판단의 예로 제시하고 있으며, 신동운, 판례백선, 204면은 본 판례를 고의의 부작위범의 인과관계를 다룬 주요한 사례라고 평가한다.

84) 배종대, 형법각론 제9전정판, 홍문사, 2015, 181면; 신동운, 형법각론 초판, 법문사, 2017, 604면; 이재상/장영민/강동범, 형법각론 제10판 보정판, 박영사, 2017, 111면. 이와 달리 박상기, 형법학, 469면; 임웅, 형법각론 제7정판, 법문사, 2016, 131면은 사망의 결과에 대하여 고의를 가지고 유기한 경우 살인죄와 유기죄의 상상적 경합이 된다고 한다.

에 관한 판례는 결과적가중범의 인과관계로 판단한 경우도 있고, 부작위
범의 인과관계로 판단한 경우가 있어 소개 및 분석해보고자 한다.

2. 결과적가중범의 상당인과관계로서의 판단

결과적가중범이 성립하기 위해서는 기본범죄와 중한 결과 사이에 인
과관계가 인정되어야 한다. 여기에서 인과관계가 합법칙적 조건설에 의
해 확정된다고 보는 견해는[85] 기본행위와 중한 결과발생 사이에 인과관
계가 인정되더라도 중한 결과를 행위자에게 객관적으로 귀속시킬 수 있
는 경우에 한하여 결과적가중범의 구성요건해당성이 인정된다고 한다.
여기에서 중한 결과를 객관적으로 귀속시킬 수 있다는 것은 중한 결과
가 다른 중간원인의 개입 없이 기본범죄행위로부터 직접 초래되었음을
의미하며, 객관적 귀속의 일반적 척도가 적용된다.[86] 반면 판례는 기본
범죄와 중한 결과 사이의 상당인과관계 존재 여부를 판단한다.[87]

청산가리를 음독하고 의식불명의 상태에 있는 사람에 대해 보호의무
있는 피고인이, 이웃사람이 의사를 부르겠다는 것을 만류하고,[88] 자신이
독살혐의를 입지 않기 위해 청산가리 음독환자를 옆집에서 리어카를 빌
려와 환자를 실은 후 집근처를 배회하던 끝에 지나가던 사람의 강요에

---

85) 임웅, 형법총론, 553면.
86) 임웅, 형법총론, 553면.
87) 오영근, 형법총론, 153면; 임웅, 형법총론, 553면. 예를 들어 대법원 1996. 7. 12.
    선고 96도1142 판결은 강도치상죄에서 폭행 또는 협박으로 타인의 재물을 강
    취하려는 행위와 이에 극도의 흥분을 느끼고 공포심에 사로잡혀 이를 피하려
    다가 상해에 이르게 된 사실과는 상당인과관계가 있다 하였고, 대법원 1996. 5.
    10. 선고 96도529 판결은 상해치사죄에서 상해행위를 피하려고 하다가 차량에
    치어 사망한 경우, 상해행위와 피해자의 사망 사이에 상당인과관계가 있다고
    하였다.
88) 명시적으로 밝히고 있는 문헌은 없으나, 판결이유 등을 참조하면 피고인이 피
    해자의 청산가리 음독에 관여한 바는 밝혀진 바가 없는 것으로 보인다.

의하여 병원에 옮겼으나 사망한 사안에서, 대법원은 "치사량의 청산가리를 음독했을 경우 미처 인체에 흡수되기 전에 지체없이 병원에서 위 세척을 하는 등 응급 치료를 받으면 혹 소생할 가능은 있을지 모르나 이미 이것이 혈관에 흡수되어 피고인이 피해자를 변소에서 발견했을 때의 피해자의 증상처럼 환자의 안색이 변하고 의식을 잃었을 때는 우리의 의학기술과 의료시설로서는 그 치료가 불가능하여 결국 사망하게 되는 것이고 또 일반적으로 병원에서 음독환자에게 위세척 호흡촉진제 강심제 주사 등으로 응급가료를 하나 이것이 청산가리 음독인 경우에는 아무런 도움도 되지 못하는 것이므로 피고인의 유기행위와 피해자의 사망 간에는 상당인과관계가 없다 할 것이다."라고 판시한 바 있다.[89]

위 판례는 대법원이 유기치사죄의 인과관계를 검토한 대표적 사례로서, 대법원은 명시적으로 유기행위와 사망 사이의 '상당인과관계'를 부정하여 유기치사죄의 성립을 부정하였으나, 기본범죄인 유기죄의 성립은 긍정하였다. 이 판례는 우리 문헌들에서는 대체로 부작위범의 인과관계를 판단한 대표적 사례라고 이해되고 있다.[90] 유기죄는 유기행위에 의하여 성립되는 범죄인데, 유기행위는 작위나 부작위의 형태 모두로 범할 수 있는 범죄라는 것이 통설적 견해이다.[91] 그리고 만약 유기행위를 부작위의 형태로 범할 경우에는 유기죄는 진정부작위범이라고 분류된다. 유기치사죄는 기본범죄인 유기죄가 성립하고, 그로부터 과실에 의하여 중한 결과인 사망의 결과가 발생한 경우 성립되는 결과적가중범이다.[92] 결과적가중범의 경우 통상적으로 판례와 문헌들 모두 기본범죄와

---

89) 대법원 1967. 10. 31. 선고 67도1151 판결.

90) 신동운, 판례백선, 205면.

91) 통설적인 견해이다. 김성돈, 형법각론 제4판, 성균관대학교출판부, 2016, 115면; 박상기, 형법학, 464면; 배종대, 형법각론, 179면; 오영근, 형법각론 제4판, 박영사, 2017, 116면; 이상원, 형법각론, 박영사, 2011, 141면; 이재상/장영민/강동범, 형법각론, 108면 등. 한편 통설적 입장에서는 유기죄를 추상적 위험범으로 보는데, 박상기, 형법학, 464면은 유기죄를 부진정부작위범으로 분류한다.

중한 결과와의 사이의 인과관계를 판단하지, 인과관계 판단시 '기본범죄가 없었더라면'이라는 식의 가설적인 판단을 하지는 않는다.[93] 그런데 유독 유기치사죄에서는 인과관계를 부작위인 유기행위가 없었다면, 즉 작위의 보호의무 등을 이행했더라면 사망하였을지를 곧바로 검토하는 듯하다. 그것이 기본범죄가 거동범이기 때문에 그렇게 검토하는 것인지, 아니면 부작위범이기 때문에 그러한지는 보다 심도있는 논의가 필요할 것으로 보인다. 이에 대하여는 다른 유기치사죄의 판례의 태도를 대략적으로 살펴본 후 상술하겠다.

뒤에서 조금 더 상세한 검토를 거치겠지만, 필자는 결론적으로 이 판례는 유기행위와 현실적으로 발생한 사망 간의 인과관계를 검토한 것으로, 기본적으로 결과적가중범의 인과구조를 채택하여 타당하게 검토한 것이라 생각한다. 달리 말하면, 부작위범의 인과관계에 치중하여 검토한 것이 아니라는 것이다.[94] 특히, 판례는 유기치사죄를 제외한 다른 일반

---

92) 유기치사죄의 경우 중한 결과인 사망의 결과가 고의로 발생한 것이라면 유기치사죄가 아니라 살인죄가 성립한다. 이는 세월호 판례에서 선장을 제외한 선원들에 대하여 살인죄와 유기치사죄를 판단하면서도 등장한 법리이다. 배종대, 형법각론, 181면; 신동운, 형법각론, 604면; 이재상/장영민/강동범, 형법각론, 111면. 이와 달리 박상기, 형법학, 469면; 임웅, 형법각론, 131면은 사망의 결과에 대하여 고의를 가지고 유기한 경우 살인죄와 유기죄의 상상적 경합이 된다고 한다.

93) 김성돈, "범죄유형별 인과관계판단과 직접성", 형사판례연구 제13권, 2005, 박영사, 61-62면은 대법원 판례들을 분석하면서 과실범의 경우 직접성 여부를 합법적 대체행위적으로 가설적 투입절차를 활용하고 있으나, 고의범의 경우와 결과적가중범의 경우에는 대법원이 그러한 방법을 사용하지 않는다고 분석하고 있다.

94) 그러나 우리 문헌들 중 유기치사죄의 인과관계를 결과적가중범의 구조로 판단해야 한다는 분석은 전무하고, 판례가 부작위범의 인과 구조로 판시한 것도 있고 결과적가중범의 인과 구조로 판시한 것이 있다는 언급 또한 전무하다. 특히 해당 판례를 언급하는 문헌은 앞서 말한 것처럼 모두 부작위범의 인과관계의 대표적 예로 분류한다.

적 부작위범에서 추가적 가설공식을 내용으로 하는 인과관계를 검토하는 경우, 작위범과는 달리 '상당인과관계'라는 언급을 하지 않고 있다는 것도 염두에 둘 필요가 있다.[95]

통설적인 분석에 따르면 음독환자를 발견한 집주인이 손님인 피해자를 즉시 병원으로 데려가지 않고 병원 근처를 배회한 부작위가 피해자의 사망에 대한 원인으로 될 수 있는가 하는 점이 본 사례의 초점이 될 것이다.[96] 이 관점에서는 해당 판례를 피고인이 환자를 즉시 병원으로 이송하는 작위를 하였더라면 피해자의 사망결과가 발생하지 아니하였겠는가를 판단하였다고 보게 된다.[97]

그러나 자세히 살펴보면 적어도 이 사건의 대법원 판결은 '구조를 하였다면'이라고 가정해본 것이 아니다. 기본범죄인 유기죄가 내포하고 있는 위험이 중한 결과인 사망에 상당인과관계를 가지고 실현되었는지를 살펴보는 것이다. 판례는 치료행위를 했더라면 어떤 일이 벌어질지를 검토하지 않았다. 오히려 청산가리 음독이 내포한 위험으로부터 사망이 발생한 것으로 본다. 그 상당한 관계를 파악하는 기준으로 당시의 의학기술과 의료기술을 살펴본 것이라고 이해된다. 이러한 측면에서는 하급심도 다르지 않았다. 항소심 법원과 대법원 모두에서 '부작위'에 의한 유기라는 단어는 등장하지 않는다. 인과관계의 판단에 대해서는 오로지 '유

---

95) 부작위범과는 달리, 판례는 결과적가중범에서 중한 결과와의 관계는 '상당인과관계'라는 표현을 사용한다. 그러나 신동운, 판례백선, 205면은 이 판례를 부작위범의 인과관계를 대법원이 '상당인과관계설'의 관점에서 접근하여 판단하고 있다고 명시적으로 밝히고 있다. 해당 문헌은 특히 판례가 '우리'의 의학기술과 의료시설에 비추어 치료가 불가능한 점을 제시한 것에 대하여, 이 때의 우리는 법공동체의 구성원들로서, 그들이 가지고 있는 일반적인 경험칙을 판단의 척도로 삼아 법원이 이를 상당인과관계라고 칭한다는 것이다. 결과적가중범의 인과관계로서 상당성 판단에 대한 판례의 태도에 대하여는 김성돈, "범죄유형별 인과관계판단과 직접성", 73면 이하 참조.

96) 신동운, 판례백선, 204면.

97) 신동운, 판례백선, 204면.

기행위'와 '사망' 간의 관계만을 판단하고 있다. 항소심 법원이 "이 건에서 위 피해자와 사망은 위 인정과 같이 청산염중독으로 인한 것이며 피고인의 유기행위와는 상당한 인과관계가 없다"고 한 부분은 특히 부작위자체로 인한 것이 아님을 판단한 것이지, 작위행위를 했을 것을 가정한 판단이 아님을 보여준다.

다만 이 판례의 증거관계 설시부분에서 부작위범의 인과관계와 관련한 우리 법원의 개연성 판단에 대하여 시사하는 바가 있는 부분이 있어 옮겨본다.[98) 이 사안의 항소심 법원과 대법원은 유기행위와 사망 간의 인과관계를 부정하였는데, 제1심 법원은 인과관계를 긍정하였다. 제1심 판결이 유죄의 증거로 채택한 것으로 ① 증인 홍○○의 청산염음독환자의

---

98) "검사의 상고이유는 다음과 같다. 원심은, 피고인의 원판시 유기행위와 피해자 공소외 1의 사망사이에는 상당 인과관계가 없다고 판단하는 이유로서, 증거에 의하여 청산가리의 치사량은 0.1내지 0.3그램의 극소량으로서 이것을 음독했을 경우 미처 인체에 흡수되기 전에 지체없이 병원에서 위세척을 하는등 응급치료를 받으면 혹 소생할 가능은 있을지 모르나, 이미 이것이 혈관에 흡수되어 피고인이 위 피해자를 원판시 변소에서 발견했을때의 피해자의 증상처럼 환자의 안색이 변하고, 의식을 잃었을 때에는 우리의 의학기술과 의료시설로서는 그 치료가 불가능하여 결국 사망하게 되는 것이고 또 일반적으로 병원에서 음독환자에게 위세척 호흡촉진제 강심제 주사등으로 응급가료를 하나, 이것이 청산가리 음독인 경우에는 아무런 도움도 되지 못하는 것이라고 판시하고 있는바 논지가 들고있는 증인 공소외 2, 3, 4의 증언중 원판결의 인정하는바와 배치되는 부분은 원심이 이를 채택하지 아니하는 취지임이 원판문에 의하여 충분히 짐작할 수 있으므로 피고인의 원판시 유기행위와 피해자 공소외 1의 사망사이에는 상당 인과 관계가 존재할 수 없다고 볼 것이니, 원심은 인과 관계에 대한 법리를 오해한 잘못은 없다고 할 것이며, 논지중 일본잡지 문예 춘추의 기재내용은 사실심에서 증거조사를 거친바 없는 것이니, 이를 근거로 하여 원심의 사실인정을 논란할 수는 없는 것이다. 한편, 피고인과 변호인의 상고이유는 모두 원판결에는 중대한 사실의 오인이 있다함에 있으나, 징역1년이 선고된 본건에 있어서는 논지와같은 주장은 모두 형사소송법 제383조 각호의 어느 사유에도 해당하지 아니한다."고 보아 대법원은 상고를 기각하였다.

사망률은 95%이고 나머지 5%는 소생할 수 있으며 음독한지 1시간 이상 죽지 아니하였다면 소생할 가능성이 있다는 진술,[99] ② 유○○ 음독환자가 1시간이상 사망하지 아니하고 있었다면 음독한 양은 극히 소량이었을 것이고, 따라서 다른 일반적인 약물중독 환자에 대한 응급가료방법에 의하여서라도 동 환자는 소생시킬 수 있는 가능성이 많다는 진술과, ③ 손○○의 청산염음독시의 치사량은 0.2내지 0.3그램인데 그의 30배를 먹어도 죽지 않았다는 보고가 있으며, 음독하여 중독이 된 후 사망하는 경우와 회복하는 경우가 있는데 중독량과 치사량은 명확히 구분할 수가 없고 다만 이 건과 같이 환자가 1시간이상 살아있었다면 그 음독량은 극히 소량이었을 것이고 따라서 곧 종합병원에 입원시켜 일반적인 응급가료(위세척, 호흡촉진제 및 강심제의 주사 등)를 하였다면 생명을 연장할 수 있었을 것이라는 진술을 유죄의 증거로 채택하였다. 즉, 가설적으로 작위의무를 다했을 때, 생존의 확률적인 가능성을 판단해보았음을 알 수 있다. 이를 근거로 하여 항소심이 인과관계를 부정하자 검사가 상고하였는데, 부작위범의 인과를 내용으로 하여 유기행위와 사망결과 간의 인과성을 긍정해야 한다는 논지로 상고이유가 전개되었기에 이를 인용해 본다.

"위와 같이 음독 후 아무런 치료를 한 바 없이 1시간 이상이나 견디다 사망한 이 건 피해자 조○○는 음독즉시 응급치료를 하였다면 사망에 이르지 아니하고 소생할 수 있었을 것이 역연(歷然)하다 할 것인데 피고인은 위 공소사실과 같이 변소에서 신음하는 위 피해자를 발견하고 실신상태에 있어 위독함을 확인하였음에도 불구하고 아무런 응급구호조치도 하지 않고 불편한 "리야카"에 싣고 1시간여나 헤매다가 드디어 위 강

---

99) 신동운, 판례백선, 205면은 가설적 추가공식의 경우 누구도 확실하게 그 결론을 단언할 수 없기 때문에, 조건설의 입장에서는 "그 작위를 하였더라면 결과가 발생하지 아니하였을 것이 거의 확실하다"라고 하는 개연적 판단으로 만족하게 된다고 하면서, 특히 이 진술에 대하여 조건설의 관점에 서서 부작위범의 인과관계를 판단하는 데 중요한 자료가 될 것이라고 설명하고 있다.

태성의 강요에 견디지 못하여 미도의원에 이르렀을 때 위 피해자가 절명(絕命)하게 된 바이니 이와 같은 피고인의 유기행위와 위 피해자의 절명 사이에는 인과관계가 있음이 인과율의 법리상 명백하다 할 것이고, 위 피해자가 청산가리를 복용하여 사망할 운명에 있었다고 하는 것은 이 경우에 문제가 되지 않으며 피고인이 위 피해자가 위독상태에 있는 것을 발견하고 법률상 기대되는 즉 환자를 병원에 수용하여 응급가료를 받게 하는 등의 예기된 행위가 있었다고 하면은 사망의 결과를 방지할 수 있었는가 없었는가 하는데 문제의 초점이 있는 것이다. 그리하여 이것이 긍정되는 경우 피고인의 위 유기행위가 위 피해자의 사망의 결과에 대하여 인과관계가 있다고 할 것임으로 원판결이 위 피해자가 맹독성을 가진 청산가리를 복용하여 당연히 사망할 운명에 있었으니 피고인의 유기행위는 위 피해자의 사망과의 간에 상당한 인과관계를 인정할 수 없다고 함은 인과관계에 대한 법리를 오해하여 판결에 영향을 미친 위법이 있다고 아니할 수 없다."[100]

그러나 이러한 확률적 고려가 당해 사안의 판결문에 직접 나타나지는 않았는데, 일부 판결에서는 확률적 고려가 등장하고 있어 항을 바꾸어 검토해보기로 한다.

3. 부작위범의 인과관계로 본 판결 – 십중팔구

법원은 "피고인의 판시 유기행위와 피해자 공소외 1의 사망 사이에 인과관계가 인정되는지 여부에 대하여 살펴보면, 공소외 1은 만 47세의 체격이 건장하고 별다른 질병이 있었던 것으로 보이지 않는 생명력이 왕성한 여성이었고, 청산가리 등의 극약을 복용한 경우와는 달리 필로폰을 복용한 후 8시간 동안은 몸을 움직일 수 있었던 점을 고려할 때, 피고인이 공소외 1이 필로폰 1.6g을 복용하

---

100) 지금의 맞춤법과는 다른 부분도 원문 그대로를 인용하였다. 대법원 판례집 제15권 제3집, 1967, 40면.

고 착란상태에 빠져 성교를 요구하였을 때 혹은 밤새 잠을 이루지 못하고 자신의 가슴을 치면서 고통을 호소할 때 즉시 의료기관 등에 연락하여 응급치료를 요청하였거나, 적어도 공소외 1이 방바닥에 앉아 목을 가누지 못할 정도의 상황을 인식한 2006. 8. 1. 09:30경에라도 의료기관에 응급치료를 요청하였다면, 십중팔구 공소외 1의 구명이 가능하였을 것으로 보인다.

따라서 피해자 공소외 1의 구명이 합리적인 의심을 초과할 정도로 확실하다는 것이 인정되는 이상 피고인이 그러한 조치를 하지 않고 만연히 공소외 1을 모텔 내에 방치한 행위와 2006. 8. 1. 11:30경 공소외 1이 급성약물중독으로 사망한 결과 사이에는 형법상의 인과관계가 인정된다고 봄이 상당하므로, 이를 다투는 피고인의 위 주장도 이유 없다."[101]고 판시한 바 있다.

위 사안에서 법원은 결과적가중범이라기보다는 부작위범의 인과관계를 파악하는 방식으로 방치행위[102]와 사망 사이의 형법상의 인과관계를 인정한 것으로 보인다.[103] 이는 세월호 사건의 제1심 법원이 판단한 방법과 유사한데, 특이사항은 그 인과관계를 판단하면서 '십중팔구'라는 결과방지가능성의 확률적 접근을 하고 있다는 점이다.

십중팔구라는 개념은 앞서 제3장에서 검토한 것처럼, 일본의 판례가 부작위범의 인과관계에서 가설적 추가공식을 사용했을 때, 작위의무로 나아갔을 경우 결과방지가능성이 80-90%의 개연성을 가지고 인정되어야만 인과관계를 긍정할 수 있다는 내용의 판단척도로 사용하는 것이다. 위 판례는 앞서 소개한 일본의 판례와 사실관계도 거의 유사하고,[104] 해

---

101) 서울중앙지방법원 2007. 1. 19. 선고 2006고합1291 판결.
102) 이 사안에서는 판례는 위 청산가리판결과는 달리 '유기행위'라는 말을 사용하고 있지 않다.
103) 법원은 '상당'인과관계라는 말도 사용하고 있지 않다. 판례는 부작위범의 인과관계를 판단함에 있어서는 유독 '상당인과관계'라는 용어를 사용하고 있지 않고 있어, 이 판시는 유기치사죄를 부작위범의 범주로 보고 판단한 것으로 해석할 수 있다.

결방법도 거의 같다. 그러나 일본의 판례가 검토한 인과관계는 보호책임
자유기치사죄에 관한 것으로 우리의 유기치사죄와 같이 볼 수 있는 것
인지의 검토가 필요하다.

---

104) 最決平成元年12月15日刑集43卷13号879頁. 환각제 상용자인 피고인은 자기가
다량으로 각성제를 주사 사용한 것이 직접적인 원인이 되어, 당시 13세의 소
녀가 쓰러진 채 움직일 수 없게 되는 등의 착란상태에 빠졌음에도 불구하고,
동녀(同女)를 방치한 채로 떠나 이를 유기한 것이며, 보호책임자유기치사 등
죄로 기소된 사안이다. 제1심(札幌地判昭和61年4月11日高刑集42卷1号52頁)은
의사에 의한 감정에 대해 "현실의 구명가능성이 100%였다고 할 수 없다"고
하고 있으므로, "동녀의 이상한 언동이 발생한 후 즉시 의사의 진찰, 치료가
있었다 해도 동녀는 사망하였을 것이라는 합리적 의심이 남는다"며, 치사결
과와 피고인의 유기행위와의 인과관계를 부정하고, 보호책임자유기죄의 성
립에 그쳤다. 이에 대해 원심은, 제1심의 감정 등을 근거로 "A가 착란상태에
빠져 방에서 오가는 등 활발하게 동작하던 단계....까지 적절한 응급의료를
실시하였다면, 십중팔구는 구명가능"했기 때문에 "늦어도 동녀가 착란상태에
빠진 것으로 인정되는 같은 날 오전 0시반의 시점에서, 즉시 의료기관에 연
락하여, 동녀에게 응급의료조치를 받게 했다면, 구명할 것이 충분히 가능했
다"며, 치사결과와 인과관계를 긍정하는 보호책임자유기치사죄의 성립을 인
정했다. 이에 피고인이 상고했다. 이에 일본 최고재판소는 "피해자 여성이....
환각제에 의한 착란상태에 빠진날 오전 0시의 시점에, 즉시 피고인이 구급의
료를 요청하면....십중팔구 동녀의 구명이 가능"하며, "동녀의 구명은 합리적
의심을 넘는 정도로 확실했다고 인정될"수 있으므로, 피고인의 유기행위와
소녀의 사망결과 간에 형법상의 인과관계가 인정되어, 보호책임자유기치사
죄가 성립된다.

III. 부작위 살인죄와 유기치사죄의 구별

1. 법조문

형법 제250조[살인, 존속살해]

① 사람을 살해한 자는 사형, 무기 또는 5년 이상의 징역에 처한다.

② 자기 또는 배우자의 직계존속을 살해한 자는 사형, 무기 또는 7년 이상의
징역에 처한다

형법 제275조 [유기등 치사상]

① 제271조 내지 제273조의 죄를 범하여 사람을 상해에 이르게 한 때에는 7
년 이하의 징역에 처한다. 사망에 이르게 한 때에는 3년 이상의 유기징역
에 처한다.

② 자기 또는 배우자의 직계존속에 대하여 제271조 내지 제273조의 죄를 범
하여 상해에 이르게 한 때에는 3년 이상의 유기징역에 처한다. 사망에 이
르게 한 때에는 무기 또는 5년 이상의 징역에 처한다.

2. 고의

살인죄의 살인행위와 유기치사죄의 유기행위 모두 작위는 물론, 부작
위로도 행하여질 수 있다는 것이 통설적 견해이자, 판례의 태도이다.[105]
따라서 여기에서는 부작위에 의한 살인죄와 유기치사죄를 어떻게 구별

---

105) 유기치사죄에 대하여는 앞에서 검토한 바와 같고, 살인죄에 관해서는 김성돈, 형
법각론, 41면; 배종대, 형법각론, 49면; 신동운, 형법각론, 507면; 오영근, 형법각론,
21면; 이재상/장영민/강동범, 형법각론, 19면; 임웅, 형법각론, 20면 및 대법원
2015. 11. 12. 선고 2015도6809 판결; 대법원 2004. 6. 24. 선고 2002도995 판결; 대법
원 1992. 2. 11. 선고 91도2951 판결; 대법원 1982. 11. 23. 선고 82도2024 판결.

할 수 있을 것인가를 검토해보고자 한다. 양죄에서 행위자의 행위양태는 '아무것도 하지 않는다'는 것이며, 이 같은 부작위형태에서는 고의 유무를 판단하는 것은 곤란하다. 그럼에도 판례는 전통적으로 양죄를 살인의 고의 유무에 의해 구별한다. 고의라는 주관적 요소를 객관적인 사정도 고려하여 결정하는 것(예를 들어 총구를 들이대는 것에서 살인의 고의를 인정하는 것)은 불가능한 것은 아니다. 그럼에도 불구하고 판례처럼 살인의 고의의 유무에 의해 두 죄를 구별하는 것은, 행위자의 주관에 중점이 놓이게 되어 심정 형법에 경도되기 쉬우므로 부작위 형태인 양죄를 최대한 객관적으로 구별하는 방법을 모색해보는 것이 필요하다고 생각된다.

3. 작위의무

부작위에 의한 살인죄와 유기치사죄의 구별기준으로 사망의 결과에 대한 행위자의 고의나 과실여부 이외에도, 최근 일본에서 작위의무의 내용에 따라 구별할 수 있다는 견해가 제시되고 있는데 우리의 논의에도 시사하는 바가 있다고 보여 옮겨보고자 한다.

학설은 부작위에 의한 살인죄와 부작위에 의한 유기치사죄와의 객관적인 면에서의 구별에 관해 피해자의 생명의 안전에 대한 지배력의 강약에 의해서 구별하는 견해와, 죽음의 예견의 유무, 즉 살인의 고의의 유무가 아니라 작위의무의 정도에 의해서 구별하려고 하는 견해가 대립한다. 행위자의 태도가 외형적으로 보기에 동일하고, 게다가 부작위적 태도임을 감안하면, 피해자의 생명의 안전에 대한 지배력은 양죄에서 객관적으로 보아 동일하다고 볼 수도 있다. 보호책임자 유기치사죄와 부작위에 의한 살인죄를 행위자의 주관에 치우치지 않고 객관적 사정을 고려하고 구별한다면, 역시 작위의무라는 점에 주목하고 그 정도에 차이를 둘 수밖에 없다. 그러므로 작위의무에 의한 구별을 주장하는 후자의 견해가 기본적으로 타당하다고 생각된다.

유기치사죄의 경우 진정결과적가중범으로, 중한 결과인 사망이 만약 고의에 의하여 발생하였다면 살인죄에 해당한다. 따라서 결국 유기치사와 부작위에 의한 살인죄의 구별은 중한 결과인 사망의 결과에 대하여 과실범이라면 전자가, 고의범이라면 후자가 성립하는 차이를 가져올 뿐이다.

앞에서 상세히 검토한 세월호 판결에서 대법원 다수의견은 선장 외의 선원들에게 부작위에 의한 살인죄의 성립은 부정하면서, 유기치사죄의 성립은 긍정하였다. 한편, 반대의견은 선장과 마찬가지로 부작위에 의한 살인죄를 인정할 수 있다는 견해였다.[106] 두 견해의 차이는 작위의 살인행위와의 ① 행위정형의 동가치성과 ② 미필적 고의의 인정여부에 따라 결론을 달리한 것으로 보인다.

앞서 검토한 유기치사죄 판례들을 인과관계의 측면에서 재검토해보면 세월호 사건의 제1심 법원과, 모텔 사건의 제1심 법원은 유기치사죄의 인과관계를 검토하면서 마치 부작위범의 인과관계를 검토하는 것처럼, 구조행위를 했더라면 피해자들이 생존할 수 있었는가 즉, 가설적 인과관계를 검토하였다. 반면, 세월호 사건의 항소심과 대법원, 그리고 청산가리 사건은 유기치사죄의 인과관계를 기본범죄와 중한 결과와의 인과관계유무를 검토함으로써, 결과적가중범으로서 접근하였다. 이는 기본범죄가 작위범이건 부작위범이건 상관이 없으며, 예견가능성 등을 검토하는 것으로 족하다. 전자는, 유기치사죄의 구조를 잘못 판단한 데에서 나오게 되는 태도라고 생각된다. 유기행위를 부작위로 행하였다 하더라도 유기죄의 고의범이 성립한 이상, 유기치사죄에 대하여 합법적 대체행위를 사용하여 인과관계를 판단할 필요는 없다. 후자의 판례의 태도가 타당하다.

---

106) 대법원 2015.11.12. 선고 2015도6809 전원합의체 판결.

보호의무나 작위의무는 구조행위를 했다고 하더라도 발생한 결과를 전혀 회피할 수 없다고 판단되는 경우에는 애초에 인정되지 않는다. 문제는 생존가능성이 조금이라도 존재하는 경우, 어떻게 보호의무와 작위의무를 구별하고, 부작위에 의한 살인죄와 유기치사죄를 구별할 수 있는가이다. 그 하나의 구별기준으로 제시해 본 것이 생존가능성.

유기죄에서의 요부조자에 대한 보호의무 - 피해자의 생존가능성이 합리적 의심을 넘는 정도로 확실하지 않은 경우에도 존재한다. 이를 생명에 대한 위험범이라고 보면, 피해자의 생존가능성이 조금이라도 존재하는 이상 보호의무 있는 자에게는 최대한의 보호조치를 강구할 것이 요청되며, 그것으로부터 보호 의무의 존재가 긍정된다. 유기치사죄는 유기죄의 결과적가중범이므로, 행위자에 요구되는 보호의무는 유기죄의 보호의무와 동등하다고 할 것이다.

부작위에 의한 살인죄의 작위의무는 생존가능성이 합리적 의심을 넘는 정도로 확실한 경우에만 존재한다. 살인죄는 침해범이므로 생존가능성을 이 수준으로 요구하지 않으면 부작위형태의 경우에만 위험범화된다는 문제가 발생하는데, 이렇게 생각해보면 피해자의 생존가능성 정도에 따라서 작위의무를 구별하고, 두 죄를 작위의무의 정도에 의해서 구별할 수 있을 것이다. 구조행위를 했다면 피해자가 확실히 살아난 경우에 인과관계가 인정되고, 이 때 작위의무의 성립조건과 인과관계 판단이 실질적으로 중복된다.

그러나 생존가능성과 작위의무를 연계한 경우, 당해 부작위와 사망결과 간의 인과관계, 특히 유기치사죄의 부작위와 사망결과와의 인과관계를 어떻게 생각할 것인가 하는 문제가 생긴다. 생존가능성이 낮은 경우 부작위와 사망 결과 간의 인과관계가 대체로 부정되어, 유기치사죄는 성립하기 어려워지게 된다.

4. 행위정형의 동가치성

여기에서 또 한 가지 주목할 만한 점은 행위정형의 동가치성과 관련된 것이다. 판례가 구조의무를 행하지 않은 동일한 부작위에 대하여 이것이 살해행위에 해당하는지 유기행위에 해당하는지의 차이를 가져오는 것은 무엇에 착안하였기 때문일까.

결과범의 종류는 행태의존적 결과범과 순수결과범으로 나누어볼 수 있다. 다수의 견해는 행태의존적 결과범에서만 행위정형의 동가치성이 필요하고, 순수한 결과범의 경우에는 행위정형의 동가치성은 요건이 되지 않는다는 입장이다. 전자는 행위의 태양, 구체적으로는 해당 범죄를 성립시키는 '수단'으로서 행위가 요구되는 결과범이라 할 것인데, 그 예로서 사기죄에서의 '기망행위'를 들 수 있다. 사기죄는 행위정형을 따지는 행태의존적 결과범이므로 행위의 동가치성이 필요하다. 즉, '수단'의 동가치성이 필요하다는 것으로 부작위에 의한 '기망행위'에 해당하는 것인지에 대한 동가치성을 검토하는 것이다.

이에 반해 살인죄는 정해진 행위 수단이 없는 순수결과범이기 때문에 학설은 행위정형의 동가치성은 따질 필요가 없다고 한다.

그러나 판례는 살인죄에서도 행위정형의 동가치성을 따진다. 그러나 이는 엄밀히는 행위(수단)정형성에 대한 판단이 아니다. 세월호 사건에서처럼 판례는 살인죄 안에서 이 행위가 살인행위에 해당하는지를 따지는 것이 아니라 '살인행위'인지 '유기행위'인지를 검토하고 있다는 점에서 그러하다. 특수상해죄 중 흉기휴대를 예로 들어보면, 흉기를 휴대하지 않은 사람에게 흉기를 휴대한 것과 동가치성이 인정된다고 보아 특수상해죄가 성립한다고는 할 수 없는 것과 같은 이치이다.

이렇게 보면 판례가 말하는 '행위정형'은 정범과 공범을 나누는 기준으로서의 역할을 하는 것으로 보인다. 즉, 살인행위의 정형이 없으면 살인죄의 정범은 성립할 수 없고, 방조범은 성립할 수도 있는데, 이 때 살인의 고의가 없다면 방조범도 성립할 수 없고, 비로소 유기죄에 해당하는지를 검토하게 되는 것이다.

객관적 측면에서 유기행위와 살인행위는 동일하다. 따라서 고의에서 살인의 고의인지 유기치사 고의인지로 구별된다는 것이 중론이다. 다만, 살인의 고의가 있더라도 유기치사죄가 성립한다는 견해가 있는데, 바로 행위의 동가치성 문제로 접근하는 관점이다. 일정한 부작위가 살인행위와 동가치인지, 유기행위와 동가치인지를 구별할 수 있다는 것이다.

이처럼 구성요건적 동가치를 중시한다면 유기치사죄와 부작위에 의한 살인죄에는 각각 고유의 작위의무가 존재하고 있다고 말할 수 있는 것은 아닌지 살펴본다. 그러한 전제가 성립한다면, 유기치사죄와 부작위에 의한 살인죄를 상술한 학설과 같이 작위의무의 정도에 의해서 구별할 수 있을 것이다.[107] 그러나 양 죄를 작위의무에 의해서 구별하려하면, 문제는 어떻게 두 죄의 작위의무를 구별하는가이다. 유기치사죄와 부작위에 의한 살인죄는 모두 아무것도 하지 않음으로써 범하는 것이므로, 그 행위양태와 행위의 강도에 의해서 작위 의무를 구별하는 것은 매우 어렵다. 즉 행위자측에서 작위의무를 구별하는 기준을 찾을 수 없다. 행위자측에서 객관적인 구별기준을 찾지 못한다면, 피해자 측에서 그것을 찾지는 못하는 것일까. 이러한 관점에서 피해자의 상태, 즉 피해자의 생존가능성에 주목하며, 그에 따른 두 죄의 작위 의무를 구별할 수 있을 것으로 생각된다.

---

107) 이에 대해 작위의무의 내용은 모두 사망의 방지에 있기 때문에, 정도를 사용하는 것은 곤란하고, 이러한 작위의무의 정도 설정은 살인죄의 성립범위를 좁히지만, 유기치사죄의 성립 범위를 넓히기 때문에 타당하지 않고, 양죄는 사망결과에 대한 예견의 유무에 의해서 구별하여야 한다는 견해가 있다. 그러나 사망결과의 예견가능성이 높다고 행위자가 인식할 경우에는 피해자의 생존가능성은 낮을 것이라고 예상된다. 그러한 상황에서 예견가능성이 높다고 살인죄의 성립을 인정하면, 인과관계가 부정되면서 미수범에 그치게 되는 결과를 가져온다는 점에서 부당해 보인다.

제2절 복잡한 사례문제

Ⅰ. 제3자의 행위가 개입된 경우

지금까지의 논의는 주로 부작위자의 부작위와 결과 사이에 다른 사람이나 다른 행위가 개입되지 않은 경우를 전제한 것이다. 이처럼 부작위와 결과만이 존재할 뿐, 다른 어떠한 상황이나 사람의 행위가 영향을 미치지 않은 위와 같은 경우에는 어떠한 견해를 따르더라도 결론은 동일하게 도출되는 경우가 대부분일 것이다. 따라서 위에서 본 논쟁이 마치 아무 쓸모 없는, 지적 유희를 위한 이론인 것으로 여겨질지도 모르겠다. 그러나 보증인의 부작위 외에 (우연히) 다른 사람의 행위가 개입되는 경우는 어떨까? 여전히 어떠한 견해를 따르더라도 부작위자의 죄책은 동일하게 판단될 것인가? 이와는 달리, 결과 발생을 방지하기 위하여 자기의 행위뿐만 아니라, 다른 사람의 자유의사에 기한 행위가 개입되어야만 결과를 방지할 수 있는 경우는 어떠한가?

부작위와 결과 사이에 피해자를 포함한 타인의 행위나, 여타의 사정이 개입된 경우는 주로 작위범에 대한 객관적 귀속의 문제영역에서 다루어져 왔다.[108] 여기에서의 위험과 관련된 검토는 부작위범의 경우에도 의미를 가질 것으로 보인다. 합법칙적 조건설에 의한다면 피해자 본인이나 제3자의 행위가 개입하여 결과가 발생한 경우에도, 부작위와 결과 간의 인과관계는 인정될 수 있다.[109] 그러나 귀속의 단계에서 부작위자에

---

108) 대표적으로 인용되고 있는 문헌은 정현미, "인과과정에 개입된 타인의 행위와 객관적 귀속", 형사판례연구 제9권, 박영사, 2001, 143-166면인데, 156면 이하에서는 개입된 제3자의 행위가 주로 과실인 경우를 상정하여 논의를 전개하고 있다. 그러나 제3자의 행위가 고의인지 과실인지의 여부에 따라 원래의 행위자의 형사책임에의 영향이 달라지는 것은 아니라고 생각된다.

109) 장영민, "인과관계론에 관한 보완적 연구", 116면.

의 귀속을 부정시킬 수 있고 그 대표적인 예가 아래에서 검토할 행위자
(부작위자) 이외의 다른 사정이나 다른 사람의 행위가 개입된 경우이
다.[110] 특히 제3자의 행위가 개입한 경우는 피해자의 행위가 개입한 경우
와, 피해자 이외의 자유의지 있는 제3자의 행위가 개입된 경우, 그리고
사람이 아닌 다른 사정이 개입한 경우로 크게 나누어 볼 수 있을 것이다.

1. 피해자의 자기위태화

부작위와 관련한 피해자의 자기위태화의 예로는 자기위태화가 부작
위를 통해서 비로소 가능해지거나, 장애 없이 결과에 이르게 되는 경우
를 들 수 있을 것이다. 예컨대 병원에 입원 중인 중환자 A가 주치의 甲
에게 자신은 그만 살고 싶다고 이따금씩 진지하게 말해왔다. 어느 날 A
는 독약을 구해서 먹었고, 사망하였다. 사안에서 의사 甲은 사태를 해결
할 수 있는 유일한 자였고, 환자의 사망을 방지할 수 있었음에도 불구하
고, 환자의 의사를 존중하여 구조조치를 취하지 않았다.[111] 이 문제를
자기책임의 원리로 해결하는 견해가 있는데,[112] 이에 따르면 의사의 보
증인 지위는 애당초 환자의 자기결정권에 의해 제한되는 것이므로, 의사
의 보증인 의무의 내용에는 자기책임에 따른 자살을 방지할 의무가 포
함되지 않는다.[113] 부작위로 인하여 야기된 손해발생이 진행되는 과정

---

110) Kölbel, JuS 2006, S.313는 이 사례군을 부작위범의 객관적 귀속에서 '위험의 실
　　 현'의 항목으로 분류하고 있다. 부작위 상황에서 존재하는 허용되지 않은 위
　　 험을 부작위자가 실현시키지 않은 경우(제3자가 실현시킨 경우) 객관적 귀속
　　 을 부정할 수 있다고 보인다. 그러나 위험실현을 부작위범에서 별도의 객관
　　 적 귀속판단의 잣대로 삼는 것 자체에 대하여 의문을 제기하면서 위험실현을
　　 귀속의 척도로 보기 어렵다는 비판으로 김성룡, "부진정부작위범에서 객관적
　　 귀속척도", 34면.
111) OLG München, NJW 1987, 2940.
112) Kölbel, JuS 2006, S.312.
113) Kölbel, JuS 2006, S.312.

중에 제3자나 제3의 사정이 개입하여 두 번째의 원인이 추가되었다는 의미로 이를 2차적 위험이라 일컫기도 한다.[114] 위와 같은 사례에서 부작위자의 1차적 부작위에 책임을 지우게 될 경우, 타인의 자유로운 행위기여에 대하여 책임을 지게 되므로, 부작위자에게 결과를 귀속시킬 수 없다고 보아야 한다는 것이 자기책임의 원리이다.[115] 피해자의 자기책임의 원리가 하나의 해석의 원칙으로 등장한 것은 최근의 일인데,[116] 이 경우 자기책임의 원리는 행위자(가해자)가 형성한 불법을 제한하는 원리로 작동하게 된다.[117] 이러한 관점에서 보면 비록 자신의 부작위를 통하여 사태의 발생을 가능하게 한 자라 하더라도, 타인(피해자 및 제3자를 포함하는 개념)에 의해 고의로 야기된 손해에 대하여 원칙적으로 책임지지 않게 된다.

한편, 이를 책임영역적 관점[118]으로 접근해볼 수도 있을 것이다. 형법은 타인의 행위형성(Handlungsorganisation)에 개입할 것을 요구하지 않기 때문에, 일반적으로 타인이 야기한 법익침해가 방지될 수 있었던 개입행위의 부작위는 그 부작위가 문제되는 사람의 의무범위에 속하는 것이 아니다. 심지어 타인을 보호할 의무가 있는 자도 피보호자의 책임영역에 해당하는 경우라면 언제나 타인을 보호해야만 하는 것은 아니다.[119] 예를 들어 아버지가 성년의 아들이 불법 오토바이 경주를 위하여

---

114) 이러한 관점으로는 Kölbel, JuS 2006, S.313.
115) 피해자의 자기책임에 관한 심도있는 논의는 장영민, "피해자의 자기책임에 관한 형법해석학적 고찰", 법학논집 제20권 제1호, 이화여자대학교 법학연구소, 2015, 97-130면.
116) Zaczyk, Das Strafrechtliche Unrecht und die Selbstverantwortung der Verletzten, 1994, S.25.ff.
117) 장영민, "피해자의 자기책임에 관한 형법해석학적 고찰", 109면.
118) 이는 범죄체계론에서의 책임단계가 아닌, 넓은 의미의 '형사책임'이라는 의미에서의 책임영역을 말한다.
119) Kölbel, JuS 2006, S.312. 그런데 그는 객관적 귀속론의 내용으로서 자기책임의 원리를 설명하면서도 체계론적으로 '보증인적 지위' 단계에서 검토해야 한다

아버지의 오토바이를 가지고 가서 탄다는 사실을 알면서 아무런 제지 없이 보고만 있었던 경우, 아들이 오토바이를 타다가 사고로 사망하였다 하여도 그에 대해 아버지가 책임을 지는 것은 아니라는 것이다.[120]

요컨대 사태를 자기 스스로의 책임으로 자유의지를 가지고 형성한 자의 대부분은 그 사태에 대해 스스로 그리고 혼자서 책임져야 할 것이므로, 보증인에게 타인이 자기책임적인 자기위태화를 못하게 할 책임은 없다는 것이다. 이는 자기책임원칙을 통한 제한이기도 하며, 보증인의 책임영역 내의 것인지에 대한 판단이기도 하다.[121] 이러한 자기책임의 원리 내지 책임영역적 판단은 제3자의 행위나 다른 사정의 개입이 되는 경우에도 마찬가지로 적용할 수 있을 것으로 보인다.

작위범에 관하여는 대법원 판례 사안이 몇 가지 있는데, 예를 들면 피고인들이 자고 있던 피해자를 머리와 몸을 마구 때리고 낫 등으로 팔다리를 내리 찍어, 그 자상으로 인하여 피해자에게 급성신부전증이 발생한 사안이 있다. 급성신부전증의 치료시 수분섭취와 배뇨량을 정확히 맞추어야 함에도 불구하고 피해자의 과실로 김밥과 콜라 등을 섭취하여, 패혈증·폐렴 등의 합병증이 발생하여 피해자는 사망하였다. 이에 대하여 대법원은 살인의 실행행위(작위)와 피해자의 사망과의 사이에 다른 사실이 개재되어 그 사실이 사망의 직접적인 원인이 되었다고 하더라도 그와 같은 사실이 통상 예견할 수 있는 것에 지나지 않는다면 살인의 실행행위와 피해자의 사망과의 사이에 인과관계가 있는 것으로 보아야 한

고 하고 있어 의문이 생긴다.

120) BGH, NStZ - RR 1997, 51.

121) 이에 더하여 행위지배의 측면에서도 사안을 논해볼 수 있을 것으로 보인다. 피해자가 위험을 인식하고 자신의 행위를 하였고, 행위자(가해자)는 고의를 가지고 행위를 한 경우, 행위자에게 단순한 고의가 아닌, 행위자가 사건의 경과를 지배해야 침해의 결과에 대해 행위자가 책임지며, 반대로 행위자에게 우월성이 인정될 수 없는 때에는 피해자의 자기책임이라는 견해로, 장영민, "피해자의 자기책임에 관한 형법해석학적 고찰", 124면.

다고 판시한 바 있다.[122] 이 외에도 판례는 대체로 개입된 사정이나 행위에 대한 원래 행위자의 예견가능성의 존부에 따라 (상당)인과관계의 유무를 판단하고 있는 것으로 보인다.[123] 즉, 최초행위 후 제3자의 개입행위나 파생적 위험 등 중간에 개입되는 변수에 대해서 그것이 통상적으로 예견가능한 것인지를 판단한다고 평가된다. 행위자가 최초행위를 한 후에 실제로 어떠한 다른 사정이 발생(개입)할 수 있다는 점이 통상적으로 예견되기만 하면 최초행위와 결과 간의 예견가능성이 긍정되기 때문에, 예견가능성만을 기준으로 삼을 경우, 인과관계의 인정범위는 넓어지게 된다.[124] 생각건대 예견가능성도 부작위자의 부작위와 결과 사이에 다른 사정이 개입될 경우 고려할 수 있는 기준이라고 보이나, 이에 추가하여 인과관계와 귀속의 성립을 제한할 기준들을 정립해 보아야 할 것이다.

2. 우연한 사정의 개입

사람의 행위가 아닌, 제3의 사정이 개입한 경우에도 결과를 행위(부

---

122) 대법원 1994. 3. 22. 선고 93도3612 판결. 이 판례에 대하여 타인의 행위의 인과과정의 개입과 관련한 분석은 정현미, "인과과정에 개입된 타인의 행위와 객관적 귀속", 164면 이하; 판례의 인과관계 판단에 있어 '상당성'의 의미 파악의 측면에 대한 분석은 김성돈, "범죄유형별 인과관계판단과 직접성", 58-59면 참조.

123) 예를 들어 피고인이 야간에 오토바이를 운전하다가 무단횡단 하는 피해자를 1차 충격한 후 40-60초 후에 다른 사람이 운전하던 타이탄트럭이 쓰러져 있던 피해자를 역과하여 사망한 사안에서, 대법원은 후속차량의 운전자들이 조금만 전방주시를 태만히 하여도 피해자를 역과할 수 있음이 당연히 예상되었던 경우라면 피고인의 과실행위는 피해자의 사망에 대한 직접적 원인을 이루는 것이어서 상당인과관계가 있다고 판시하였다(대법원 1990. 5. 22. 선고 90도580 판결).

124) 같은 취지로 김성돈, "범죄유형별 인과관계판단과 직접성", 59면. 같은 글 60면 이하는 예견가능성이 인정된다고 하여도 곧바로 인과관계를 인정할 수는 없는 경우가 있고, 이러한 경우 판례가 (특히 과실범이나 결과적가중범에서) 제시하는 기준은 직접성이라고 평가한다.

작위)에 귀속시키기 어려운 경우가 있다. 예를 들어, 부모가 장애인인 자녀를 부양하는 것이 너무 힘들어 더 이상 음식을 제공하지 않았다. 이를 알게 된 이웃이 아이를 병원에 데리고 갔는데, 아이는 병원에서 우연하게 위험한 바이러스에 감염되어 사망했다.[125] 바이러스 감염이 부모의 부작위로 인해 야기된 아이의 체력저하로 인하여 사망이라는 결과에까지 이른 것이라면 아이의 사망의 결과가 부모에게 귀속될 수도 있을 것이다. 그러나 아이의 사망의 위험은 바이러스에 내재한 것이지, 음식물을 주지 않은 것에 포함된 위험이 아니며, 이러한 관점에서는 부모의 부작위에 사망결과를 귀속시키기 어렵다.

이처럼 제3의 우연한 사정이 개입한 경우 중 행위자의 부작위가 단지 결과에 대한 하나의 부수적 기여만을 할 뿐, 전형적인 야기요소는 그의 기여행위의 외부에 놓이게 된다면, 부작위자는 사건 진행에 있어서는 손해 발생에 대해 전혀 영향을 미칠 수 없었던 것이기 때문에 그 결과를 그에게 귀속시키는 것은 허용되지 않는다. 그러나 개입된 사정이 결과발생에 대해 경미한 것이거나, 여전히 부작위자의 책임영역에서 다른 사정이 개입된 것이라면 부작위자의 부작위와 결과 간의 인과관계와 객관적 귀속은 긍정될 가능성도 있을 것이다.

3. 심리적 매개가 개입된 인과관계

한 개의 사건을 발생시키는 조건은 일반적으로 하나가 아니라 여러 개이다. 이러한 여러 개의 조건은 일반적으로 등가적이라고 판단되어 그 조건들 중 유일한 원인을 짚어내기 어렵다. 합법칙적 조건설과 상당인과관계설은 그 중에서도 의미를 가지는 조건과 결과 간의 인과관계를 파악하게 되는데, 이들 견해로도 해결할 수 없는 문제 중의 하나가 자유의지

---

125) OLG Köln, NJW 1956, 1848.

를 가진 인간의 심리과정이 개입되는 경우이다.

이를 심리적 인과관계[126] 혹은 심리적 매개가 개입된 인과관계의 문제라 하겠다. 필자가 이 책에서 취하고 있는 합법칙적 조건설에 따른다면 인간의 매우 복잡한 심리과정을 과연 '법칙성'으로 설명할 수 있는가하는 문제가 생긴다. 인간 행동에 대해서 고도로 안정적인 행위차원의법칙성의 발견은 아직 충분히 이루어지고 있다고 할 수 없다. 일상 경험적 관찰 사례의 집적에 근거하여 다소간은 사전에 예상이 가능하지만,물리적 작용관계와 동일시될 때까지 법칙적 사실 인식이 확립되고 있는상황은 아닌 것으로 보인다. 이러한 맥락에서 심리적 인과성의 특수성이강조된다. 기존의 인과관계와 관련된 견해로는 분명히 해결하지 못하는영역이라는 점에서 이 부분에 대한 논의가 의미를 가진다.

예를 들어 구조의무 있는 甲이 물에 빠진 A를 구하지 않았고 결국 A가사망한 사안에서, 甲이 구조를 하러 물에 뛰어 들었다 하더라도, 타인(예컨대 乙)의 도움 없이는 구조가 불가능하였다. 그렇다면 甲의 부작위와 A의 사망결과 간에는 인과관계가 인정되는가, 甲은 A의 사망에 대해 책임을 지는가의 문제가 심리적 인과관계의 문제이다. 이는 좁은 의미의 결과귀속의 문제라고 보이는데, 만약 위 사안에서 甲이 구조행위에 나아갔다면, 일응 위험의 감소는 인정될 것이다. 그러나 구조(작위)에 나아갔더라도 결과를 회피할 가능성이 없었던 경우이므로 문제는 복잡해진다.[127]

또 다른 예를 들어본다. 지식과 경험이 부족하여 환자 A의 사망결과를 방지할 수 없었던 개인병원 의사 甲은 A를 종합병원으로 전원시키면서, 종합병원 과장 의사 乙에게 환자 A가 사망할 수도 있는 추후의 병의

---

126) 여기에서의 '심리적 인과관계'라는 표현은 방조범의 인과관계가 심리적인 것이라는 것과는 다른 개념임에 유의할 필요가 있다.

127) 이 사안은 마치 부작위범의 공동정범과 유사해보이나, 甲과 乙의 의사연락이없었고 공동으로 해야 할 작위의무가 인정되는 것도 아닌 사안으로, 부작위범의 공동정범 사례와는 다르다.

경과에 대하여 추가적 정보를 전달하지 않았다. 환자 A는 사망하였다. 의사 甲이 의사 乙에게 제대로 보고 및 전달하였을 경우 乙이 이를 따랐을지는 확실하지 않다. 의사 甲은 자신이 제대로 지시사항을 전달하였더라도 의사 乙이 따르지 않았을 것임을 이유로 들어 A의 사망에 대한 자신의 무죄를 주장할 수 있는가?[128]

여기에서 甲에 대해 합법칙적 조건을 적용할 경우, 甲이 작위의무를 다하여 乙에게 정보를 전달하였다 하더라도 乙이 그 지시를 따르지 않았을 것이라는 높은 개연성 내지 확실성을 입증한다면 甲에게 죄책을 물을 수 없게 된다. 그러나 이 사안은 乙이 자유의사를 가지고 자유롭게 행위하는 존재이므로 자연법칙적 예측을 적용시키기 어렵다.[129] 乙이 甲의 지시를 따랐을지 따르지 않았을지는 알 수 없으며, 甲이 乙에게 통지하지 않은 이상, 乙의 가정적 행위가 甲의 죄책을 논의하는 데에는 고려사항이 되어서는 안 될 것이다. 즉, 합법칙적 조건은 이 사안에서 적용될 수 없다. 그러나 만약 甲이 乙에게 통지하였다면 사안은 새로운 국면에 접어든다. 통지는 인과과정을 다르게 만들게 되므로, 甲은 A의 사망에 대한 책임을 면하게 될 것이고, 이제 문제는 乙의 책임영역에서 발생하게 될 것으로 보인다.

자유의사를 가진 제3자의 행위가 개입되는 경우, 합법칙적 조건설에 따르면 인간의 고도로 복잡한 심리과정을 '법칙성'으로 설명할 수 있겠

---

128) 유사한 사안에서, 독일연방재판소(BGH NStZ 1986, 217)는 甲의 지시를 乙이 따랐다 하더라도 사망의 결과를 방지할 수 있을지는 확실하지는 않지만 개연성이 있다고 하여 A의 사망에 대하여 甲에게 과실치사죄의 유죄판단을 하였다. 그러나 독일연방재판소(BGH NJW 2000, 2757)는 상급병원에 대한 통지 내지 보고가 결과의 방지를 가져오는 것이 당연한 것은 아니라는 이유로 부작위에 의한 과실치사를 부정하여 위와 달리 판단했다.

129) 같은 취지로, Roxin, AT Ⅱ, §31 Rn.64는 위 사안에서 甲이 乙에게 정보를 제공하지 않은 것에 대해 연방대법원은 乙이 어떻게 행동했을지를 고려하였으나, 그 고려와는 상관없이 환자의 사망 결과에 대해 甲에게 귀속시켜야 할 것이라고 한다.

는가 하는 문제가 생긴다. 이러한 심리적 인과관계의 사례군에 대한 해결은 아직 이렇다 할 기준이 제시되고 있지는 못하고 있으며, 다만 기존의 일반적인 합법칙적 조건적 해결과는 달리 해결을 시도하여야 한다는 문제제기의 단계에 접어든 것으로 보인다. 인간 행동에 대해서 고도로 안정적인 행위차원의 법칙성의 발견이 아직 충분히 달성되고 있다고 할 수 없기 때문이다. 일상 경험적 관찰 사례의 집적에 근거하여 다소간의 사전예상은 가능하다 할지라도, 이를 물리적 작용관계와 동일하게 볼 만큼 법칙적인 사실 인식이 확립되었다고는 볼 수 없기에, 심리적 인과관계의 특수성이 강조된다고 하겠다. 이에 대한 후속연구의 기회가 생기기를 희망한다.

4. 소결

부작위범에서 인과관계와 객관적 귀속의 인정여부가 진정으로 다투어지거나 문제되는 경우는 단순히 부작위와 결과만이 존재하는 경우가 아니라, 위와 같이 부작위와 특정 결과 발생 사이에 제3자의 행위나 기타 다른 사정이 개입된 경우라 할 것이다.[130] 이에 대하여 책임영역의 논의나, 자기책임원리의 논의로 해결하려는 시도를 살펴보았고, 작위범의 경우 판례는 예견가능성의 원리를 적용하기도 함을 살펴보았다. 이 외에도 외국에서는 작위범의 경우, 작위행위와 결과 사이의 인과과정에 제3자의 (과실)행위가 개입된 사안을 해결하는 방안으로, 후행행위가 고의·중과실인지 경과실인지의 여부에 따라 원래의 행위자에게 귀속시킬 수 있는지를 검토하는 방법이 제시되기도 한다.[131] 후행행위가 경과실

---

130) 이는 작위범에서도 마찬가지로, 작위범에서 또한 아직 확고한 기준이 정립되어 있는 것이 아니라 개별사례별로 해결방법을 모색 중인 것으로 보인다.

131) Burgstaller, FS-Jescheck, S.364ff.; S/S-StGB, §13 Rn.102; Otto, JuS 1974, S.709; Otto, Risikoerhöhungsprinzip statt Kausalitätsgrundsatz als Zurechnungskriterium bei

로 이루어진 경우에만 선행행위자에 대한 객관적 귀속을 인정하고, 개입된 행위가 고의·중과실인 경우에는 원래의 행위자에게 귀속시킬 수 없다는 것이다. 이 또한 하나의 중요한 기준으로 작용될 수 있을 것으로 보인다.

부작위범에서도 이러한 기준들이 적용될 수 있을 것으로 생각되는데, 추가적으로는 작위범에서의 '위험'과 관련된 해석도 의미를 가질 수 있지 않나 한다. 작위범에서는 선행행위자가 창출한 위험을 후행행위(자)의 개입이 위험을 추가적으로 실현시키게 했는지, 혹은 감소시켰는지, 아니면 그저 원래의 행위자가 만들어 놓은 위험을 방지하지 않아 원래 있던 위험이 실현되어 결과가 발생되었는지를 판단에 적용하는 것으로 보인다.[132] 이를 부작위범에 적용한다면 이미 발생해 있는 위험을 부작위로 유지시키던 차에 개입된 제3의 사정이나 행위로 인하여 더욱 증폭되었다면 부작위자의 부작위에 결과를 귀속시키지 못할 가능성이 커지게 될 것이며, 반대로 후에 발생한 사정과 행위가 그저 있던 위험을 유지시켰거나 오히려 감소시켰다면 선행 부작위에 결과를 귀속시키기 용이해질 것이다.

II. 집단적 의사결정의 문제 - 다중적 인과관계

부작위범의 인과관계에서 또 하나의 난제는 집단적 의사결정 문제이다. 수인(數人)이 의사결정에 참여하여 하나의 결정에 이르는 경우로, 집단적 의사결정은 현재까지는 제조물책임 분야 - 즉 제조물로 인하여 소

Erfolgsdelikten, NJW 1980, S.422. 이 견해에 대한 소개로 정현미, "인과과정에 개입된 타인의 행위와 객관적 귀속", 157면 이하 참조.

132) 예를 들면 Frisch, Tatbestandsmäβiges Verhalten und Zurechnung des Erfolgs, 1988, S.526ff.

비자가 상해나 사망에 이르게 된 경우 - 에서 주로 논의되고 있다.[133] 그
러나 이 논점은 제조물책임에 국한된 것이 아니라, 다수인의 의사결정에
의하여 부작위로 나아간 일반적인 경우에 적용될 수 있는 사례군으로
분류해 볼 수 있을 것이라 생각된다.[134][135]

　이 때 문제되는 인과관계를 특별히 '다중적 인과관계(Mehrfachkausalitä
t)[136]'라고 부를 수 있을 것 같다. 회의체의 구성원 단독으로는 결과에
이를 수 없으나, 수인의 행위가 결과발생을 위하여 결합함으로써 결과를
야기한 경우, 다수인의 행위와 결과 간의 인과관계를 일컫는 개념으로서
말이다.

---

133) 제조물책임의 형사법적 검토를 다룬 문헌으로는 김성룡, "다수인의 공동의 의
　　사결정에서의 형법해석학적 문제점", 137면 이하; 김호기, "개발위험의 항변과
　　형법적 제조물책임: 가습기 살균제 등 대량생산되어 사용되는 일상생활용품의
　　사례를 중심으로", 형사정책연구 제27권 제1호, 2016, 167면 이하; 전지연, "형법
　　적 제조물책임에서 주의의무위반과 신뢰의 원칙", 법학연구 제17권 제4호, 연세
　　대학교 법학연구소, 2007, 1면 이하; 하태훈, "결함제조물로 인한 법익침해와 그
　　형사책임", 형사법연구 제17호, 한국형사법학회, 2002, 187면 이하 등이 있다.
134) 같은 취지로 김성룡, "다수인의 공동의 의사결정에서의 형법해석학적 문제
　　점", 137면.
135) 제조물의 결함으로 인하여 사람의 생명이나 신체에 대한 침해가 발생하는 경우
　　민사법이나 행정법의 영역에서 다루어지던 것이, 그를 통한 소비자보호가 불충
　　분한 경우가 발생하자 제조물의 결함에 대해 형법적 책임을 묻기에 이르렀다.
　　형사법적 책임을 부과하는 것이 타당하고 가능한가에 대한 문제는 1982년 유럽
　　의회가 소비자보호를 위해서 형법의 중요성을 인정하면서 논의되기 시작하였
　　다. 형법적 제조물책임에 대해서는 우리나라와는 달리 외국에서는 이미 장난
　　감, 감기약, 피혁분사제, 목재보호제, 식료품, 의약품, 화학약품 등 다양한 제조
　　물에 대해 형법적 판단을 하고 있다. 박강우, "위험사회에서의 제조물책임", 비
　　교형사법연구 제5권 제2호, 한국비교형사법학회, 2003, 133-134면 참조.
136) 독일어 단어를 그대로 번역한 것으로서, 내용을 잘 포함하는 단어는 아니지만,
　　다른 만족스러운 용어로 표현하기가 어려워 일단 이렇게 옮겨본다. 원형식,
　　"부진정부작위범의 인과관계와 객관적 귀속", 112, 130면도 Mehrfachkausalität를
　　'다중적 인과관계'라고 일컫고 있으나, 128면에서 의미상 '초과누적적 인과관
　　계'에 가깝다고 한다.

다중적 인과관계는 1인이 단독으로는 결과에 이를 수 없으며, 다수의 행위가 결합 내지 누적되어야만 결과발생이 가능하다는 점에서는 누적적 인과관계로서의 성격을 가지며,[137] 결과발생을 위하여 요구되는 최소한의 조건을 이미 초과하였다는 점에서는 이중적 인과관계의 성격을 가진다.[138] 그러나 그 중 어느 한 가지에 완벽히 포섭되는 것이 아니므로, 다중적 인과관계는 두 가지 성격을 모두 가짐과 동시에, 두 가지 모두에 해당되지 않는다는 점에서 기존의 논의들과는 다른 점이 있다. 아래에서 구체적인 사례들을 통하여 보다 상세히 검토해보겠다.

1. 가죽스프레이 판결

먼저 실제로 문제된 사안 중, 가장 많이 소개되는 사안인 독일의 가죽스프레이(Lederspray) 판례를 소개해 보기로 한다.[139]

---

137) 누적적 인과관계의 일종으로 파악하는 견해로는 Baumann/Weber/Mitsch, AT, §14 Rn.37; Roxin, AT I , §11 Rn.18. 이중적 인과관계의 일종으로 파악하는 견해로는 Kühl, AT, §4 Rn.26b; Röckrath, Kollegialentscheidung und Kausalitätsdogmatik, NStZ 2003, S.644.

138) S/S-StGB, §13 Rn.83a. 원형식, "부진정부작위범의 인과관계와 객관적 귀속", 128면은 누적적 인과관계와 이중적 인과관계의 결정적인 차이점은 개별 요인이 독자적으로 결과를 야기할 수 있는가의 여부에 있다고 보아, 다중적 인과관계를 누적적 인과관계의 일종으로 파악하고 있다. 이에 대한 보다 상세한 검토는 김성룡, "다수인의 공동의 의사결정에서의 형법해석학적 문제점", 149면 이하 참조.

139) BGHSt 37, 106-135. 국내에서 이 사안을 소개하는 문헌으로는 발터 페론(Walter Perron) 저/조병선 역, "1990년7월6일 독일연방최고법원의 형법적 제조물책임에 대한 피혁보호분무기-판결", 청주대학교 법학논집 제8집, 1994, 217면 이하; 원형식, "부진정부작위범의 인과관계와 객관적 귀속", 127면 이하 등 참조. 이 글의 112면, 130면은 집단의사결정이 우리나라와 독일에서 활발히 논의되고 있다고 하나, 독일에서는 논의가 많이 이루어져 오고 있는 반면, 우리나라에서 이 사례군을 직접적으로 다루고 있는 문헌은 거의 존재하지 않는다. 특히 이를 부작위범의 인과관계의 측면에서 접근하는 경우는 더욱 그러하다.

가. 사실관계

W u. M 회사(이하 'W회사')는 구두에 바르는 가죽보호스프레이(이하 '스프레이')를 생산하는 유한책임회사이다. 스프레이 제품은 W회사의 두 자회사인 E. R. GmbH(이하 'E회사')와 S. GmbH(이하 'S회사')가 유통, 판매하고 있었다.

1980년부터 위 스프레이를 사용하고 난 후부터 기관지 천식이나 고열, 구토, 폐수종 등의 건강침해결과가 발생하였다는 소비자피해 사례들이 접수되었다. 피해자들의 일부는 약물치료로 호전되었으나, 일부는 입원치료를, 일부는 생명이 위험한 상황에 이르는 자들도 있었다.

피해접수가 있은 후 회사는 자체적으로 조사를 하였으나, 제품의 하자가 발견되지 않았다. 화학회사 전문가들과 의사의 참여로도, 회사자체의 연구로도 구체적인 원인을 발견하지 못하였고 피해신고는 계속되었다. 1981년 4월 E회사는 잠정적으로 생산 및 판매를 중단하고 독자적 연구를 계속하였으나, 특별한 결과가 나타나지 않아 생산 판매를 재개하였다.

1981년 5월 긴급이사회가 개최되었고, 소비자피해발생이 유일한 안건이었다. W회사의 전체 경영자 4인과 회사의 중앙연구소장이 참여하였다. 연구소장은 전문가의 입장에서 당시까지의 연구결과에 따르면 스프레이에 독성이 있다는 사실을 발견할 수 없으므로, 위험하다고 할 만한

김동률, "형법상 제조물 책임에 있어 기업 경영진에 대한 보증인 지위의 인정근거 -피혁스프레이 판결을 둘러싼 독일에서의 논의를 중심으로-", 한양법학 제25권 제1호, 2014, 385-405면은 이 사안을 제조물책임과 기업범죄, 환경범죄의 측면에서 접근하여 기업경영진의 보증인 지위에 관하여 서술하고 있고, 김성룡, "다수인의 공동의 의사결정에서의 형법해석학적 문제점", 137면 이하는 이 사안을 위험사회 내지 위험형법과 관련하여 설명하고 있다. 허황, "단체결정의 가벌성에 관한 연구 -범죄로 이끄는 단체결정에 참여한 자는 동시범인가 아니면 공동정범인가?-", 비교형사법연구 제19권 제2호, 한국비교형사법학회, 2017, 27면 이하는 단체의사결정의 가담형태를 집중적으로 검토한다.

단서가 발견되지 않았다고 보고하였다. 그는 외부기관에 추가적 연구를 의뢰할 것과 스프레이 제품에 주의사항을 부착할 것을 제안하였다. W회사 경영진은 이를 따랐고, 생산중단이나 리콜 등은 추가적인 연구에서 제품의 결함이나 사용자들에 대한 위험이 분명히 밝혀질 때에만 고려한다는 점에 전원 찬성하는 결의를 하였다. 즉 판매중단조치와 회수조치는 이루어지지 않았다. 그 후 W회사는 자회사인 E회사와 S회사의 경영자들에게 위 이사회 결의를 상세히 통보하였고, E와 S는 그 결의를 받아들여 집행하였다.

이러한 일련의 과정 후에 다시 스프레이 사용 후 건강 침해가 발생하였다는 피해가 계속적으로 접수되었으나, 추가적으로 이루어진 연구에서도 제품의 특정성분이 발병의 원인임을 확정할 수 없었다. 1983년 9월, 연방보건성의 개입으로 회사는 생산을 중단하고 제품회수에 나서게 되었다.[140]

나. 판시사항

독일 연방대법원은 제품의 사용과 상해결과와의 사이에 인과관계를 인정하였고,[141] 상해의 결과발생 위험을 야기하는 제품을 유통시킨 자에 대하여는 선행행위에 의한 손해방지 의무를 인정하고, W회사 경영진 4인 모두에 대하여 제조자·판매자라는 보증인 지위로부터 제품의 소환 내지 회수의무를 도출하여, 의무를 다하지 않은 점에 대하여 각 부작위 책임을 긍정하였다. 피해자들의 상해결과에 대해, 이사회 뒤에 제조 판매된 스프레이 사용으로 발생한 상해에 대해서는 작위범으로서 고의의

---

140) BGHSt 37, 108-110.
141) 이에 대해서는 발터 페론(Walter Perron) 저/조병선 역, "1990년7월6일 독일연방 최고법원의 형법적 제조물책임에 대한 피혁보호분무기-판결", 224-225면 참조. 여기에서는 부작위범의 인과관계 문제가 아니라, 현대 위험사회에서의 제조물 책임에서의 인과관계를 인정하는 방법에 대한 것을 다루었다.

중상해죄를, 이사회가 있었던 시점에 이미 판매된 제품으로 인한 상해에 대해서는 부작위범으로서 과실치상죄와 고의 중상해죄를 인정하였다. 이에 대해 연구소장에 대하여는 방조범의 책임을 물었다.

회의에 참여한 W회사 경영진 4인은 이사회 당시 제품의 위험성을 충분히 인식하고도 이를 감수하고 지속판매를 공동으로 결정하였으므로 그들에게는 미필적 고의가 인정되고[142], 이사회에 참가하지 아니한 나머지 경영진 2인에 대하여는 회의의 결정사항을 충분히 통보받고 이를 용인하였으며 자신의 책임범위 안으로 수용하였다고 하여[143] 위 4인과 함께 공동정범의 성립을 인정하였다.

인과관계에 대하여 보다 자세히 살펴보면, 독일 연방대법원은 과실치상죄에 대하여는 인과관계의 성립을 인정하였으며,[144] 고의 중상해죄에 대하여는 부작위의 인과관계를 검토함 없이 일부실행 전부책임의 원칙에 따라, 부작위범의 공동정범을 인정하였다.[145]

다. 검토

이 사안은 이사회 이전에 이미 판매된 상품에 대하여는 회수조치를 하지 않은 점에 대하여 부작위범의 성립을, 이사회의 의사결정 이후에 판매를 한 상품에 대해서는 작위범의 성립을 인정하였다. 이 책에서는 부작위범의 측면을 집중적으로 검토해보고자 한다. 본건 사안은 제품회수(리콜)조치를 취하지 않은 이사진들에게 부작위범의 성립을 인정하고, 그들이 만장일치로 결정한 것에 대해 부작위범의 공동정범을 인정하였으며,[146] 나아가 과실범(과실치상죄)까지 인정된 매우 복잡한 사안으로

---

142) BGHSt 37, 106, 114.
143) BGHSt 37, 106, 130.
144) BGHSt 37, 131.
145) BGHSt 37, 129.
146) 부작위의 정범 및 공범, 공동정범 성립에 관한 쟁점은 김동률, "기업 내 이사

평가된다.

위 사안에서와 같이 요구되는 행위(작위의무)를 거부하는 집단의 의사결정이 만장일치로 내려지는 경우 독일 연방대법원은 (고의범에서) 개인의 의사표시와 집단의 결정 사이에 인과관계가 존재하는 것은 크게 문제되지 않는다고 보았다.147) 회의체의 구성원 전원이 부작위로 나아가는데에 동의하였고, 가담형태도 공동정범이 인정되는 이상, 해당 판례의 태도는 결과적으로는 일응 타당하다고 보인다.148) 한편, 과실범에 있어서는 과실범의 공동정범을 인정한 것이 아니라, 인과관계를 인정하였음을 살펴볼 수 있다. 위의 고의 중상해죄에 대하여도 만약 공동정범이 인정되지 않았다면, 각 정범(이사들)의 부작위와 중상해의 결과 간의 인과관계가 문제되어, 위 판례의 태도라면 인과관계가 긍정되었을 것이다.

본건 사안은 구성원들의 만장일치에 의한 의사결정에 따른 것으로, 개별 구성원의 부작위와 피해자들의 상해라는 결과 간에 인과관계가 긍정된다는 결론 자체에는 큰 논란이 없을 것처럼 보인다.149) 독일연방대법원도 만장일치로 의사결정이 이루어졌기 때문에 이들의 가담형태를 공동정범으로 보기 용이했던 것으로 보이고, 따라서 상대적으로 부작위범의 인과관계 판단의 중요성이 감소되었을 것이다. 그러나 현실적으로

회 결정의 형법적 책임: 불법적 결정시 공동정범의 성립가능성에 대한 독일에서의 논의를 중심으로", 형사정책연구 제25권 제1호, 한국형사정책학회, 2014, 61면 이하; 김성룡, "다수인의 공동의 의사결정에서의 형법해석학적 문제점", 137면 이하; 이용식, "부작위 상호간에 있어서 정범과 공범의 구별 및 공동정범의 성립 가능성", 법학 제52권 제1호, 서울대학교 법학연구소, 2011, 147면 이하 참조.

147) BGHSt 37, 106, 114는 고의범의 공동정범이 인정되는 이상 개별 정범과 결과발생 간의 인과관계에 대한 입증은 필요하지 않다고 판시하였다.

148) 그러나 이에 대하여 독일에서는 다수의 학자들이 결론 자체에는 동의하지만, 독일연방대법원이 충분한 근거를 제시하지 않은 채 인과관계를 인정했다는 점에서 비판되고 있다. 대표적으로 Roxin, AT Ⅱ, §31 Rn.65.

149) 하지만 그 논리의 구성은 아래의 '검토' 부분에서 보는 바와 같이 반드시 간단한 문제라고는 할 수 없다고 생각된다.

도 확률적으로도 훨씬 빈번하게 발생할, 만장일치가 아닌 과반수의 다수
결로 결정이 이루어지는 경우에는 인과관계와 관련하여 더욱 복잡한 문
제가 발생하게 될 것이다. 결과방지를 위해 필요한 행위(즉 제품회수행
위)가 이사회결의에서 거부됨으로써 제품회수를 하지 않은 부작위로 나
아간 경우로서 찬성을 한 이사와 반대를 한 이사가 모두 존재할 때 개개
의 이사의 투표행위와 보증인적 의무에 반하는 이사회의 결정과의 사이
의 인과관계의 존부 판단을 어떻게 할 것인지가 더욱 문제될 것이기
에150) 이에 대하여 항을 바꾸어 논의해보도록 한다.

2. 변형된 사안 – 만장일치 아닌 다수결의 사안

회의체의 의사결정이 다수결로 이루어지는 경우를 전제로, 몇 가지
추가적인 질문을 던져보고자 한다. 위 사안과 같이 만장일치가 아니라
이사회에서 3:1로 회수조치를 취하지 않기로 결의하였다면, 반대투표를
한(회수에 찬성한) 1인의 이사에게는 인과관계가 인정될 것인가? 반대로,
회수를 거부한 3인의 이사에게는 모두 인과관계가 인정될 것인가? 그렇
다면 만약 합의체 구성원이 9명인 집단에서 8:1로 의사결정이 이루어지
는 경우와, 5:4로 의사결정이 이루어지는 경우는 동일하게 취급할 수 있
겠는가?151)

---

150) 이는 기본적으로 교과서에 소개되고 있는 중첩적 인과관계나 택일적 인과관
계와는 다른 영역이다. 같은 지적으로는 허황, "단체결정의 가벌성에 관한 연
구", 40면.
151) 여기에 대해서는 논의가 거의 존재하지 않아 이하에서는 필자의 개인적 견해
를 주로 전개해보았다.

가. 1~2표 차로 의결된 사안

먼저 3:1로 회수조치가 거부된 경우를 상정하여보자.[152] 반대투표를 한 3인의 이사는 자신이 회수에 찬성하였다면 적어도 2:2의 결과가 나올 것이므로, 만장일치의 경우와는 달리, 결과방지가능성을 이유로 자신의 면책을 주장할 수는 없을 것이다. 다수의견에 투표한 개별 이사는 자신의 투표행동을 바꿈으로써 다수의견을 직접 바꿀 수 있었다고 할 수 있기 때문이다.[153] 따라서 오히려 만장일치의 경우보다 인과관계의 긍정이 더 쉽게 되는 셈이다.

결국 이 사안에서는 제품 회수에 찬성투표를 한 1인이 어떻게 될 것인가가 문제된다. 여기에 대해서는 회수를 주장한 자에게까지 인과관계를 인정할 수 없다는 견해와, 비록 개인이사로서는 찬성하였으나, 최종적인 반대 결의를 막지 못한 것에 대한 인과관계를 인정하여 책임을 물을 수 있다는 두 가지 견해가 가능할 것으로 보인다. 후자의 입장을 취한다면, 회수에 찬성한 이사는 필요한 결론을 얻기 위해 가능하고 합리적으로 기대가능한 모든 행위를 하였음이 인정될 경우에만 형법상의 공동정범의 책임으로부터 해방될 수 있을 것이다.[154] 독일 슈투트가르트 고등법원에서는 집단의사결정에 반대하는 의견에 투표한 합의체 구성원에게도 결과에 대해 책임을 물었다.[155]

일반적으로 ① 개별적인 작위의무에 더하여, ② 공동의 작위의무가 인정되고, 이를 모두 이행하지 않은 경우에만 부작위범의 공동정범이 성

---

152) 이 경우는 ① 홀수의 구성원으로 이루어진 회의체에서 1표차로 견해가 갈린 경우, 예를 들어 9인의 이사 중 5(회수 거부):4(회수 찬성)인 경우와 ② 위와 같이 구성원 명수가 짝수인 회의체에서 2표차로 찬반이 갈린 경우(3:1사안)에 일반적으로 적용될 수 있을 것이다.

153) Kühl, AT, §18 Rn.39b.

154) Roxin, AT Ⅱ, §31 Rn.65.

155) OLG Stuttgart NStZ 1981, 28.

립한다 할 것이다. 그런데 후자의 견해는 회수조치에 대하여 반대견해를
낸 이사를 설득하여 의견을 바꿀 것까지 작위의무의 내용으로 포섭함을
전제로 하여야만 가능한 견해이다. 과연 이사 개인에게, 개인의 의사를
위법하지 않은 내용으로 표현하는 것 이상으로, 다른 이사의 의사결정까
지 개입하여 바꾸게 만들 작위의무가 있다고 볼 수 있을지 의문이다.[156)]
회수조치를 해야한다는 견해를 밝힌 이사까지 부작위범으로서 인과관계
를 긍정할 수는 없을 것으로 보인다. 위의 슈투트가르트 법원 판결에 대
해서는, 만약 집단의 의사가 총의에 의하여 결정되는 경우라면, 결과에
대해 비록 반대의견을 낸 구성원이라도 공동으로 인과적이라고 보아 책
임을 질 수도 있을 것이다. 그러나 일반적으로 집단의 결정에 반대되는
투표를 한 구성원에게까지 집단의 부작위에 대해 공동책임을 묻기는 어
렵지 않나 한다. 집단의 견해에 반대 의사를 밝힌 이상, 그 점에 대해 인
과적이지 않다고 보인다.

나. 3표 이상 차이로 의결된 사안

이번에는 3표 이상의 표차로 집단의 의사결정이 내려진 경우를 생각해
보자. 이는 결국 만장일치 사안과 유사하다고 보인다. 다수의견(제품회수
부결)에 투표한 개별 이사는 어차피 자기가 제품회수를 찬성하였다 해도,
다른 이사들의 반대투표로 인하여 결국 부결되어 부작위로 나아간 것이라
고 주장할 수 있기 때문이다. 만약 이 논리가 받아들여지면, 이사의 투표
와 이사회의 결정 간에 인과관계는 존재하지 않는다는 것이 되고, 만장일
치와 마찬가지로 아무도 형사책임을 부담하지 않는 결론에 도달하게 된
다. 이를 어떻게 해결할 수 있을 것인지는 '검토' 부분에서 상술하겠다.

---

156) 인과관계 논의에 작위의무 유무를 근거로 대는 점이 다소 꺼림칙하지만, 제
    품회수에 찬성한 개인에게까지 인과관계를 긍정하는 논거로서 작위의무가
    주장되고 있기에 언급하였다.

3. 검토

가. 개별 구성원의 가설적 인과관계의 주장

집단의사결정 사안이 다른 일반적인 사안과 구별되는 특이한 점은 집단의 결정(위 사안에서 이사회가 위험한 제품을 회수하기로 결정하는 것)은, 이사의 과반수가 안건(제품회수)에 찬성하여야만, 즉 복수의 협력을 통해서만 이루어질 수 있다는 것에 있다. 이 때 협력할 의무 있는 자가 그럼에도 불구하고 협력하지 않는다면, 회수에 기여하지 않은 자(부작위자)들은 모두 요구되는 행위(여기에서는 회수조치)를 취하지 않은 것에 대하여 원인을 설정하게 되므로 이사는 구성요건해당 결과에 대해 책임을 지게 된다. 가죽스프레이 사안은 만장일치라는 점에서 적어도 인과관계가 긍정된다는 결론에 있어서는 크게 다툴 여지가 없어 보인다. 그러나 과연 그러한가?

앞에서 검토한 제3자의 행위가 개입한 경우와 마찬가지로, 가죽스프레이 사안에서 회수조치에 대한 반대표를 던진 개별 이사는 비록 자신이 회수조치에 찬성하였더라도 3:1로서 회수조치는 거부되었을 것임을 이유로 자신의 표결행위가 위법한 결과와 인과관계가 없다는 항변을 할 것을 예상해볼 수 있다.[157)]

만약 위 주장과 같이 가설적 추가공식이 적용된다고 본다면, 사안에서 제품회수를 반대한 개별이사는 누구든 자신의 반대투표가 없었더라도 리콜거부라는 결과는 동일하게 발생하였을 것이므로, 집단결의에 대하여 인과관계가 부정되어 모든 이사가 책임을 면하게 되는 불합리한 결과가 발생하게 된다. 그러나 리콜에 반대하는 다수의 결정을 위해서는 각각의 이사회 구성원들이 제품회수에 반대투표할 것이 전제조건이 된

---

157) 이는 만장일치를 포함, 2표 이상의 표차로 찬반이 달라진 집단 의사결정에 동일하게 적용된다.

다. 이사의 개별 투표가 없는 한, 다수의 결정은 다른 결과, 즉 제품 회수행위를 야기시키지 않는다는 것이다.[158] 스프레이 사안에서 이사회의 모든 구성원이 위험한 제품의 리콜에 반대하는 투표를 하였다면 부작위 결정이라는 결과에 영향을 미친 투표에 관여한 것으로 볼 수 있다. 따라서 인과성이 인정된다. 이 때, 부작위결정의 공통원인이 되는 사람은 그로부터 발생하는 손해의 원인도 된다.[159] 즉, 개별 이사가 집단의견에 반대하였다 하더라도 위법한 결정이 내려졌을 것이라는 가설적 대체원인은 인과관계 성립에 지장이 없다는 것이다.

한편 사안에 대하여 부작위와 결과 간의 인과관계를 파악하고자 할때 그 결과를 앞 제3장에서 검토한 것처럼 부작위가 '그 구체적인 결과'의 발생에 합법칙적 조건을 설정하였는지를 검토하면 위와 같이 아무도 책임지지 않는다는 불합리한 결론은 도출되지 않는다는 견해가 있다. 즉, 1인의 이사가 제품회수에 찬성표를 던졌다면 '4:0'의 만장일치로 제품회수의 불이행이 통과되는 '구체적인 결과'는 없었을 것이므로 (적어도 3:1의 결과는 발생하였을 것이므로) 인과관계가 인정된다는 것이다.[160]

---

158) Beulke/Bachmann, „Die Lederspray-Entscheidung"-BGHSt 37, 106, JuS 1992, S.744. 저자들은 여기에서, 다른 결과에 대한 충분조건은 실제로는 유효하지 않다고 하고 있다.

159) Beulke/Bachmann, JuS 1992, S.737ff; Meier, Verbraucherschutz durch Strafrecht?, NJW 1992, 3193ff. 한편 Puppe, Anmerkung zum Urteil des BGH v. 6.7.1990 -2 StR 549/89, 'Lederspray-Urteil', JR 1992, S.30ff는 다중적 인과관계(Mehrfachkausalität)를 가정한다. Samson, Probleme strafrechtlicher Produkthaftung, StV 1991, S.182ff; Rudolphi-SK, §13 Rn.16b는 전체적으로는 앞의 견해들과 유사하나, 다수의 경영진들이 리콜에 부정적 태도를 취하는 것에 대해 체념한(자신이 리콜에 찬성표를 던진다 하여도 결과가 바뀌지는 않을 것이라는 이유로 내심의 의사와는 달리 다수의 의견에 따라 어쩔 수 없이 반대표를 던졌다는 의미로 이해된다) 이사회의 개별 구성원을 결과귀속에서 배제한다. 그러나 반대의견을 표시한 이상 그에 대해 결과귀속을 부정시킨다는 것은 의문이다.

160) 원형식, "부진정부작위범의 인과관계와 객관적 귀속", 128-129면; 허황, "단체결정의 가벌성에 관한 연구", 40-41면. 이 문헌들에 따르면 다중적 인과관계의

사견으로는, 위의 개별이사들의 가정적인 주장 자체를 부작위범의 인
과관계로 해석하는 과정에 오류가 있다고 생각한다. 하나는 논리적인 측
면에서, 그리고 다른 하나는 사안의 구조적 측면에서 그러하다. 위 사안
들은 전체적으로 보아 부작위범에 해당하지만, 이사들의 주장 및 이를
부작위범의 인과관계로 해석하는 견해조차도 부작위가 아닌, 부작위에
이르게 된 경위인 '투표행위'라는 작위행위를 대상으로 가정적 인과과정
을 판단하고 있다는 점에 문제가 있다.[161] 집단의 의사결정에 의해 부작
위로 나아가 결과가 발생된 경우, 인과관계는 부작위와 결과 간의 관계
를 파악하는 것이므로 부작위가 없었을 경우를 가정해 보는 것이지, 부
작위에 이르게 된 경위를 가정하는 것이 아니다. 즉, 본건 사안에서 인
과관계를 파악하기 위해 가정해 볼 것은 '리콜 거부 결정이 없었더라면'
인데, 개별이사의 주장처럼 '리콜에 찬성투표를 했더라도'라는 가정은
부작위에 이르게 된 경위에 대해 가정적 판단을 해보는 것으로서, 의사
결정이라는 적극적 행위에 대한 것이다. 마찬가지로 가정적으로 부작위
로 인한 '결과'에 대해서 생각하려면, 그 제품으로 인한 구체적인 상해가
발생했을 것인지를 판단해야하지 몇 대 몇의 결과로 의사결정이 났는지
를 판단해서는 안 된다.[162]

이를 논리학적 도식으로 다시 설명해본다. 우리가 인과관계를 파악

성격을 누적적 인과관계와 이중적 인과관계 중 어느 것으로 파악하건 존의
조건설이나 합법칙적 조건설에 의하여 인과관계의 성립을 인정하는 데에는
어려움이 없다고 한다.
161) 투표행위가 작위인지 부작위인지에 대하여, 김성룡, "다수인의 공동의 의사결
정에서의 형법해석학적 문제점", 168면은 작위도 부작위도 아닌 것이라고 하고
있고, 허황, "단체결정의 가벌성에 관한 연구", 30-32면은 작위행위라고 본다.
162) 김성룡, "다수인의 공동의 의사결정에서의 형법해석학적 문제점", 152면 이하
에서는 이를 이중의 인과 검토라고 하면서, 독일연방대법원이 부작위 고의범
의 공동정범과 달리 부작위 과실범의 공동정범 성립에 대해서만 이중의 인과
를 요구하였다고 해석한다. 개별 구성원의 의결행위의 의미에 관한 독일의
해석에 대해서는 같은 글, 153면 이하 참조.

하는 부분은 'A라는 부작위'와 'B라는 결과' 간의 관계이므로 여기에서 가설적 추가공식을 검토하려면, A가 없었다면 B가 발생하지 않았을 것인지, 즉 '~ A[163]라면, ~ B인가?'를 판단해보아야 할 것이다. 예를 들어 甲, 乙, 丙 3인의 결정을 각각 a, a′, a″라고 할 때, a→A, a′→ A, a″→ A 가 성립한다. 그리고 A→B가 성립하였다. 우리가 검토할 것은 ~ A → ~ B 인데, 위의 개별이사 甲의 주장은 '~ a → ~ A'가 아닌, '~ a → ~ B'를 직접 다투고 있다는 점에서 논리적으로도 비약이 존재한다.

나아가 여기에서 의미있게 살펴보아야 할 것은, a, a′, a″는 A에 도달하기 위한 전제인데, 그 형태가 작위라는 점이다. 부작위의 인과관계를 검토할 때 가정적인 상황이 의미를 가지게 되는 반면, 이미 물리적·현실적으로 발생한 작위의 경우, 인과관계를 파악함에 있어서 가정적인 것은 큰 의미를 가지지 못한다. 따라서 개별 이사가 주장하는 가정적 상황에 따른 인과관계의 부정은, 자기가 아니더라도 다른 사람이 결과를 야기했을 것이라는 이의를 통한 제거공식으로 해석해서는 안 될 것이다.

이를 정리해보자면, 제품회수를 하지 않기로 한 위 사안에서 부작위범의 인과관계를 긍정하거나 부정하는 판단근거로서의 가정적 인과관계 및 객관적 귀속이라 함은 '제품회수결정이 있었더라면, 그래서 제품을 회수했더라면, 피해자들에게 상해가 발생하지 않았을지, 그래도 상해가 발생했을 것인지'를 확률적 증명이나 위험감소의 점으로 다투어야 하는 것이다. 제3장의 분석을 적용해보면, 하자 있는 제품을 회수했더라면 개별 피해자에게 발생한 구체적 상해와는 다른 형태로 상해가 발생했을 것임이 인정된다면 부작위범의 인과관계가 인정된다. 나아가 제품회수 시 아예 상해가 발생하지 않았을 것임이 높은 확률로 인정된다면 (위험감소설에 따를 경우 적어도 상해위험을 크게 감소시킬 수 있었다면) 객관적 귀속도 긍정되게 된다.

---

163) 여기에서 '~'는 부정(not)의 의미를 나타내는 논리학 기호로 사용되었다.

이와 달리 앞의 독일의 가죽 스프레이 판례사안을 부작위범의 인과관계 측면에서 분석하는 학자들조차도 '회수결정에 반대하는 투표행위가 없었더라면' 이라고 가정하는 것은 고의범의 (크게 보아 '부작위'라고 이미 판단 내린 행위에 대하여 그 일부를 이루고 있는) 작위행위가 없었던 것으로 가정하는 것으로, 큰 의미가 없다. 이미 현실적으로 발생한 고의의 작위행위이기 때문이다.[164] 결론적으로 제품회수 안건에 대해 반대한 이사들이 회수에 찬성했더라도 같은 결과가 나왔을 것임을 이유로 자신에게 인과관계가 없다는 주장은 이유 없다.

나. 공동정범 법리를 통한 해결

스프레이 사안에서 독일 연방대법원은 '고의'의 부작위범의 공동정범의 법리에 따라서 인과관계의 문제를 해결하였다.[165] 공동정범이 성립하기 위해서 사전적 평가에 의해 각 이사의 기여가 집단결정에 대해 본질적일 수 있다는 것만으로 충분하고, 이로써 모든 결과가 공동행위자에게 귀속되므로, 개별 이사들의 투표행위와 결과 간의 인과관계의 존재를 긍정할 수 있다는 논리이다. 이는 사후적으로 개별 이사가 회수에 찬성했음이 판명되었다 하여도 마찬가지이다.[166] 이처럼 공동정범을 인용하게 되면 개인의 투표의 실제 효과와는 무관하게 되어 인과문제의 중요

---

164) 따라서 허황, "단체결정의 가벌성에 관한 연구", 42-45면의 다수결에 의한 의사결정인 사례에 대한 분석은 투표행위를 작위행위라고 전제하였음에도 불구하고, 여기에 반대투표를 하였을 것이라는 가정적인 판단을 함으로써 객관적 귀속이 부정된다는 분석은 정확하지 않다. 이를 근거로 (단독정범 또는 동시범으로 볼 경우 미수로 처벌되기 때문에) 공동정범이 성립된다는 것 또한 의문이다.

165) 해결하였다기보다는, 인과관계가 거의 문제되지 않았다는 표현이 더 적확할 것이다.

166) Roxin, AT Ⅱ, §25 Rn. 211ff.

성은 완화되게 된다.[167][168]

앞에서 부작위로 나아간 집단의 의사결정과 결과와의 인과관계는 주로 그 의사결정에 찬성한 개별구성원이 (자신이 반대했더라도 마찬가지의 결과가 발생하였을 것이라는 이유로) 인과관계가 부정된다고 주장하는 것에 대하여, 그에게 인과관계가 인정됨을 밝힘으로써 형사책임을 인정하는 주요 근거로 사용됨을 살펴보았다. 반면, 공동정범의 문제는 부작위 결정에 대하여 반대의견을 낸 구성원까지도 결과에 대한 책임을 지우는 근거로 사용되고 있다.

집단의사결정의 문제를 공동정범의 법리로 해결하고자 하면, 개개의 구성원의 부작위와 결과발생간의 인과관계에 대하여 손해의 방지에 필요한 조치(위험한 제품의 회수행위)가 복수의 관계자의 협동이 있어야 비로소 실현할 수 있음을 기화로, 자신에게 공동의사결정권한이 있음에도 불구하고 회피를 위한 기여를 하지 아니하였다고 보게 된다. 이 과정에서 필요한 조치(여기에서는 작위의무의 이행)가 채택되지 않는 것에 원인을 설정한 것이라고 보기가 쉬워진다. 이러한 가벌성 확장적 관점에서

---

167) Brammsen, Kausalitäts-und Täterschaftsfragen bei Produktfehlern, Jura 1991, S.533, 537; Roxin, AT Ⅱ, §31 Rn.66.

168) 기업의 형사책임의 측면에서 기업의 선임감독자등 상위구성원에 대한 형사책임을 인정하는 방안으로 공동정범 성립여부를 검토하는 문헌으로는, 김유근, "선임감독자의 '일반적인' 범죄방지(선임감독)의무 위반행위의 범죄유형 - 부진정부작위범과 업무상과실범을 중심으로-", 형사법연구 제22권 제2호, 한국형사법학회, 2010, 190면 이하; 원혜욱, "기업대표이사의 형사책임귀속을 위한 형법이론 연구", 형사법연구 제19권 제3호, 한국형사법학회, 2007, 211면 이하; 허황, "단체결정의 가벌성에 관한 연구", 46면 이하 참조. 김유근, 위 글은 부진정부작위범의 공범, 단독정범, 업무상 과실범의 단독정범, 과실범의 공동정범 등의 이론구성을 통하여 유형별 정리를 시도하고 있고, 원혜욱, 위 글은 추상적위험범론, 감독책임론, 공범론의 측면에서 대표이사책임을 검토하고 있다. 가죽스프레이 사건에 대해서는 원혜욱, 위의 글, 205면은 추상적위험범론으로 본 것으로 소개하고 있으나, 굳이 분류하자면 부작위범의 공범론으로 판단한 사건으로 보아야 할 것이다.

본건 사안에 공동정범의 성립을 인정하는 견해들은 그 성립요건으로서 공동으로 실행해야 할 작위의무가 인정됨을 전제로 해야만 할 것이다.[169]

이렇게 볼 경우 형법상의 공동정범의 책임을 면하려면, 필요한 결정을 내리기 위해 자신에게 가능하며 기대되는 행위를 모두 다 했다고 인정되는 경우뿐이다. 그러나 앞서 언급한 바와 같이 대부분의 의사결정체에서 자신의 의견을 분명히 표명할 것을 넘어서서, 타인의 의견까지 반드시 합법적인 방향으로 표시토록 만들 의무까지 부여할 수 있는지에 대해 상당한 의문을 제기해본다.[170] 실제 사안에서 제품회수를 결정하지 말자는 다수 이사들의 외부의 압박이 있었음에도 불구하고 본인의 신념대로 회수에 찬성하는 의견을 표시한 이사에게, 다른 이사들이 회수를 반대한 것을 왜 말리지 못했는가에 대한 책임까지 지우는 것이 과연 타당한지 재고해 보아야 할 것이다. 집단의 의사결정이 부작위로 이루어진 이상[171]그 의사결정에 찬성을 했건 반대를 했건 누구나 거기에서 발

---

169) 허황, "단체결정의 가벌성에 관한 연구", 46면 이하에서는 공동의 가공의사, 공동의 실행행위 등 작위범의 공동정범의 성립요건을 검토하고, 이를 투표행위 전 사전모의가 있었던 경우와 없었던 경우를 나누어 살펴보고 있으나, 결론적으로는 공동정범이 성립할 수 있다고 한다. 그러나 이러한 논의는 각 개인의 의사결정에 특정 인물(글에서 표현하고 있는 수괴라든지, 현실에서는 이사장이나 사장 등)이 실질적으로 영향을 미칠 수 있었던 경우에만 적용될 수 있는 것으로, 각 개인이 동등한 지위에서 투표한 결과에 의하여 집단이 행위로 나아간 것에도 적용할 수 있을지는 의문이다. 이 경우에 의사결정에 참여하기만하여도 공동의 실행행위라고 보게 되어 공동정범이 인정된다면, 집단의 의사결정에 참여하려는 사람이 실제로 몇이나 될 것인가?

170) 김성룡, "다수인의 공동의 의사결정에서의 형법해석학적 문제점", 145면 이하는 부작위범의 성립에서 공동하여야만 결과를 방지할 수 있는 경우를 합의가 있었던 경우와 없었던 경우를 나누어 검토하면서 특히 후자의 경우 정범성의 인정이 어려워지는 점에 대하여 지적한다. 같은 글, 169면은 결론적으로 다수의 의사결정행위는 범행계획을 만들어내는 모종의 의사교환 및 결정의 한 과정으로서, 이 과정에서 이탈 내지는 반대의 의사를 분명히 한 자는 고의의 공동정범으로서도 과실의 공동정범으로서도 책임을 지지 않는다는 것에 '이론이 없다'고 표현하고 있다.

생하는 종국적인 구성요건해당결과에 대한 책임을 지게 됨으로써 결국
은 결과책임을 지게 되는 것을, 처벌확장의 필요만으로 정당화시킬 수는
없다.

다. 소결 - 제조물책임(가습기 살균제 사건을 중심으로)에의 적용

집단의사결정과 인과관계의 문제는 주로 제조물책임에서 문제되어왔
다. 기업의 하자있는 제품이 대량으로 소비된 상태에서 그 제품으로 인
하여 소비자들에게, 특히 형사법적으로는 신체적 법익의 침해가 발생하
고 있음에도 불구하고, 기업이 이를 인식하고도 판매중단의무 및 제품회
수의무를 취하지 않았을 때에 부작위범의 인과관계가 문제된 실제 사안
을 중심으로 검토해보았다. 집단의사결정을 통하여 부작위범을 실현하게
된 경우, 그 집단의 결정에 반대한 개별구성원의 행위와 결과와의 인과관
계는 인정하기 어렵다. 따라서 개별적인 인과관계에 대한 논의를 하지
않고도 의사결정에 참여한 모든 개별구성원에게 찬반여부를 불문하고 형
사책임을 지우려는 방법으로 공동정범의 성립이 제시된다. 부작위범의
공동정범의 성립에서 핵심적인 쟁점은 개별 구성원에게 자유의사를 가진
타인들 또한 범죄로 나아갈 의사결정에 이르지 않게 할 공동의 작위의무
의 인정여부에 있게 될 것이다. 그러나 이러한 공동의 의무는 특별히 예
외적인 경우가 아닌 한, 일반적으로는 인정되기 어렵고, 만약 특별한 사
정이 없는데도 공동의 의무를 인정하는 것은 일종의 결과책임에 가까워
지는 것이라 생각된다.

이처럼 공동정범이 그 성립요건을 갖추지 않아 인정되기 어려운 경우
에는 결국 개별 구성원의 책임을 단독정범으로서 검토하는 수밖에 없다.
특히 고의가 인정되지 않는 과실범의 경우, 우리나라와 독일의 다수의 입

---

171) 이는 집단의사결정으로 인하여 적극적 작위로 나아가게 되었고, 그 결정에
반대의견을 냈던 개별구성원에게도 동일하게 적용될 수 있을 것으로 보인다.

장인 과실범의 공동정범을 인정하지 않는 견해172)는 물론이고, 설령 판
례와 같이 과실범의 공동정범을 인정하는 입장을 취하더라도173) 그 전제
요건이 구비되지 않은 사안이라면 별도의 해결책이 요구된다. 이 때 개
별 구성원의 행위와 결과와의 인과관계의 판단이 다시 의미를 가지게 된
다. 인과관계의 개별적 판단을 전제로 했을 때에는 구성요건에 해당하는
결과를 가져온 결정에 찬성한 구성원은 인과관계가 부정되기 어렵고, 집
단 결정에 반대되는 의견을 낸 구성원은 인과관계가 부정될 가능성이 크
다. 다만 작위의무의 내용에 따라 예외적으로 다른 구성원과 함께 결과
의 발생을 회피할 수 있는 개별 구성원이라면 결과발생과의 사이에 인과
관계가 인정될 수 있고, 보증인적 의무를 위반한 부작위와 결과의 발생과
의 사이에는 합법칙적 조건관계가 인정된다고 할 것이다.174)

　　최근 우리나라에서는 2006년~2011년 사이에 가습기 살균제로 인하여
소비자들이 사망하거나 상해를 입은 사건이 발생하였다.175) 이 사건을
계기로 민사상으로는 징벌적 손해배상제도의 도입을 본격적으로 논의하
게 되었고,176)177) 형사상으로는 2017년 제1심 판결에서 다수의 사상자를

---

172) 이는 우리나라의 다수설의 입장이다. 독일에서는 Brammsen, Jura 1991, S.533 등.
173) 예를 들어 대법원 1979. 8. 21. 선고 79도1249 판결; 대법원 1997. 11. 28. 선고
　　 97도 1740 판결(성수대교 붕괴사건) 등.
174) Meier, NJW 1992, 3193ff; Beulke/Bachmann, JuS 1992, S.737, 743; Puppe, JR 1992,
　　 S.30ff.
175) 2017. 5. 15.자 메디컬투데이 기사에 따르면, 가습기 살균제 피해자로 정부에 신고
　　 된 피해자는 5566명이고, 그 중 사망자 수는 1181명이며, 그 중 정부로부터 관련성
　　 이 인정된 사례는 982명, 그 중에서 피해를 인정받은 경우는 280명이었다. 추후 정
　　 부는 구제 및 지원대상을 점차 확대하여 2022. 12. 20.자로 가습기 살균제 건강 피
　　 해를 인정받은 피해자는 총 4572명으로 집계 되었다고 한다(2022. 12. 30.자 메디컬
　　 투데이 기사. mdtoday.co.kr/news/view/1065601530339825 2023. 2. 23. 최종 방문).
176) 서울중앙지방법원 2017. 5. 11. 선고 2014가합563148 판결은 가습기 살균제 사
　　 용으로 생후 23개월에 사망한 유아의 아버지가 제조업체를 상대로 제기한 민
　　 사손해배상청구에 대해서는 원고 일부승소판결로 제조업체에 배상책임(3억
　　 6900여만원)을 인정하였고, 국가배상청구에 대해서는 원고패소판결을 선고하

177) 2017. 3. 30. 국회 본회의에서, 기업이 제품 결함을 알면서도 필요한 조치를 하지 않아 소비자의 생명·신체에 중대한 피해를 입힌 때에는 손해액의 최대 3배까지 징벌적 손해배상책임을 지게 되는 내용의 제조물책임법 개정안이 출석의원 204명 중 찬성 194명, 반대 2명, 기권 8명으로 통과되었다.

제조물책임법은 2017. 4. 18. 법률 제14764호로 개정되어, 2018. 4. 19. 부터 시행되고 있다. 아래의 제3조 제2항과 제3조의2가 신설되었는데, 제3조 제2항은 부작위로 인하여 손해발생시 징벌적 손해배상을 도입한 규정이고, 제3조의2는 인과관계를 추정하는 규정이다.

제3조(제조물 책임) ① 제조업자는 제조물의 결함으로 생명·신체 또는 재산에 손해(그 제조물에 대하여만 발생한 손해는 제외한다)를 입은 자에게 그 손해를 배상하여야 한다.

② 제1항에도 불구하고 제조업자가 제조물의 결함을 알면서도 그 결함에 대하여 필요한 조치를 취하지 아니한 결과로 생명 또는 신체에 중대한 손해를 입은 자가 있는 경우에는 그 자에게 발생한 손해의 3배를 넘지 아니하는 범위에서 배상책임을 진다. 이 경우 법원은 배상액을 정할 때 다음 각 호의 사항을 고려하여야 한다.

 1. 고의성의 정도
 2. 해당 제조물의 결함으로 인하여 발생한 손해의 정도
 3. 해당 제조물의 공급으로 인하여 제조업자가 취득한 경제적 이익
 4. 해당 제조물의 결함으로 인하여 제조업자가 형사처벌 또는 행정처분을 받은 경우 그 형사처벌 또는 행정처분의 정도
 5. 해당 제조물의 공급이 지속된 기간 및 공급 규모
 6. 제조업자의 재산상태
 7. 제조업자가 피해구제를 위하여 노력한 정도

③ 피해자가 제조물의 제조업자를 알 수 없는 경우에 그 제조물을 영리 목적으로 판매·대여 등의 방법으로 공급한 자는 제1항에 따른 손해를 배상하여야 한다. 다만, 피해자 또는 법정대리인의 요청을 받고 상당한 기간 내에 그 제조업자 또는 공급한 자를 그 피해자 또는 법정대리인에게 고지한 때에는 그러하지 아니하다.

제3조의2(결함 등의 추정) 피해자가 다음 각 호의 사실을 증명한 경우에는 제조물을 공급할 당시 해당 제조물에 결함이 있었고 그 제조물의 결함으로 인하여 손해가 발생한 것으로 추정한다. 다만, 제조업자가 제조물의 결함이 아닌 다른 원인으로 인하여 그 손해가 발생한 사실을 증명한 경우에는 그러하지 아니하다.

낸 가습기 살균제 제조업체 임직원들에게 업무상 과실치사상의 점에 대해 유죄가 인정되었고,[178] 항소심에서도 그대로 유죄가 인정되었으나, 피고인들에게 제1심보다 감형된 형이 선고되자, 검찰과 일부 피고인이 상고하였고,[179] 2018년 대법원이 상고를 기각하면서 확정되었다.[180]

한편, 2017. 2. 8. 처음 제정된 「가습기 살균제 피해구제를 위한 특별법」

---

1. 해당 제조물이 정상적으로 사용되는 상태에서 피해자의 손해가 발생하였다는 사실
2. 제1호의 손해가 제조업자의 실질적인 지배영역에 속한 원인으로부터 초래되었다는 사실
3. 제1호의 손해가 해당 제조물의 결함 없이는 통상적으로 발생하지 아니한다는 사실

한편, 가습기 살균제 피해구제를 위한 특별법이 법률 제14566호로 2017. 2. 8. 제정되어, 2017. 8. 9.부터 시행되고 있다. 동법은 민사와 행정상의 구제를 염두에 두고 제정된 법으로, 인과관계의 추정규정을 두고 있다. 부작위범의 인과관계는 아니지만, '상당한 개연성'이라는 문구를 법 조문 자체에 포함하고 있음을 눈여겨 볼만하다.

제5조(인과관계의 추정) 생명 또는 건강상의 피해가 독성 화학물질을 함유한 가습기 살균제에 의한 것으로 볼만한 <u>상당한 개연성</u>이 있는 때에는 해당 가습기 살균제로 인하여 생명 또는 건강상의 피해가 발생한 것으로 추정한다.

178) 서울중앙지방법원 2017. 1. 6. 선고 2016고합527, 575(병합), 683(분리)(병합), 1076-1(분리)(병합)판결.

179) 서울고등법원 2017. 7. 26. 선고 2017노242 판결. 당해 판결에서 법원은 인체에 유해할 수 있는 화학제품을 만드는 사람들은 고도의 주의 의무를 가져야 하는데도 만연히 문제가 없을 것이라는 생각으로 비극적인 사태를 일으켰다며 피해자 수도 100명이 넘는 만큼 다른 어떤 사건보다 엄중한 책임을 묻는 게 필요하다고 하면서도, 일부 피고인은 살균제를 제작하는 데 초기엔 관여하지 않은 점이 있고, 인체에 유해하다는 생각 없이 가족이나 주위 사람에게 제품을 나눠주기도 했다는 점, 일부 피고인은 자신의 딸까지 사망에 이르는 참담한 결과가 일어난 점, 현재 공소제기된 피해자 중 92%의 피해자들과 합의한 점, 특별법이 제정돼 다수의 피해자들이 구제를 받을 수 있게 된 상황, 잘못을 뉘우친 정상 등을 참작하여 감형하였다고 하였다.

180) 대법원 2018. 1. 25. 선고 2017도12537 판결. 당해 판결에서는 미필적 고의, 공동정범의 공모 이후 이탈 등이 쟁점이 되었다.

을 2020년까지 계속 개정하여 정부가 그 피해구제를 하는 방안들을 마련하고 있고,[181] 지원금 지급 등을 위하여 가습기 살균제 피해지원 종합포털 사이트를 운영하고 있기도 하다.[182] 한편, 세월호 사건과 더불어 가습기 살균제 사건을 사회적 참사로 지정하고 있는 「사회적 참사의 진상규명 및 안전사회 건설 등을 위한 특별법」[183]을 제정·시행하는 등 다양한 방책을 마련하려는 시도가 있어왔다.

여기에서는 앞서 언급한 형사 판결을 위주로 검토하도록 한다. 당해 사건에서 법원은 A회사의 경우 2000년부터 제조·판매된 가습기 살균제 제품에 들어간 독성 화학물질의 안전성을 검증하지 않아 사망자 73명을 포함한 총 181명에 대한 업무상 과실치사상의 점에 대하여 A회사의 전 대표, 연구소장, 선임연구원 및 A법인에게 유죄판결을 선고하였다. 한편 가습기 살균제 제조·판매업체인 B회사 대표에게는 사망자 14명 등 총 27명의 피해자에 대한 업무상 과실치사상죄가 인정되었다. 한편, A회사 제품을 OEM(주문자 상표부착생산)방식으로 제조한 C회사 대표에게도 유

---

181) 2020. 9. 25.부터 시행되고 있는 법률 제17102호(2020. 3. 24. 일부개정)의 개정안은 ① 피해질환을 가습기 살균제에 노출되어 발생하거나 악화된 생명 또는 건강상의 피해를 받은 자로 포괄적으로 규정함으로써 수범자의 범위를 확대하였고(제2조), ② 인과관계 추정요건을 가습기 살균제 노출 사실/ 노출 이후 질환 발생, 악화 사실/ 노출과 질환간 역학적 상관관계 있음이 모두 확인된 경우로 기존보다 완화(제5조), ③ 구제급여종류로 장해급여를 신설하여 가습기 살균제 노출로 인한 질환에 걸려 치유된 후 신체 등에 장해가 있는 자에게도 지급(제12조제1항제4호의2 및 제16조의2), ④ 가습기 살균제 인정결정과 구제급여 지급결정 절차를 통합하여 피해자 신속 구제(제10조), ⑤ 가습기 살균제 피해구제자금 설치를 통해 피해자 구제급여, 종전 특별구제계정의 이원적 체계를 통합(제31조, 제32조)하는 등의 내용을 골자로 하였다.

182) https://www.healthrelief.or.kr/home/board/notice/view.do (2023. 2. 23. 최종 방문)

183) **제1조(목적)** 이 법은 가습기 살균제사건과 4·16세월호참사의 발생원인·수습과정·후속조치 등의 사실관계와 책임소재의 진상을 밝히고 피해자를 지원하며, 재해·재난의 예방과 대응방안을 수립하여 안전한 사회를 건설·확립하는 것을 목적으로 한다.

죄가 인정되었다.[184]

앞서 살펴본 독일의 스프레이 사건의 경우, 제품의 하자를 알고도 판매중단 및 회수를 하지 않은 부작위와 소비자의 사망 및 상해가 문제된 반면, 우리나라의 가습기 살균제 사건은 하자있는 제품의 제조 및 판매 행위 자체와 사상의 결과가 문제되어 부작위범에 관한 법리는 언급되지 않았다. 그러나 현재 국회 본회의를 통과한 징벌적 손해배상과 관련된 제조물책임법 개정안의 경우, 제품의 결함을 알고도 아무런 조치를 취하지 않아 소비자의 생명·신체에 중대한 피해를 입힌 경우를 대상으로 삼고 있다. 즉, 제조업체측의 부작위를 법률요건으로 하는 것이다. 이를 형사법의 영역에서 판단하면 앞서 검토한 독일의 스프레이 사건의 법리, 그것을 변형시킨 집단적 의사결정의 문제는 얼마든지 실제 사건화될 수 있는 쟁점이라 하겠다. 이 책의 이 부분 서술이, 가까운 장래의 활발한 연구의 작은 단초가 되기를 바라며,[185] 아래에서는 당해 판결들을 간단

---

184) 법원은 그 중 가장 많은 사상자를 낸 A회사 제품에 대하여 "가습기 살균제의 안전성 확보를 위한 충분한 검증을 해보지도 않고 막연히 살균제가 인체에 안전할 거라 믿었고, 심지어 제품 라벨에 '인체 안전', '아이에게도 안심'이란 거짓 표시까지 했다"며 "그 결과 회사 제품의 라벨 표시 내용을 신뢰해 살균제를 구입·사용한 수백여명의 피해자들이 사망하거나 중상을 입는 유례없이 참혹한 결과가 발생했다"고 하였다.

185) 본건 사안에 관하여 민사적 내지 국가배상적 관점에서 접근한 문헌으로 박태현, "가습기 살균제 사건과 국가배상책임", 환경법과 정책 제16권, 강원대학교 비교법학연구소, 2016, 35-56면; 송정은/정남순, "가습기 살균제의 민사적 쟁점", 환경법과 정책 제16권, 강원대학교 비교법학연구소, 2016, 1-33면; 이점인, "현행 징벌적 손해배상 제도에 관한 비판적 고찰", 동아법학 제74권, 동아대학교 법학연구소, 2017, 43-86면 등이 출간되어 있다. 형사법적으로 이 사안을 본격적으로 다룬 문헌은 아직 없는 것으로 보이나, 기존의 위험형법과 관련한 논의와 환경형법에 관한 논의가 그대로 의미를 가지는 사안으로 보인다. 참고할 만한 문헌으로는 이용식, "위험사회에서의 법익보호와 적극적 일반예방", 형사정책 제13권 제1호, 한국형사정책학회, 2001, 33-57면; 전지연, "형벌론의 관점에서 본 형법적 제조물책임의 필요성", 형사정책 제13권 제1호, 한국형사정책학회, 2001, 83-107면; 조병선, "우리나라의 환경범죄와 환경형법",

히 분석해보고자 한다.

법원은 본건에서 가습기 살균제 제조·판매업을 하는 회사의 임직원들인 피고인들에 대하여 업무상 주의의무 있음을 인정하고, 결과발생에 대한 예견가능성이 인정되며, 주의의무를 위반한 과실이 인정된다고 판시하였다. 피고인별로 인정된 업무상 주의의무가 각 지위와 업무내용에 따라 조금씩 차이가 있으나, 각 회사의 임직원들은 그들이 속한 회사가 판매하거나 판매할 제품의 안전성을 확인하여야 할 의무, 제품 자체의 특성이나 사용방법상의 문제로 인하여 소비자의 생명·신체에 위해가 발생하지 않도록 정확한 사용법이나 발생할 수 있는 위해에 대한 지시·설명을 할 업무상 주의의무와 그 위반을 인정하였고, 피고인들은 안전성이 확보되지 않은 살균제 성분·함량으로 적절한 지시·경고없이 가습기 살균제를 제조·판매할 경우 살균제 성분의 흡입독성으로 사람이 호흡기 등에 상해를 입거나 심각한 경우 사망할 수 있음 등을 예견할 수 있었다고 보았다.[186] 즉, 과실범 법리로 사안을 해결하였다.

그런데 A회사 제품의 경우에는 이에 더하여 기존 제품에 대한 백화현상 등의 소비자 클레임이 지속적으로 존재하여 주원료를 변경하는 과정에서, 변경된 원료에 대한 흡입독성을 확인했어야 함을 여러 경로를 통하여 임직원들이 알고 있었고, 원료물질의 안전성을 확인하지 않은 채 제품을 개발·제조·판매할 경우 이를 흡입한 소비자들의 신체에 심각한 위해가 발생할 수 있다는 사실을 쉽게 알 수 있었음이 법원에 의해 인정되었다. 이에 법원은 당해 회사 임직원들에 대하여, "생산되어 판매되고 있는 제품의 사용과정에서 발생할 수 있는 클레임을 지속적으로 관찰하여 제품의 사용으로 인한 위해 가능성이 엿보일 경우 안전성 여부를 재

형사법연구 제5권, 한국형사법학회, 1992, 125-156면; 하태훈, "결함제조물로 인한 법익침해와 그 형사책임", 187-210면 등 참조.
[186] 서울중앙지방법원 2017. 1. 6. 선고 2016고합527, 575(병합), 683(분리)(병합), 1076-1(분리)(병합)판결; 서울고등법원 2017. 7. 26. 선고 2017노242 판결.

점검하고, 그 안전성이 객관적으로 확인될 때까지 제품의 생산 및 유통을 중지하며, 기존에 유통된 제품은 이를 즉시 회수함과 아울러 이미 제품을 구매하여 사용하고 있는 소비자들에 대해서는 제품의 안전성에 문제가 있을 수 있다는 사실을 공고하는 등의 조치를 취하여야 할" 업무상 주의의무가 있고, 이를 위반하였음을 인정하였다. 소비자들에 대한 위해가능성을 알고도 아무런 조치를 취하지 않은 점에 대하여 모두 일률적으로 업무상 주의의무로 보아 과실범의 성립을 긍정한 것이다.

그러나 이 모든 것을 알고 있음에도 임직원들이 판매를 중단하지도 않고, 회수하지도 않았으며 기타 어떠한 조치도 취하지 않은 점은 단순히 과실범에서의 주의의무위반이 아닌, 보증인지위와 의무가 있는 자가 고의로 부작위로 나아간, 즉 고의 부작위범의 성립도 인정여지가 있었다고 보인다. 위해를 알고도 이미 판매된 제품을 회수하지 않고 안전성을 재점검하지도 않은 부분은 앞선 독일의 가죽스프레이 사안과 유사한 부분으로,187) 이미 판매된 제품에 의한 피해에 대해서는 미필적 고의가 인정된다면 부작위에 의한 (중)상해죄나 살인죄의 성립도 가능할 것이다.188) 한편, 당해 판결에서는 개별 피고인들의 과실을 인정하여 죄책을 판단하여 각 회사 내부의 피고인들 간의 의사결정은 별도로 문제삼지 않았으나, 판결이유부분에서 각 피고인들 간의 보고, 문의, 문제제기 등이 존재하였던 바, 이 쟁점 또한 충분히 논의의 여지가 있다고 보인다.

---

187) 이 외에도 질병관리본부가 2011. 8. 31. 역학조사 결과와 일부 제품에 대한 세포독성시험 결과가 일치하는 것을 확인하고 이를 근거로 가습기 살균제의 사용 자제와 제조업체의 출시 자제를 권고한 점, 보건복지부는 질병관리본부의 역학조사와 실험결과 등으로 확인된 원인미상 폐질환과 일부 가습기 살균제 제품 간의 관련성을 근거로 2011. 11. 11. 특정 성분이 함유된 시중 가습기 살균제 제품에 대하여 강제수거명령을 발동하였다는 점도 독일의 스프레이 사안과 거의 동일하다.

188) 앞서 살펴본 바와 같이 제조물책임법의 개정으로, 조문이 아무런 조치를 취하지 않는 부작위범의 형태를 규정하였다는 점에서 부작위범이라는 관점에서의 논의도 얼마든지 가능해지리라 생각된다.

한편, 법원은 가습기 살균제의 사용과 원인미상 폐질환 발생 사이의 인과관계를 인정하였다. 역학관계를 조사하고 각종 실험결과를 종합하여,[189] 원인미상 폐질환을 특정성분을 포함하고 있는 가습기 살균제의 흡입에 따른 독성반응에 의하여 발생하는 특이성 질환으로 판단함으로써 위 가습기 살균제의 사용에 따른 흡입독성 반응과 원인미상 폐질환 발생 사이의 인과관계가 합리적 의심의 여지없이 인정된다고 하였다. 그런데 민사나 행정상의 인과관계 판단과는 달리, 형사상 행위자들의 죄책을 판단하는 과정에서의 인과관계라면 엄밀히는 주의의무위반이라는 과실행위와 상해나 사망이라는 결과와의 인과관계(즉 안전성 검사를 하지 않은 점과 상해나 사망과의 관계)를 판단하였어야 하나, 이에 대한 명확한 언급은 없다.[190] 일반적으로 대법원은 과실범의 경우 행위자가 주의의무를 다하였더라도 결과를 피할 수 없었을 것이라는 합법적 대체행위이론을 통하여 직접적인 인과가 인정되는지를 판단하여 왔는데,[191] 이를 따른다면 안전성검사를 하고, 상품을 회수하는 등의 주의의무를 다했다면 상해나 사망의 결과를 방지하였을 것인가를 검토하였어야 할 것이다.

나아가 법원의 판단 중 특이한 것은 두 종류 이상의 가습기 살균제를

---

189) 이는 기존의 환경소송에서 인과관계를 증명하는 방법으로 사용되어 온 방법으로, 자세한 것은 이현욱, "가습기 살균제 사건에 있어서 환경소송에서 발전한 인과관계 증명책임 완화 법리의 적용 -대법원의 증명책임 완화 적용요건 검토를 중심으로-", 환경법연구 제38권 제1호, 한국환경법학회, 2016, 89-114면; 장세근, "환경형법에 있어서의 인과관계", 형사정책 제11호, 한국형사정책학회, 1999, 93-119면; 조병선, "비교법적 관점에서 본 한국 환경형법의 인과관계와 행위자의 특정", 형사법연구 제26권 제2호, 한국형사법학회, 2014, 405-428면 참조.

190) 대법원의 기존 판례들이 과실인정문제와 인과관계 인정문제를 분리하지 않고 있다는 평석으로 김성돈, "인과관계판단과 과실판단의 분리", 형사판례연구 제11권, 박영사, 2003, 27면 이하 참조. 대상판결은 교통사고에서 업무상 과실이 문제된 사안인데(대법원 2001. 12. 11. 선고 2001도5005 판결), 이러한 해석은 본건 가습기 살균제 사안에서도 유사하게 적용될 수 있을 것으로 보인다.

191) 예를 들어 대법원 1990. 12. 11. 선고 90도694 판결; 대법원 1991. 2. 26. 선고 90도2856 판결 등.

사용한 피해자들에 대하여 피고인들 간에 공동정범의 성립을 긍정하였다는 것이다. 이는 형사법의 관점에서 보면 이해하기 어려운 판결로, 우선 본건 사안은 각 피고인들에게 업무상과실치사상죄의 단독정범이 긍정됨에 아무런 문제가 없는 사안이다. 각 피고인들에게 각 피해자별로 업무상과실치사상의 경합범이 성립함에도 불구하고 공동정범을 인정할 필요가 없다.

더군다나 이 부분 공동정범 성립을 긍정하면서 법원은 "대량 생산과 대량 소비를 특징으로 하는 현대 산업사회에서는 경쟁관계에 있는 복수의 제조업자가 동일한 형태의 제품을 제조·판매하고 소비자가 시중에 유통되는 여러 종류의 제품들을 사용하는 것이 당연히 예정되어 있다. 위 피해자들의 경우에도 동일하거나 유사한 성분·함량의 이 사건 각 가습기 살균제들이 각 제조·판매되어 시중에 유통되고 있는 상황에서 그중 여러 종류의 가습기 살균제를 구매하여 사용하였다. 이러한 점에 비추어 볼 때, 피고인들은 이 사건 각 가습기 살균제들을 소비자들에게 공동으로 제조·판매한다는 점을 인식하고 있었다고 보아야 한다. 따라서 위 피고인들은 위와 같은 공동의 인식 하에 업무상 과실로 결함 있는 이 사건 각 가습기살균 제들을 각 제조·판매하였고, 그 결함으로 인하여 그중 두 종류 이상의 가습기 살균제를 사용한 피해자들에게 가습기 살균제로 인한 폐손상에 의한 사상 결과가 발생한 이상, 특정 피해자가 중복 사용한 가습기 살균제들의 제조·판매에 관하여 업무상 과실이 있는 사람들 간에 해당 피해자에 대한 업무상과실치사상죄의 공동정범이 성립한다고 할 것이다."라고 판시하였는데, 이를 요약하면 ① 다른 회사에서 판매하는 것을 인식하였고 ② 결과가 발생하였다는 두 가지 이유만으로 공동정범의 성립을 긍정한 것이다. 기존의 판례가 과실범의 공동정범을 인정하는 것에 대하여 많은 비판이 존재해왔는데, 그나마도 기존의 판례가 요구해왔던 요건의 검토조차도 이루어지지 않았다.[192] 설령 판례와 같이 과실범의 공동정범의 성립을 긍정한다고 하여도 A회사의 대표이사와 관리직원, 연구원 간에 공동정범을 긍정할 수 있는 것이지, A회사의 임직원과 B, C 회사의 임직원이 모두 공동정범이 된다는 것은 수긍하기 어렵다. 민사상의 공동불법행위자들의 부진정연대책임과 형사상의 공동정범을 동일선상에 놓고 판단해서는 아니될 것이다.

---

192) 기존의 대법원 판결들(예를 들어 대법원 1979. 8. 21. 선고 79도1249 판결; 대법원 1997. 11. 28. 선고 97도 1740 판결 등)은 과실범의 공동정범이 성립되기 위하여는 최소한 의사연락이 있어야 함을 요구하고, 그 의사연락의 범위를 공동의 목표가 인정되는 경우까지 확대하고 있어 통설은 과실범의 공동정범이 성립될 수 없다는 견해를 통하여 판례에 대한 비판을 꾸준히 제기해왔다. 최근의 문헌으로 권노을, "부작위범의 공동정범이 성립하기 위한 요건", 재판실무연구, 광주지방법원, 2016, 293면은 공동의 목표를 제한적으로 인정해야 하며, 판례도 각 관여자들의 행위가 단계적으로 밀접하게 연결되어 있음을 전제로 하고 있어 공동의 목표가 결과발생에 관계된 모든 행동들에까지 확대된다고 볼 수는 없다고 하고 있다.

제5장
부작위범과 과실범의 관계

제1절 과실범과 부작위범의 구별

과실범은 고의범에 대응하는 범죄유형이고, 부작위범은 작위범에 대응하는 범죄유형이라 할 수 있을 것이다. 전자는 '주관적' 구성요건요소로 고의에 의한 것인지 과실에 의한 것인지가 나누어진다면, 후자는 주된 '객관적'인 행위태양을 중심으로 나누어보는 개념이라 할 것이다. 이러한 측면에서 설명하면, 마치 두 가지 개념쌍은 아주 명확하게 구별될 것만 같은데, 부작위범의 인과관계를 검토하는 문헌들에서는 과실범의 그것과 거의 동일한 논의를 하고 있는 경우를 흔히 발견할 수 있었다. 아무런 전제를 제시함 없이 아예 혼용하고 있는 경우도 있다.[1] 이것은 아마도 부작위범에서의 작위의무 위반의 점과 과실범에서의 주의의무 위반의 점, 즉 의무위반의 점을 공통적인 요소로 보게 됨으로써 발생하는 현상인 것으로 짐작된다.

그러나 여기에서 주의해야 할 것은 과실범의 경우, 고의범과 마찬가지로 객관적인 측면은 기본적으로 주의의무를 위반한 채 어떠한 행위로 나아가는 작위범의 형태로 이루어진다는 점이다.[2] 즉, 과실범의 경우 주의의무 위반을 하면서 어떠한 적극적인 행위를 한 것이 중요하다는 것이다. 반면, 부작위범은 법적으로 기대되는 작위의무로 나아가지 않은

---

[1] 예를 들어 김성돈, "인과관계판단과 과실판단의 분리", 33면 이하에서 과실범의 인과관계를 판단하는 학설로 무죄추정설과 위험증대설을 검토하고, 이러한 논의가 확률문제로 귀착되며 입증문제로 돌아가게 됨을 지적하고 있는데, 이는 이 책의 부작위범의 인과관계 검토와 유사한 내용을 담고 있다. 권노을, "부작위범의 공동정범이 성립하기 위한 요건", 293면 이하는 부작위범에 대한 목차 하에서 과실범에 대한 논의만을 하고 있다. 송문호, "독일형법상 부작위의 인과관계", 256면이 의료사고나 제조물책임을 다루는 방식도 유사하다.

[2] 일상생활에서 가장 빈번하게 이루어지는 과실범은 도로교통법, 교통사고처리 특례법 등에 의해 규율되는 교통사고와 관련된 것일 텐데, 이를 떠올려보면 조금 더 이해가 쉬워질 것이다.

부작위에 머무른 것에 중점을 두게 된다.

부작위범적 접근이 과실범적 접근과 가장 크게 차이나는 점은 첫째, 보증인적 지위와 의무를 요한다는 것이다. 부작위범은 보증인이 작위의무 내지 결과방지의무를 위반할 것을 상정하는 반면,[3] 과실범은 범죄의 기본형태인 작위·고의범과 마찬가지로 누구나 수범자임을 전제로 한다. 구성요건적 과실은 주의의무 위반을 내용으로 하며, 그것은 특정 보증인에게 요구되는 것이 아니다. 요컨대 부진정부작위범의 보증인의무는 작위의무로, 행위자에게 그 신분상의 지위로 인해 특별히 주어진 것이다.[4] 반면, 일반인 누구에게나 과하여질 수 있는 의무도 물론 법적 의무이긴 하지만, 보증인의무와는 다르다. 모든 사람이 다 같이 부담하고 있는 일반적인 부조의무와 같은 법적 의무는 보증인의무가 아니라는 것이다. 예컨대 경범죄처벌법 제3조 제6호(관리장소에서 발생한 요부조자 등 신고불이행) 및 제29호(재해 또는 화재, 교통사고 등 범죄발생시 공무원 원조불응)는 독일형법 제323조 c나 오스트리아 형법 제95조의 일반적인 부조의무규정 - 착한 사마리아인 규정 - 으로서 진정부작위범일 뿐 부진정부작위범의 특별한 보증인의무는 아니다. 이 점에서 부진정부작위범의 보증인의무는 모든 사람에게 다 같이 적용되는 과실범의 객관적 주의의무와도 구별된다.

둘째, 인식가능성을 요하는가의 측면에서도 구별된다. 과실범의 주의의무위반은 예견가능성과 회피가능성을 그 내용으로 하며, 주의의무위반에 더하여 그 성립요건으로서 결과발생의 인식가능성을 요한다. 그러나 부작위범에서는 작위의무와 관련된 인식가능성을 별도로 검토하지 않는다.

작위와 부작위는 대부분의 경우에는 쉽게 구별된다. 그러나 하나의

---

3) 여기에서의 부작위범은 구체적으로는 이 책의 검토대상인 결과범인 부작위범, 다수의 문헌에 따를 경우 '부진정부작위범'을 의미한다. 진정부작위범의 경우에는 과실범과 마찬가지로 모든 사람에게 작위의무를 부과하게 될 수 있다.
4) 김일수/서보학, 형법총론, 357면.

행위에 작위와 부작위의 요소가 모두 포함되어 있어서 형법적 판단의 대상이 작위인지 부작위인지 명백하지 않을 때, 그 구별은 매우 어려워지고, 작위와 부작위의 구별이라는 주제 자체에 대하여 만으로도 다양한 논쟁이 있어왔다. 그 중 특히 더욱 문제되는 영역은 부작위를 통하여 과실범이 성립되는 경우이다. 우리나라에서는 아직 이를 특별히 구별하여 논의하는 문헌이 없는 것으로 보인다.[5] 그러나 과실범은 주의의무 위반 행위를 대상으로 하므로, 자칫하면 보증인적 지위나 의무 없는 자의 부작위도 주의의무 위반이라는 판단으로 포섭되어, 과실범으로서 처벌될 위험성이 생겨 가벌성의 확장을 가지고 올 수 있는 바, 아래에서 이와 관련하여 논의해보기로 한다.

---

5) 최근 일본에서는 수인의 부작위 과실이 경합되는 일련의 사건들이 발생하여, 이에 대한 문제의식이 점차 제기되고 있는 것으로 보인다. 大塚裕史, "過失の競合と過失犯の共同正犯の区別", 野村稔先生古稀祝賀論文集, 成文堂, 2015, 209頁이하; 神山敏雄, "過失不真正不作為犯の構造", 福田平·大塚仁博士古稀祝賀-刑事法学の総合的検討（上）, 有斐閣, 1993, 45頁이하; 嶋矢貴之, "過失競合と過失犯の共同正犯の適用範囲", 三井誠先生古稀祝賀論文集, 成文堂, 2012, 205頁이하; 甲斐克則, "過失の競合", 刑法雑誌 52巻2号, 日本刑法学会, 2013, 282頁이하; 北川佳世子, "過失の競合と責任主体の特定問題", 刑法雑誌 52巻2号, 日本刑法学会, 2013, 314頁이하; 松宮孝明, "過失の競合", 刑法雑誌 52巻2号, 日本刑法学会, 2013, 329頁이하 등 참조.

제2절 의무위반 관련성의 중복적 검토

앞 제3장에서 부작위범의 객관적 귀속의 척도와 내용을 검토하면서 의무위반 관련성을 귀속의 내용으로 제시하는 견해를 살펴보았다. 부진 정부작위범의 경우 요구되는 작위의무를 이행하지 않은 점과 실제 발생한 결과 사이의 객관적 귀속을 인정하기 위하여 현실적으로 이행되지 않은 작위행위를 가설적으로 투입하여 결과방지가능성과의 관계를 판단하며, 이러한 내용을 의무위반 관련성이라고 따로 귀속의 척도로 범주화 시키기도 한다. 그런데 부작위범에서의 이러한 가정적 판단이 과실범에서의 객관적 귀속이론으로서의 '주의의무위반 관련성'이라는 척도와 동일하다는 견해가 있다.[6] 과실범에서의 주의의무위반 관련성은 '합법적 대체행위', 즉 (주의의무에 위반하지 않고) 합법적 행위를 했더라면 결과가 발생했을 것인가에 의해 판단되는데, 아마도 이 부분의 유사성에서 기인하는 태도라고 추측된다.

그러나 과실범의 주의의무위반 관련성과 부작위범의 작위의무위반 관련성은 동일한 것이 아니다.[7] 둘 사이에는 가설적인 대입을 해 봄으로써 판단한다는 유사점이 있을 뿐이지, 부작위범의 인과관계의 논의는 기본적으로 고의범을 전제로 하는 것이다. 작위범에서는 고의범의 경우 인과관계는 현실적인 것으로, 합법적 대체행위는 문제되지 않는다. 작위범은 이미 위법행위를 한 것이므로 그 판단이 어렵지 않다. 그러나 이와는 달리, 과실범은 객관적 귀속단계에서 합법적 대체행위를 검토한다.

---

6) 우리 문헌 중에서 부작위범의 귀속척도로서의 의무위반 관련성을 언급하는 것들 대부분이 이러한 입장을 취하고 있는 것으로 보인다. 김성돈, 형법총론, 551면; 원형식, "부진정부작위범의 인과관계와 객관적 귀속", 114면.

7) 류화진, "부작위범의 인과관계", 114-115면은 과실범과 부작위범에서의 의무위 반관련판단의 차이점 내지 구별됨을 타당하게 지적하고 있는 것으로 보인다.

요컨대 합법적 대체행위는 가설적인 것으로, 작위범의 경우 과실범에서 검토된다는 것이다. 다만, 부작위범에서는 예외적으로 고의범의 경우에도 가설적 판단을 하게 되어 인과연관을 가설적으로 검토하므로, 판단방법이 같다는 이유로 둘의 관계가 구별하기 어려운 때가 있을 수 있고, 이러한 점이 판단을 어렵게 만든다.

우리 문헌과 독일 문헌에서 이 주제와 관련하여 가장 빈번하게 예로 들어지는 사례는 독일에서 발생한 소위 염소털 사건이다.[8] 이 사안은 부작위범과 과실범 영역에서 모두 언급되고 있다. 모피공장을 경영하는 피고인이 판매상으로부터 중국산 염소털을 구입하였는데, 판매상이 피고인에게 그 털을 소독해야 한다고 알려줬음에도 불구하고, 피고인은 소독을 하지 않고 직공들에게 그 털로 모피를 제조하도록 지시하였다. 소독을 하지 않아 공장 직원 4명이 비탈저균에 감염되어 사망하였다. 당해 사안에서 염소털을 사용하여 직원들에게 모피를 제조하도록 한 것(작위) 때문에 직원들이 사망한 것인지, 염소털을 소독하지 않아서(부작위) 사망한 것인지가 문제되었다. 사안에서 감정인은 소독을 하였더라도, 승인된 소독약으로는 털에 있는 세균을 완전히 소독할 수 없었기 때문에 직공들이 사망하였을 가능성이 있다고 하였다.

작위 과실범은 주의의무를 다하지 않은 채 작위로 나아간 경우이며, 범죄의 기본형태를 고의·작위범으로 보는 것은 주지의 사실인만큼 과실범의 형태도 기본적으로는 작위 과실범이라고 보아야 할 것이다. 예를 들어 과실로 불을 붙이는 실화죄가 그러하다. 이는 주의의무를 위반하여 적극적인 작위로 나아간 것이지, 부작위에 의한 것이 아니다. 따라서 과실행위는 항상 주의의무의 '불이행'이라는 부작위를 내용으로 하기 때문에 과실범에 있어서 과실행위는 항상 부작위를 동반한다는 견해[9]에는 동의하기 어렵다. 과실범의 과실행위는 '의무위반'에 중점이 있는 것이

---

8) RGSt, 63, 211-215.
9) 김일수/서보학, 형법총론, 348면; 임웅, 형법총론, 560면.

고, 의무위반행위는 작위로도 부작위로도 가능한 것이다.

작위에 의한 과실범의 또 다른 예를 들어보면, 차간 거리를 150cm로 유지할 것을 요구하는 교통법규를 위반하여 75cm의 거리를 유지하던 자가 추월을 하는 과정에서 교통사고가 발생한 사례를 들 수 있을 것이다. 운전자는 주의의무를 위반하였으므로 과실범에는 해당하나, 일정한 차간 거리 유지의무를 부작위범의 작위의무라고 하기는 어렵다. 이러한 이유로 필자는 이 사안을 작위 과실범이라고 전제하는데, 작위 과실범에서 인과관계는 '추월 자체를 하지 않았다면' 결과가 발생했을지를 가정해 보는 것이고, 귀속 단계에서 검토되는 합법칙적 대체행위는 객관적 귀속 단계에서 '150cm를 유지하면서 추월했다면(거리규정을 준수했다면)' 결과가 발생했을지를 가정해보는 것이다.

한편 선행차량에 역과되어 도로상에 쓰러져 있던 피해자를, 후행차량의 운전자인 피고인이 발견하였으나 미처 급제동하지 못한 채 피해자를 그대로 역과하여 피해자가 사망한 사안에서, 대법원은 후행차량 운전자에 대하여 "피고인이 피해자를 역과하기 전에는 피해자는 아직 생존해 있었고, 피고인 운전차량의 역과에 의하여 비로소 사망하게 된 것으로 판단함이 상당하다고 할 것이다. 같은 취지에서 원심이 피고인 운전차량의 역과와 피해자의 사망 사이에 인과관계가 있다고 판단한 조치는 수긍할 수 있다."[10]고 하여, 피고인에게 업무상과실치사죄(형법 제268조)를 인정하였다. 사안은 작위에 의한 과실범이라 할 것이다.[11]

과실범의 주의의무위반 관련성은 객관적 귀속의 단계에서 다루어진다. 주의의무에 위반했기 때문에 결과가 발생했다는 것이 인정되어야 발생된 결과를 행위자에게 귀속시킬 수 있고 주의의무를 다했더라도(적법

---

10) 대법원 2001. 12. 11. 선고 2001도5005 판결.
11) 앞서 언급한 주의의무의 불이행이라는 점에서 이를 부작위로 보겠다는 입장에 따르면, 이 또한 부작위범으로 볼 여지가 있으나, 이 입장을 받아들이기 힘들다는 점은 본문에서 밝힌 바 있다.

한 대체행위가 있었더라도) 결과가 발생하였을 것이라는 관계가 인정되면, 실제로 인과관계가 있는 행위라 하더라도 그 결과를 행위자에게 귀속시킬 수 없다. 인과관계가 인정된다 하더라도 주의의무에 위반하였더라도 결과가 발생했을 것임이 인정되면 행위자에게 결과귀속을 시키지 않는다는 의미에서 가벌성 범위의 축소, 인과관계의 제한을 위한 이론이다.[12]

반면, 부작위에 의한 과실범은 주의의무도 다하지 않고, 작위의무도 다하지 않은 경우가 되어야 할 것인데, 이 때 인과관계는 '작위를 했더라면' 현실적이고 구체적인 결과가 발생했을 것인가를 생각해보는 것이고, 객관적 귀속은 '작위를 했더라면' 결과가 발생하지 않았을지를 가정해보는 것이다.

일반적으로 부작위에 의한 과실범이 인정되는 경우는 ① 작위의무 불이행이 주의의무위반에 해당하고, ② 구성요건요소(법익에 대한 위험, 결과발생방지의 가능성, 보증인지위)를 인식한 상황에서 구성요건에 해당하는 결과가 발생한 때[13]라고 이해되고 있다. 그리고 이 때 과실의 판단과 부작위의 구성요건해당성 판단이 하나로 수렴된다고 보는 견해는, 보증인의무의 위반과 주의의무 위반을 동일하다고 본다.[14] 이를 동일하게 봄으로써 해당 견해는 새로운 혼동을 초래하여 부작위에 의한 과실범 문제를 더욱 해결하기 어렵게 한다. 과실범에 있어서 필요한 조치를 취하지 않고 행위한 점에 주의의무위반이 있는 때에는 작위와 부작위의 요소가 함께 포함되어 있다[15]는 것이 그것인데, 그 예로서 문헌들이 위

---

12) 류화진, "부작위범의 인과관계", 115면. 과실범에서 객관적 귀속에서 검토하는 것과 동일한 내용을 부작위범에서는 합법칙적 조건설의 내용으로 인과관계 단계에서 검토하고 있음을 비판하고 있다.

13) 박상기, 형법학, 63면.

14) 이상돈, 형법강론, 246면. 나아가 그는 과실 부작위범에 대하여 침해된 법익이 사소한 경우에는 처벌의 필요성을 탈락시켜 불가벌적인 행위로 보아야 할 것이라고 한다.

15) 이재상/장영민/강동범, 형법총론, 119면.

의 염소털 사건을 들고 있는 듯하다. 비슷한 예로, 멸균처리를 하지 아니하고 우유를 판매해서 식중독사고를 일으킨 업무상과실행위의 경우에, 멸균처리를 할 의무가 있음에도 불구하고 하지 아니한 측면은 부작위이고, 우유를 판매한 측면은 작위라고 본다[16]는 것이 앞서 말한 일반적 견해로 보인다. 이에 따르면 행위로서의 작위와 부작위의 구별문제부터 논의를 다시 시작하여야만 할 것이다. 그러나 필자는 위 사안에서 과실은 주의의무위반을 말하므로 '멸균처리를 하지 아니하고 우유를 판매한 것' 자체가 주의의무를 위반한 행위이므로 과실범에 해당하는 것이라고 보고 문제를 해결하면 될 것이라 생각한다. 이처럼 개별행위를 작위와 부작위로 나누는 것이 사안의 과실범의 문제 해결에 어떠한 영향이나 실익을 가지고 올 것인지에 대한 논의는 보이지 않는다.

작위와 부작위가 병존하는 과실행위에서 부작위가 행위수행의 한 내용을 이룰 뿐이고, 행위의 중점은 결과를 야기하는 적극적인 작위에 있다고 볼 경우,[17] 과실범에서는 행위자에게 가능한 결과의 인식이 요구되는 것이 아니라, 오히려 인식가능한 결과예방에 적합한 주의의 흠결이 있는 행위가 금지되고 있기 때문이다.[18] 과실범과 부작위범이 합쳐진, 부작위에 의한 과실범의 경우는 따라서 의무위반 관련성이 여러 단계에서 적용되게 된다. 부작위범에 관한 문헌에서 예로 들고 있는 것들은 소수의 예들을 제외하면 마치 부작위범이 주로 과실범의 형태로 범해지는 것 같은 착각을 하게 된다. 그러나 혼동하지 말아야 할 것은, 부작위범은 고의범의 형태로도, 과실범의 형태로도 성립이 가능하다는 것이다.

한편, 보증인지위는 고의에 의한 부진정부작위범에서만 문제되며, 과실범에 있어서는 특별한 의미를 가지지 못한다. 과실범에 있어서는 작위의무와 주의의무가 실질적으로 일치하기 때문에 그 구조상 진정부작위

---

16) 이재상/장영민/강동범, 형법총론, 119면.
17) 임웅, 형법총론, 560면.
18) 김일수/서보학, 형법총론, 348-349면.

범과 일치한다고 보아야 할 것이다. 명령규범에 의하여 요구되는 행위를 하지 않은 때에만 부작위범이 성립할 수 있다. 따라서 행위자가 작위의 무를 다하였지만 효과가 없었을 때에는 적어도 고의에 의한 부작위범은 성립할 여지가 없다. 다만 이 경우 행위자에게 과실이 인정된다면 부작위에 의한 과실범이 성립할 수 있다.[19)]

과실범에 있어서는 일반적으로 주의의무위반행위(작위)가 동시에 부진정부작위범의 보증의무를 이행하지 않는 부작위로 평가될 수 있기 때문에, 작위와 부작위의 요소가 함께 포함되어 있다.[20)] 이 경우의 부작위는 과실행위수행의 한 내용을 구성하므로 법적 평가의 중점은 결과를 야기하는 적극적인 작위에 있다. 이에 대해 행위자가 처음부터 의무이행이 불가능하도록 자기를 행위무능력상태에 빠지게 한 경우에는 원인행위에 작위요소가 있었지만, 그가 요구된 행위를 하지 않았다는 부작위에 법적 평가의 중점이 있으므로 부작위로 보아야 한다.[21)] 이를 '원인에 있어 자유로운 부작위'라 하고, 음주대취하여 기차차단기를 내리지 않은 건널목지기의 예와 같은 망각범을 그 예로 들 수 있을 것이다.[22)]

결과회피가능성과 작위의무를 관련시켜 검토한 것처럼 이러한 사고방법이 과실범의 결과회피가능성과 주의의무와의 관계에도 적용시킬 수는 없는 것인지 검토해본다. 즉, 결과회피가능성이 존재하지 않을 경우에, 인과관계가 부정되는 것이 아니라 애초에 과실범의 주의의무가 존재하지 않는 것은 아닌지를 살펴보겠다는 것이다.

---

19) 이재상/장영민/강동범, 형법총론, 122면.
20) 정성근/박광민, 형법총론, 467면.
21) 정성근/박광민, 형법총론, 467면.
22) 임웅, 형법총론, 560면.

제3절 판례의 태도

간호사가 다른 환자에게 수혈해야 할 혈액봉지를 피해자에 대한 혈액봉지로 오인함으로써 혈액형이 B형인 피해자에 대하여 A형 혈액을 수혈하여 피해자로 하여금 급성용혈성 수혈부작용 등으로 사망하게 한 사건에서 대법원은 "수혈은 종종 그 과정에서 부작용을 수반하는 의료행위이므로, 수혈을 담당하는 의사는 혈액형의 일치 여부는 물론 수혈의 완성 여부를 확인하고, 수혈 도중에도 세심하게 환자의 반응을 주시하여 부작용이 있을 경우 필요한 조치를 취할 준비를 갖추는 등의 주의의무가 있다. 그리고 의사는 그 의료행위를 시술하는 기회에 환자에게 위해가 미치는 것을 방지하기 위하여 최선의 조치를 취할 의무를 지고 있고, 간호사로 하여금 의료행위에 관여하게 하는 경우에도 그 의료행위는 의사의 책임 하에 이루어지는 것이고 간호사는 그 보조자에 불과하므로, 의사는 당해 의료행위가 환자에게 위해가 미칠 위험이 있는 이상 간호사가 과오를 범하지 않도록 충분히 지도·감독을 하여 사고의 발생을 미연에 방지하여야 할 주의의무가 있고, 이를 소홀히 한 채 간호사에게 당해 의료행위를 일임함으로써 간호사의 과오로 환자에게 위해가 발생하였다면 의사는 그에 대한 과실책임을 면할 수 없다."고 하여 의사에게 업무상과실치사죄를 인정하였다.[23] 이 경우 의사의 부작위는 과실범에서의 주의의무 불이행이라는 일반적인 부작위와는 다르다. 예를 들어 교통사고와 같은 과실범의 경우에는 운전행위라는 작위를 통하여 직접 결과가 발생하므로 주의의무 불이행이라는 부작위에도 불구하고 작위범에 해당하지만, 이 사건에서 의사는 혈액형의 일치성 여부를 직접 확인하지 않은 부작위로 말미암아 환자가 사망한 것이므로 부작위범에 해당한다.[24]

---

[23] 대법원 1998. 2. 27. 선고 97도2812 판결. 간호사에게는 작위에 의한 과실치사죄가 인정되었다.

피고인들과 함께 술을 마시고 만취되어 의식이 없는 피해자를 부축하여 방에 옮긴 후 촛불을 켜고 이불을 덮어 준 후 자고 있는 피해자를 혼자 두고 나온 결과 피해자의 발로부터 불과 약 70-80cm 떨어진 곳에 마분지로 된 양초 갑 위에 놓여 있던 촛불을 피해자가 잠결에 건드려 화재가 발생, 피해자가 사망한 사건에서 대법원은 피고인들이 당시 촛불을 켜놓아야 할 별다른 사정이 보이지 않으며 피고인들 외에는 달리 피해자를 돌보아 줄 사람도 없었으므로 술에 취한 피해자가 촛불을 건드리는 경우 그것이 넘어져 화재가 발생할 가능성이 있고, 또한 화재가 발생하는 경우 피해자가 사망할 가능성이 있음을 예견할 수 있으므로 이러한 경우 피해자를 혼자 방에 두고 나올 경우 촛불을 끄거나 양초가 쉽게 넘어지지 않도록 적절하고 안전한 조치를 취하여야 할 주의의무가 있다고 하였다. 이에 따라 비록 피고인들이 직접 촛불을 켜지 않았다 할지라도 위와 같은 주의의무를 다하지 않은 이상 화재발생과 그로 인한 피해자의 사망에 대하여 과실치사죄가 인정된다고 하였다.[25]

---

24) 박상기, 형법학, 64면.
25) 대법원 1994. 8. 26. 선고 94도1291 판결.

제4절 소결

부작위범에서의 작위의무와 과실범에서의 결과회피의무는 내용적으로 중복될 수는 있다. 그러나 이는 별개의 것으로, 구별해야 할 필요가 있다. 작위나 부작위의 구별이 분명하지 않은 사안에서 이를 명확히 밝히기에 앞서, 결과회피의무 위반만 인정함으로써 보증인지위에 있지 않는 사람의 부작위까지 과실범으로 처벌될 가능성이 얼마든지 존재하기 때문이다. 즉 부작위에 인한 과실범이 문제되는 사안에서는 "작위의무의 유무"의 문제와 "작위의무의 내용"의 문제를 구별할 필요가 있을 것으로 보인다. "작위의무의 유무"문제는 보증인적 지위의 존부의 문제와도 직결되는 부작위범 고유의 문제인 반면, "작위의무의 내용"의 문제는 결과회피의무의 내용의 특정 문제와 사실상 중복되는 경우가 많을 것이나, 동일한 것은 아니다. 보증인의무와 주의의무가 둘 다 문제된다면, 보증인의 의무, 즉 작위의무란 요컨대 결과발생의 저지의무이며, 다른 한편으로 보증인 지위에 있는 사람에게만 결과 발생을 저지하기 위해서 필요한 주의를 다하라는 내용의 의무가 부과되는 것으로 볼 수 있다. 이렇게 보면 과실의 부진정부작위범[26]에서의 주의의무위반과 작위의무위반이라는 것은 주의의무위반이 작위의무위반을 포함하는 형태로 중복된다고도 할 수 있다. 아직 많은 논의가 존재하는 것이 아니어서, 여기에서는 고의 부진정부작위범에서는 부작위범의 까다로운 성립요건으로 그 처벌범위를 제한하는 반면, 과실 부진정부작위범은 오히려 과실만 인정되면 처벌이 가능해질 수 있다는 관점에서 문제를 제기해 보았다. 앞에서 검토한 가습기 살균제 사건 등 사회적으로 광범위한 피해가 발생한 경우, 처벌의 용이성을 위하여 부작위범이 검토되어야 할 사안에서도 일

---

[26] 부작위에 의한 과실범이라고 부를지, 과실에 의한 부작위범이라고 부를지가 선행적으로 검토되어야 할 것이다.

반적인 과실범으로 사안을 포섭하는 방법이 실제로 빈번하게 채택되고 있는 것으로 보인다. 작위의무와 주의의무의 관계를 어떻게 이해할지, 그것을 체계적으로 어떻게 위치지울 것인가를 비롯하여, 처벌 범위를 어떻게 한정해야 하는지를 탐구할 필요가 있다.

제6장
결론

부작위(不作爲). 한자어로는 '작위가 아닌 것' 이라는 태생부터가 소극적이고 애매한 개념. 물리적으로 외부세계의 변화를 가져오지 않는 것. 그럼에도 불구하고 특정한 외부적 결과가 발생하였을 때에 어떠한 연관이 있어보이는 자와 그 부작위 자체를 형법상의 판단대상으로 삼아 아무런 행위를 하지 않은 것만 같은 자를 처벌하려는 시도가 형법학의 발전에 따라 끊임없이 제기되어 왔다. 그러나 가시적인 인간의 동작이 존재하지 않음에도 이를 처벌할 수 있을 것인가에 대한 심적인 불편함이 부작위를 형법의 판단 대상으로 삼는 데까지 여러 장벽을 만들게끔 해 온 것이 아닌가 한다.

범죄체계론적 사고가 공고히 자리잡게 되면서 그 검토순서에 따라 형법상의 판단의 가장 기초적인 지위로서 부작위를 형법상의 행위 개념으로 포섭시킬 수 있을 것인가가 그 첫 번째 시도라 할 것인데, 이 글의 제2장에서 부작위가 행위성을 갖는지를 살펴보았다. 행위개념에 대한 규범적인 접근이 부작위의 행위성을 긍정할 수 있는 사고의 도구가 되어, 현재는 부작위의 형법상의 행위성을 인정하는 데에는 이견이 존재하지는 않는 것으로 보인다.

부작위범, 그 중에서도 결과범으로서의 부작위범은 (물론 이는 작위범에서도 마찬가지이겠지만) 특히 결과가 발생함으로써 비로소 처벌 대상을 찾게 되는 경우가 대부분인 바, 이에 관한 형법의 현대적 과제는 죄형법정주의 위반문제와 작위와 부작위의 동가치성을 어떠한 경우에 인정하는가의 문제로 압축된다. 부작위를 행위개념에 포섭시킴으로써 확장된 가벌성을 부작위범의 이론구성으로서 제한하는 방향으로의 사고가 필요하게 된 것이다. 부작위는 결과의 발생으로 향하여 진행 중인 기존의 인과의 흐름에 개입하지 않을 소극적인 태도이기 때문에 인과적으로는 누구의 부작위든 동일시된다. 이에 반해, 작위의 특징은 인과의 흐름에 적극적으로 개입하고, 외계에 작용할지의 여부에 대해 결과 발생의 계기를 고의로 작출한다는 점에서 부작위의 그것과는 다르다. 따라서 특히 "부작위에 의한 작위범"이라는 부진정부작위범의 구성에 대해서 죄형법정주의의 관점에서 의문이 제기되는 것이다. 이러한 부작위와 작위의 인과 구조상의 차이를 극복하려는 시도야말로 근대 형법학에서의 부작위범 이론의 출발점을 이룬 것이다. 그리고 이러한 사고의 흐름에 따라, 이 책에서 부작위범의 인과관계를 검토하면서 모든 단계에서 끊임없이 던져보아야 했던 질문은 '작위범의 인과관계와 같은가?'이다.

부작위 개념 자체의 특수성에 기인하여, 인과개념을 작위범과 같이 자연과학적이라고 보는 견해는 부작위범의 인과관계를 있을 수 없는 것이라고 하여 부정하고, 따라서 규범적인 개념으로서 준인과관계의 개념을 새로 가지고 오거나, 부작위범에서는 객관적 귀속만이 문제된다는 입장을 취한다. 반면, 부작위범의 인과개념 자체를 법적인 것으로 구성하여 부작위범의 인과관계를 긍정하는 견해도 있는데, 이 견해는 부작위범의 인과개념만 법적인 것으로 구성하는 입장과 작위범과 부작위범의 인과개념이 모두 법적이라는 입장으로 나누어진다. 그런데 현재 주장되고 있는 어떠한 입장이건 그 내용을 결과방지가능성으로 구성하고, 인과관계를 인정하기 위해 작위행위로 나아갔더라면 결과가 방지될 수 있었는가를 검토를 한다.

이러한 검토과정에서 알 수 있었던 것은 인과의 개념과 인과의 판단 방법을 혼동하는 경우가 많다는 것이다. 부작위범의 인과관계는 법적이고 규범적이다. 현실적으로 발생한 것이 아니라, 현재까지 인류가 발견한 사고의 틀로는 무언가 가정해서, 인간이 자연적 인과의 흐름에 보다 적극적으로 개입한 상황을 상정해 보는 방법을 사용하기 때문이다. 가정하여 형법적으로 사고해 본다는 의미의 규범적 판단이 이루어진다는 점에서, 부작위범의 인과관계는 규범적이다. 그러나 혼동하지 말아야 할 것은, 그렇다고 그 내용을 판단하는 방법이 가정적인 것은 아니라는 것이다.

보다 상세히 언급해보자면, 인과관계 판단시 작위범에서는 구성요건에 해당하는 작위행위(A)와 구체적으로 발생한 결과(B) 간의 관계를 파악한다. 결국 작위범의 인과관계란 물리적으로 존재하는 A와 B간의 인과적 관련을 검토하는 것이다. 그러나 부작위범의 경우, 물리적으로 존재하지 않는 부작위행위(A′)와 구체적으로 발생한 결과(B) 사이의 관계(즉, A′와 B 간의 인과)를 파악해야 하는데, 그 판단의 용이성을 위해 행위가 있는 것으로 상정하여(A), A와 B 사이의 관계를 파악하는 것이다. A′가 아니라 A를 가정한다는 점에서 부작위범의 인과관계는 규범적이며, 이 점에서 작위범과 다르다.

그러나 A와 B 간의 인과관계를 판단하는 방법은 어떠한가? 이는 작위범에서는 논자에 따라 '상당성'이나 '합법칙성'으로 판단하게 되는데, 필자는 부작위범에서도 가상으로 상정된 A와 B 간의 관계를 합법칙(자연법칙)적으로 파악하는 것이 가능하며, 구체적으로는 작위행위가 있었다면 그 구체적으로 발생한 'B'라는 결과가 발생하였을지 여부를 파악하는 것이라는 입장을 취하였다. 이 때 중요한 것은 B라는 결과는 구성요건적으로 규정된 추상적 결과(예를 들어 살인죄의 '사망')가 아니라 현실적으로 발생한 구체적인 결과(예를 들어 해당 일시, 장소, 방법으로 익사)를 의미한다는 것이다. 이 점은 작위범과 같다.

이렇게 판단한 인과관계가 인정됨을 전제로 객관적 귀속은 순수하게 규범적 관점에서 이루어질 수 있으며, 그 방향은 역시 가벌성의 제한, 즉 귀속을 배제할 수 있을지의 방향으로 검토되어야 할 것이다. 이 때의 판단은 위의 인과관계와는 달리, B라는 결과를 기술된 구성요건의 추상적 결과로 보아, 만약 부작위자가 작위행위를 했더라면 사망이라는 결과가 발생했을지를 판단하게 되는데, 그 판단의 도구로서 귀속의 척도를 사용하게 된다. 그 척도로서 제시되는 것은 현재까지는 확률의 개념을 도입하거나, 위험의 증감을 비교함으로써 이루어지고 있는데, 특히 의미를 가지는 것은 규범의 보호목적이라 생각한다. 어떻게 보아도 인과관계를 부정하기는 어렵지만, 규범이 보호하고자 하는 목적 외의 결과에 대하여 행위와 행위자의 탓으로 돌리기가 어려운 경우, 귀속을 부정함으로써 가 벌성의 제한이 이루어지기 때문이다.

여기까지 논의가 진행되면 다시 의문을 가지게 된다. 부작위범에서 인과관계와 객관적 귀속의 문제가 과연 구별될 수 있는가라는 점이다. 이에 대하여는 화재가 발생한 건물에서 아버지가 아이를 창밖으로 던지 지 않아 아이가 사망한 사례를 검토해봄으로써 구별됨을 살펴보았다. 즉, 아버지가 아이를 창밖으로 던졌다면(작위의무를 다했더라면) 구체적 으로 그 결과(아이가 소사하는 결과)가 발생하지는 않았을 것임이 자연 법칙적으로 인정되므로 인과관계를 인정할 수는 있으나, 작위의무를 다 하였을 때 추상적인 구성요건적 결과, 즉 사망의 결과가 발생하지 않고 생존하였을 것인가를 판단함으로써 아버지의 형사책임을 인정할 수 있 을 것인지를 판단하는 것이 객관적 귀속의 문제이다. 만약 창 밖으로 아 이를 던졌어도 추락사하였을 가능성이 매우 높았음이 밝혀졌다면, 아버 지의 부작위를 아이의 사망에 대하여 귀속시킬 수는 없을 것이다. 반면 창문 밖으로 아이를 던졌을 때 생존하였을 확률이 높게 인정된다면 아이의 사망에 대하여 아버지는 그의 부작위로 인한 형사책임을 지게 될 것이다.

기존의 논의는 부작위범의 인과관계가 작위범과 매우 다른 것처럼 언급하면서도(심지어 인과개념을 새로 설정하면서까지), 실제 인과내용 을 판단할 때에는 작위범과 같다거나 언급을 회피하여 흐지부지되는 경 우가 많았다. 다른 점과 같은 점을 명확하고 구체적으로 지적하는 경우 를 찾기는 더욱 어려웠다. 몇 십 년 전에도 연구가 이루어지지 않은 분 야라고 지적되어 왔지만 현재까지도 문헌에는 동일한 지적이 존재하는 분야에서, 이 연구가 조금이나마 그 내용을 구체화하는 데에 도움이 되 었기를 바라본다.

규범적인 논의의 결정체로 보이는 부작위범의 인과관계의 문제는 우리의 사고 속에만 존재하는, 실재하지 않는 것처럼 보일 소지가 있다. 그러나 여전히 우리 사회를 뒤흔들고 있는 세월호 사건이라든지 가습기 살균제 사안에서 부작위범의 인과관계는 실제로 중요한 의미를 가지고 판단되고 있다. 특히 집단의 의사결정이나 제조물책임 법리에서 특히 형사상의 책임을 묻기 위해서는 부작위와 결과 간의 인과관계를 반드시 파악해야 한다. 본 연구가 실제 장면의 해결을 위한 단초를 제공할 수 있기를 바라마지 않는다.

참고문헌

Ⅰ. 국내 문헌

1. 단행본

김성돈, 형법총론 제4판, 성균관대학교출판부, 2015

김성돈, 형법각론 제4판, 성균관대학교출판부, 2016

김성천/김형준, 형법총론 제7판, 도서출판 소진, 2015

김일수, 한국형법Ⅱ, 박영사, 1997

김일수/서보학, 새로쓴 형법총론 제12판, 박영사, 2014

로베르토 웅거(Roberto M. Unger) 저/김정오 역, 근대사회에서의 법 -사회이론의
　　　비판을 위하여-, 삼영사, 1994

박상기, 형법학 제3판, 집현재, 2016

배종대, 형법총론 제12판, 홍문사, 2016

배종대, 형법각론 제9전정판, 홍문사, 2015

백남억, 형법총론, 문성당, 1955

법무부, 형사법개정특별심의위원회 회의록 제2권, 1987

손동권/김재윤, 새로운 형법총론, 율곡출판사, 2011

신동운, 형법총론 제9판, 법문사, 2015

신동운, 형법각론 초판, 법문사, 2017

신동운, 신 판례백선 형법총론, 경세원, 2009

심현상, 형법총론, 건민문화사, 1947

염정철, 형법총론, 한국사법행정학회, 1966

오영근, 형법총론 제3판, 박영사, 2014

오영근, 형법각론 제4판, 박영사, 2017

옥조남, 정해 형법강의:총론, 범조사, 1959

원형식, 판례중심 형법총론, 진원사, 2014

유기천, 형법학: 총론강의 초판, 박영사, 1960,

이건호, 신조선법학전집 제3권, 서울통신대학, 1949

이상돈, 형법강론, 법문사, 2015

이상원, 형법각론, 박영사, 2011
이정원, 형법총론, 신론사, 2012
이재상/장영민/강동범, 형법총론 제9판, 박영사, 2017
이재상/장영민/강동범, 형법각론 제10판 보정판, 박영사, 2017
이재상/김영환/장영민 편역, 인과관계와 객관적 귀속, 박영사, 1995
이형국, 형법총론, 법문사, 2007
임웅, 형법총론 제8정판, 법문사, 2016
임웅, 형법각론 제7정판, 법문사, 2016
장승두, 형법요강, 청구문화사, 1950
정성근/박광민, 형법총론 전정2판, 성균관대학교출판부, 2015
정성근/정준섭, 형법강의 총론, 박영사, 2016
정영석, 형법총론, 삼중당, 1961
정창운, 형법학총론, 박문서관, 1958
조지만, 조선시대 형사법 -대명률과 국전-, 경인문화사, 2007
진계호, (신고) 형법총론, 대왕사, 1984
천진호, 형법총론, 준커뮤니케이션즈, 2016
황산덕, 형법강의, 진명문화사, 1965

2. 학위논문

김재경, 부작위로서의 연명치료중단행위, 중앙대학교, 2015
김재훈, 부작위범의 공범에 관한 연구 : 의무범론을 중심으로, 호남대학교, 2009
김종구, 부작위범에 있어서 정범과 공범, 연세대학교, 2001
문채규, 부진정부작위범의 가벌성요건에 관한 고찰, 고려대학교, 1992
박무원, 형법의 도덕적 정당화와 형법에 의한 도덕 형성의 문제, 고려대학교, 2007
신양균, 형법상 인과관계와 객관적 귀속에 관한 연구, 연세대학교, 1988
안정빈, 부작위범에 있어서의 정범과 공범의 구별, 서울대학교, 2019
오병두, 부진정부작위범의 입법형식에 관한 연구 : 한국, 독일 및 일본의 입법사
       를 중심으로, 서울대학교, 2005
윤종행, 부진정부작위범의 구성요건에 관한 연구, 연세대학교, 2002
이건호, 과실범에 있어서 객관적 귀속에 대한 비판적 연구 : 상당인과관계설과
       객관적 귀속론을 중심으로, 서울대학교, 2001
이세화, 형법상 작위와 부작위의 구별 및 동치성에 관한 연구, 경남대학교, 2006

정대관, 부진정부작위범에 관한 연구 : 특히 객관적 구성요건요소를 중심으로, 성균관대학교, 1991

조준현, 부작위범의 범죄체계론에 관한 연구, 서울대학교, 1987

황정익, 부작위범에 있어서 고의에 관한 연구, 동국대학교, 1990

3. 학술지논문

권노을, "부작위범의 공동정범이 성립하기 위한 요건", 재판실무연구, 광주지방법원, 2016

권오걸, "영국법상의 부작위범에 대한 소고", 법학논고 제29집, 경북대학교 법학연구원, 2008

김남일/류지영, "부작위의 행위성", 논문집 제17권, 군산대학교, 1990

김동률, "기업 내 이사회 결정의 형법적 책임: 불법적 결정시 공동정범의 성립가능성에 대한 독일에서의 논의를 중심으로", 형사정책연구 제25권 제1호, 한국형사정책연구원, 2014

김동률, "형법상 제조물 책임에 있어 기업 경영진에 대한 보증인 지위의 인정근거 -피혁스프레이 판결을 둘러싼 독일에서의 논의를 중심으로-", 한양법학 제25권 제1호, 한양대학교 법학연구소, 2014

김동률, "부진정부작위범의 정범기준으로서 의무범이론 -Roxin의 이론을 중심으로-", 비교형사법연구 제19권 제1호, 한국비교형사법학회, 2017

김봉태, "부작위범에 관한 제문제 -부작위범과 인과관계-", 법학연구 제31권 제1호 통권 제39호, 부산대학교 법학연구소, 1989

김성돈, "형법상 작위와 부작위의 구별", 성균관법학 제14권 제1호, 성균관대학교 비교법연구소, 2002

김성돈, "세칭 보라매병원사건에 대한 1심법원판결과 2심법원판결의 비교, 분석", 법조 제52권 제4호, 법조협회, 2003

김성돈, "인과관계판단과 과실판단의 분리", 형사판례연구 제11권, 박영사, 2003

김성돈, "범죄유형별 인과관계판단과 직접성", 형사판례연구 제13권, 박영사, 2005

김성룡, "다수인의 공동의 의사결정에서의 형법해석학적 문제점 -과실범에 있어서 부작위의 공동정범-", 비교형사법연구 제4권 제1호, 한국비교형사법학회, 2002

김성룡, "부진정부작위범의 한국적 해석으로서 단일정범개념", 비교형사법연구 제5권 제1호, 한국비교형사법학회, 2003

김성룡, "착수미수의 실패한 중지범", 형사법연구 제19호, 한국형사법학회, 2003

김성룡, "조건설·미수론 및 죄수론 관점에서 본 작위와 부작위의 구별: 보라매 병원 사건", 법학논고 제19집, 경북대학교 법학연구원, 2003

김성룡, "부진정부작위범의 정범표지", 형사판례연구 제12권, 박영사, 2004

김성룡, "묵시적 기망·부작위를 통한 기망 및 작위와 부작위의 상응성", 형사법연구 제23권, 한국형사법학회, 2005

김성룡, "부진정부작위범에서 객관적 귀속척도", 법학논고 제29집, 경북대학교 법학연구원, 2008

김성룡, "의무범과 정범표지", 부작위범의 공동정범 표지로서 기능적 범행지배?, 형사법의 신동향 제52호, 대검찰청, 2016

김성천, "객관적 귀속이론과 판례", 비교형사법연구 제7권 제1호, 한국비교형사법학회, 2005

김영환, "위험사회에서의 책임구조", 법철학연구 제14권 제3호, 한국법철학회, 2011

김유근, "선임감독자의 '일반적인' 범죄방지(선임감독)의무 위반행위의 범죄유형 -부진정부작위범과 업무상과실범을 중심으로-", 형사법연구 제22권 제2호, 한국형사법학회, 2010

김재경, "형법상 작위와 부작위의 구별", 원광법학 제25권 제1호, 원광대학교 법학연구소, 2009

김종구, "객관적 귀속론과 영미법상 법적 인과관계", 형사법연구 제21권 제4호, 한국형사법학회, 2009

김종원, "형법총칙의 개정경위에 대하여", 형사법연구 제9호, 한국형사법학회, 1996

김종원, "부작위범(중)", 고시계 제33권 제4호, 고시계사, 1988

김준호, "형법상 작위와 부작위의 구별 기준", 저스티스 제148호, 한국법학원, 2015

김재봉, "치료중단과 소극적 안락사", 형사법연구 제12호, 한국형사법학회, 1999

김태명, "형법상 위험개념과 형법해석", 성균관법학 제14권 제1호, 성균관대학교 법학연구소, 2002

김태명, "부작위에 의한 살인죄와 타인의 부작위범의 인과관계", 고시계 제51권 제4호, 고시계사, 2006

김태명, "부작위에 의한 살인죄의 공동정범의 성립요건", 형사판례연구 제24권, 박영사, 2016

김혁돈, "치료중단행위의 작위성에 관한 소고", 법학연구 제23권, 한국법학회, 2006

김호기, "객관적 귀속론에 대한 주관적/역사적 해석론에 입각한 반론에 대하여", 법학논총 제23집 제2호, 한양대학교 법학연구소, 2006

김호기, "형법학에서의 인과관계의 의미와 객관적 귀속론", 형사법연구 제26호,

한국형사법학회, 2006

김호기, "개발위험의 항변과 형법적 제조물책임: 가습기 살균제 등 대량생산되어 사용되는 일상생활용품의 사례를 중심으로", 형사정책연구 제27권 제1호, 한국형사정책학회, 2016

남흥우, "부작위범", 법정 제16권 제9호, 법정사, 1961

류부곤, "부작위범의 불법구조 - 부작위범의 불법근거와 형법 제18조의 해석을 중심으로", 비교형사법연구 제15권 제1호, 한국비교형사법학회, 2013

류인모, "의무의 충돌과 부작위범의 행위가능성", 형사법연구 제12호, 한국형사법학회, 1999

류화진, "부작위범의 인과관계", 비교형사법연구 제7권 제1호, 한국비교형사법학회, 2005

류화진, "위험 개념에 근거한 부작위범의 보증인지위", 홍익법학 제12권 제2호, 2011

류화진, "부작위범의 적용범위 제한에 관한 소고", 법학연구 제26권 제1호, 충북대학교 법학연구소, 2015

문채규, "부진정부작위범에 있어서 상응성 요건의 허와 실", 비교형사법연구 제11권 제1호, 한국비교형사법학회, 2009

박강우, "위험사회에서의 제조물책임", 비교형사법연구 제5권 제2호, 한국비교형사법학회, 2003

박광민, "결과적가중범의 본질과 직접성의 원칙", 저스티스 제94호, 한국법학원, 2006

박경규, "세월호 판결의 논증상의 문제점: 미필적 고의와 범죄참가형태를 중심으로", 법학논고 제53집, 경북대학교 법학연구원, 2016

박상식, "세월호 선장에 대한 미필적 고의의 적용 여부에 관한 연구", 법학연구 제22권 제4호, 경상대학교 법학연구소, 2014

박태현, "가습기 살균제 사건과 국가배상책임". 환경법과 정책 제16권, 강원대학교 비교법학연구소, 2016

발터 페론(Walter Perron) 저/조병선 역, "1990년7월6일 독일연방최고법원의 형법적 제조물책임에 대한 피혁보호분무기판결", 청주대학교 법학논집 제8집, 1994

볼프강 프리시(Wolfgang Frisch) 저/한상훈 역, "객관적 귀속 -논의상황과 문제점-", 법학 제45권 제1호, 서울대학교 법학연구소, 2004

성낙현, "부진정부작위범에서의 보증인지위", 영남법학 제34호, 영남대학교 법학연구소, 2012

손해목, "부작위범에 관하여", 법정 제17권 제4호, 법정사, 1962

송문호, "독일형법상 부작위의 인과관계 -법철학적 관점에서의 분석을 중심으로-", 형사법연구 제14호, 한국형사법학회, 2000

승재현, "부진정부작위범에 있어서 행위태양 동가치성의 필요성", 외법논집 제35
　　권 제2호, 한국외국어대학교 법학연구소, 2011
송정은/정남순, "가습기 살균제의 민사적 쟁점", 환경법과 정책 제16권, 강원대학
　　교 비교법학연구소, 2016
신동운, "가인 김병로 선생의 범죄론체계와 한국형법의 총칙규정", 법학 제49권
　　제1호, 서울대학교 법학연구소, 2008
신양균, "인과관계와 객관적 귀속(I)", 고시계 제31권 제7호, 고시계사, 1986
신양균, "인과관계와 객관적 귀속(II)", 고시계 제31권 제9호, 고시계사, 1986
심재우, "부작위범", 월간고시 8권 12월호, 법지사, 1981
심헌섭, "칼 엔기쉬의 법명령설", 사법행정 제18권 제11호, 한국사법행정학회, 1977
심헌섭, "현대형법의 사상과 가치상대주의론(K. Engish)", 근대법사상의 전개 : 의
　　당장경학박사화갑기념논문집, 1977
양화식, "작위와 부작위의 구별", 성균관법학 제14권 제1호, 성균관대학교 비교법
　　연구소, 2002
염정철, "결과적가중범의 인과관계", 사법행정 제8권 제11호, 한국사법행정학회, 1967
오병두, "부진정부작위범의 입법형식과 형법 제18조의 성립경위", 형사법연구 제
　　23호, 한국형사법학회, 2005.
오영근, "일본개정형법가안이 제정형법에 미친 영향과 현행 형법해석론의 문제
　　점", 형사법연구 제20호, 한국형사법학회, 2003.
오영근, "2015년도 형법판례 회고", 형사판례연구 제24권, 박영사, 2016
원형식, "부진정부작위범의 인과관계와 객관적 귀속", 중앙법학 제12집 제4호, 중
　　앙법학회, 2010
원형식, "의무범에 있어서 정범과 공범의 구분", 형사법연구 제19호, 한국형사법
　　학회, 2003
원혜욱, "기업대표이사의 형사책임귀속을 위한 형법이론 연구", 형사법연구 제19
　　권 제3호, 한국형사법학회, 2007
윤종행, "작위와 부작위의 동가치성", 법학연구 제12권 제2호, 연세대학교 법과대
　　학 법학연구소, 2002
윤종행, "부작위범에 있어서 기대가능성의 체계적 지위", 형사법연구 제18호, 한
　　국형사법학회, 2002
윤종행, "부작위의 인과성", 법학연구 제13권 제3호, 연세대학교 법과대학 법학연
　　구소, 2003
윤종행, "작위와 부작위의 구별", 연세법학연구 제11권 제1호, 연세법학회, 2005
이건호, "형법 제17조의" 위험발생"의 의미와 상당인과관계설", 형사법연구 제17

권, 한국형사법학회, 2002

이건호, "과실범에서 주의의무 위반과 주의규정", 경찰법연구 제5권 제1호, 한국
경찰법학회, 2007

이건호, "과실범에서 객관적 예견가능성의 체계적 지위와 의미에 대한 고찰", 한
림법학 제13권, 한림대학교 법학연구소, 2003

이상문, "결과적가중범에서의 직접성의 원칙", 형사법의 신동향 제37호, 대검찰
청, 2012

이석배, "형법상 이중적 의미를 가지는 행위의 작위·부작위 구별과 형사책임의
귀속", 형사법연구 제25호, 한국형사법학회, 2006

이세화, "작위와 부작위의 단계적 고찰", 형사법연구 제19권 제2호, 한국형사법학
회, 2007

이수진, "의무범의 타당성과 그 성립요건에 대한 소고", 법학연구 제54권 제4호,
부산대학교 법학연구소, 2013

이용식, "위험사회에서의 법익보호와 적극적 일반예방", 형사정책 제13권 제1호,
한국형사정책학회, 2001

이용식, "의무범 이론에 대한 소고", 법학 제43권 제1호, 서울대학교 법학연구소, 2002

이용식, "객관적 귀속이론의 규범론적 의미와 구체적 내용", 법학 제43권 제4호,
서울대학교 법학연구소, 2002

이용식, "상당인과관계설의 이론적 의미와 한계 -상당성의 본질-", 법학 제44권
제3호, 서울대학교 법학연구소, 2003

이용식, "부진정부작위범에 있어서 작위가능성과 결과회피가능성의 의미내용 -부작
위범의 실행행위와 인과관계의 구별-", 고시계 제50권 제7호, 고시계사, 2005

이용식, "결과적가중범의 직접성원칙과 부진정부작위범에 있어서 불능미수의 중
지미수", 고시계 제50권 제2호, 고시계사, 2005

이용식, "부작위 상호간에 있어서 정범과 공범의 구별 및 공동정범의 성립 가능
성", 법학 제52권 제1호, 서울대학교 법학연구소, 2011

이점인, "현행 징벌적 손해배상 제도에 관한 비판적 고찰", 동아법학 제74권, 동
아대학교 법학연구소, 2017

이재상, "과실범의 공동정범", 형사법연구 제14호, 한국형사법학회, 2000

이정원, "부진정부작위범의 구조적 문제점", 형사법연구 제14호, 한국형사법학회, 2000

이정원, "부진정부작위범에서의 정범과 공범", 비교형사법연구 제2권 제2호, 한
국비교형사법학회, 2000

이창섭, "해양사고와 선원의 형사책임에 관한 몇 가지 검토", 비교형사법연구 제
18권 제1호, 한국비교형사법학회, 2016

이현욱, "가습기 살균제 사건에 있어서 환경소송에서 발전한 인과관계 증명책임 완화 법리의 적용 -대법원의 증명책임 완화 적용요건 검토를 중심으로-", 환경법연구 제38권 제1호, 한국환경법학회, 2016

이형국, "부작위범의 제문제", 노동법과 현대법의 제문제 - 남관 심태식박사 화갑 기념논문집, 박영사, 1983

임웅, "부작위범에 있어서 규범위반과 범죄성립의 문제점", 저스티스 제31권 제4호, 한국법학원, 1998

임정호, "부진정 부작위범의 보증인 의무의 한계", 형사법연구 제28권 제1호, 한국형사법학회, 2016

장세근, "환경형법에 있어서의 인과관계", 형사정책 제11호, 한국형사정책학회, 1999

장영민, "인과관계의 확정과 합법칙적 조건설", 형사판례연구 제3권, 형사판례연구회, 1995

장영민, "인과관계론에 관한 보완적 연구 -합법칙적 조건설과 중요설을 중심으로-", 형사정책연구 제18권 제3호, 한국형사정책학회, 2007

장영민, "법질서의 통일성", 법학논총 제35집 제2호, 전남대학교 법학연구소, 2015

장영민, "피해자의 자기책임에 관한 형법해석학적 고찰", 법학논집 제20권 제1호, 이화여자대학교 법학연구소, 2015

장승일, "결과적가중범의 본질과 직접성원칙", 아주법학 제8권 제4호, 아주대학교 법학연구소, 2015

전지연, "형벌론의 관점에서 본 형법적 제조물책임의 필요성", 형사정책 제13권 제1호, 한국형사정책학회, 2001

전지연, "부작위에 의한 정범과 공범 : 대법원 1997.3.14 선고, 96도1639 판결", 저스티스 통권 제76호, 한국법학원, 2003

전지연, "부작위범에서 정범과 공범의 구별", 형사판례연구 제13권, 박영사, 2005

전지연, "형법적 제조물책임에서 주의의무위반과 신뢰의 원칙", 법학연구 제17권 제4호, 연세대학교 법학연구소, 2007

정대관, "형법에 있어서의 부작위", 수선논집 제12권 제1호, 성균관대학교 대학원 학생회, 1987

정웅석, "세칭 보라매병원사건의 제1심, 제2심 판결에 관한 형사법적 고찰", 의료법학 제4권 제1호, 대한의료법학회, 2003

정현미, "인과과정에 개입된 타인의 행위와 객관적 귀속", 형사판례연구 제9권, 박영사, 2001

정현미, "인과과정에 개입된 타인의 행위와 객관적 귀속", 형사판례의 연구 Ⅰ, 지송 이재상교수 화갑기념논문집, 박영사, 2003

조병선, "우리나라의 환경범죄와 환경형법", 형사법연구 제5권, 한국형사법학회, 1992

조병선, "비교법적 관점에서 본 한국 환경형법의 인과관계와 행위자의 특정", 형사법연구 제26권 제2호, 한국형사법학회, 2014

조병선, "의무범과 행위자의 특정 -우리나라 대형사고 판례의 '행위자의 특정'을 중심으로-", 형사법연구 제24권, 한국형사판례연구회, 박영사, 2016

조상제, "현행 부작위범 규정(형법 제18조)의 개정방안", 안암법학 제25권, 안암법학회, 2007

조인현, "부진정부작위범에 있어서 위험발생 요건의 연혁적 해석 - '세월호' 선장 및 승무원의 구조의무 불이행 사건 판례 평석", 형사정책 제28권 제3호, 한국형사정책학회, 2016

조훈, "객관적 귀속에 있어서 간과된 연결고리", 형사법연구 제26호, 한국형사법학회, 2006

최우찬, "의무의 충돌 -생명 대 생명의 충돌: 정당화사유인가 책임탈락사유인가-", 형사법연구 제2호, 한국형사법학회, 1989

최우찬, "부작위범", 서강법학연구 제1권, 서강대학교 법학연구소, 1997

최준혁, "교통범죄에서의 유기치사죄의 의미 -부진정부작위범에서의 설명과 연결하여-", 형사정책 제28권 제3호, 한국형사정책학회, 2016

최호진, "세월호 선장과 간부선원의 형사책임에 대한 대법원 판결 법리분석과 비판", 아주법학 제9권 제4호, 아주대학교 법학연구소, 2016

쾰벨(Kölbel) 저/김성룡 역, "부진정부작위범에서 객관적 귀속", 법학논고 제30집, 경북대학교 법학연구원, 2009

하태영, "형법상 부작위범이 인정되기 위한 요건", 비교형사법연구 제5권 제1호, 한국비교형사법학회, 2003

하태훈, "결함제조물로 인한 법익침해와 그 형사책임", 형사법연구 제17호, 한국형사법학회, 2002

한상훈, "판례평석: 치료중단과 작위, 부작위의 구별", 법학연구 제15권 제1호, 연세대학교 법학연구원, 2005

한정환, "형법에서의 행위", 사회과학논집 제5호, 선문대학교 사회과학대학, 2002

한정환, "부작위범의 불법", 형사법연구 제23권, 한국형사법학회, 2005

한정환, "지배범, 의무범, 자수범", 형사법연구 제25권 제2호, 한국형사법학회, 2013

허황, "단체결정의 가벌성에 관한 연구 -범죄로 이끄는 단체결정에 참여한 자는 동시범인가 아니면 공동정범인가?-", 비교형사법연구 제19권 제2호, 한국비교형사법학회, 2017

Ⅱ. 해외문헌

1. 단행본

Arana, Pariona, Täterschaft und Pflichtverletzung, 2010

Armin, Kaufmann, Die Dogmatik der Unterlassungsdelikte, 1959

Bar, Ludwig von, Gesetz und Schuld im Strafrecht Bd.2, 1907

Baumann, Jürgen/ Weber, Ulrich/ Mitsch, Wolfgang, Strfrecht Allgemeiner Teil, 12. Aufl., 2016

Binding, Karl, Die Normen und ihre Übertretung(Normen), Bd.Ⅱ, 2. Aufl., 1914

Bloy, René, Die Beteiligungsform als Zurechnungstypus im Strafrecht, Berlin, 1985

Bockelmann, Paul/ Volk, Klaus, Strafrecht AT, 4. Aufl., 1987

Bottke, Wilfried, Täterschaft und Gestaltungsherrschaft, 1992

Busse, Klaus-Henning, Täterschaft und Teilnahme bei Unterlassungsdelikten, 1974

Corell, Christian, Strafrechtliche Verantwortlichkeit durch Mitwirkung an Kollegialentscheidungen auf der Leistungsebene von Wirtschaftsunternehmen bei vorsätzlichen Begehungsdelikten, 2007

Dencker, Friedrich, Kausalität und Gesamttat, 1996

Dominok, Matthias, Strafrechtliche Unterlassungshaftung von Amtsträgern in Umweltbehörden, 2007

Eisele, Jörg/ Heinrich, Bernd, Strafrecht AT, 1. Aufl., 2017

Engisch, Karl, Die Kausalität als Merkmal der strafrechtlichen Tatbestände, Tübingen, 1931

Feuerbach, Paul Johann Anselm von, Lehrbuch des gemeinen in Deutschland gültigen peinlichen Rechts. 11. Aufl., 1832

Fischer, Thomas, StGB, 64. Aufl., 2016

Frisch, Wolfgang, Tatbestandsmä β iges Verhalten und Zurechnung des Erfolgs, 1988

Frister, Helmut, Strafrecht AT, 7. Aufl., 2015

Gallas, Wilhelm, Beiträge zur Verbrechenslehre, 1968

Gropp, Walter, Strafrecht AT, 4. Aufl., 2015

Haas, Volker, Kausalität und Rechtsverletzung, Ein Beitrag zu den Grundlagen strafrechtlicher Erfolgshaftung am Beispiel des Abbruchs rettender Kausalverläufe, 2002

Hardwig, Werner, Die Zurechnung: ein Zentralproblem des Strafrechts, 1957

Herzberg, Ralf Dietrich, Täterschaft und Teilnahme, 1977

Herzberg, Ralf Dietrich, Die Unterlassung im Strafrecht und das Garantenprinzip, 1972

Hippel, Reinhard von, Gafahrenurteile und Prognoseenthscheidungen in der Strafrechtpraxis, 1972

Jescheck, Hans-Heinrich/ Weigend, Thomas, Lehrbuch des Strafrechts: AT, 5. Aufl., 1996

Kahlo, Michael, Das Problem des Pflichtwidrigkeitszusammenhanges bei den unechten Unterlassungsdelikten, Eine strafrechtlich-rechtsphilosophische Untersuchung zur Kausalität menschlichen Handelns und deren strafrechtlichem Begriff, 1990

Kahlo, Michael, Die Handlungsform der Unterlassung als Kriminaldelikt, Eine strafrechtlich-rechtsphilosophishe Untersuchung zur Theorie des personalen Handelns, 2001

Kindhäuser, Urs Konrad, Gefährdung als Straftat: rechtstheoretische Untersuchungen zur Dogmatik der abstrakten und konkreten Gefährdungsdelikte, 1989.

Kindhäuser, Urs Konrad, StGB, 6. Aufl., 2015

Knauer, Christoph, Die Kollegialentscheidung im Strafrecht, Zugleich ein Beitrag zum Verhältnis von Kausarität und Mittäterschaft, 2001

Kohler, Josef, Studien aus dem Strafrecht, Bd.1, 1889

Kraatz, Die fahrlässige Mittäterschaft, 2006

Kühl, Kristian, Strafrecht Allgemeiner Teil, 8. Aufl., 2016

Küpper, Georg, Grenzen der normativeirenden Strafrechtsdogmatik, 1990

Lackner, Karl/Kühl, Kristian, StGB, 28. Aufl., 2014

Leipziger Kommentar(=LK), StGB, Bd. 1: Einleitung §§1 bis 31, 10. Aufl., 1985

Leipziger Kommentar(=LK), StGB, Bd. 1: Einleitung §§1 bis 31, 12. Aufl., 2007

Luden, Heinrich, Abhandlungen aus den gemeinen deutschen Strafrecht, Bd.2, 1840

Leukauf/Steininger, StGB Kommentar, 4. Aufl., 2016.

Liszt, Franz/ Schmidt, Eberhard, Lehrbuch des deutschen Strafrecht, 25. Aufl., 1927

Löwenheim, Ulrich, Anstiftung durch Unterlassen, 1962

Lüderssen, Klaus, Zum Strafgrund der Teilnahme, 1967

Maurach, Reinhart/ Gössel, Heinz/ Zipf, Heinz, Strafrecht AT, Bd. 2, 7. Aufl., 1989

Maurach, Reinhart/ Gössel, Heinz/ Zipf, Heinz, Strafrecht AT, Bd. 2, 8. Aufl., 2014

Merkel, Adolf, Kriminalische Abhandlungen Ⅱ: von den Unterlassungsverbrechen, 1867

Mezger, Edmund, Strafrecht: ein Lehrbuch, 3. Aufl., 1949

Mosenheuer, Andreas, Unterlassen und Beteiligung, 2009

Münchener Kommentar (=MK), StGB Bd. 1: §§1-37, 2. Aufl., 2011

Nomos Kommentar (=NK), StGB, 5. Aufl., 2017

Otto, Harro, Grundkurs Strafrecht, Allgemeine Strafrechtslehrel, 7. Aufl., 2004

Paradissis, Alexander, Unterlassungsstrafbarkeit in sog. Weiterunsfällen, 2015

Puppe, Ingeborg, Die Erfolgszurechnung im Strafrecht, 2000

Radbruch, Gustav, Der Handlungsbegriff in seier Bedeutung für das Strafrechtssystem, 1903

Rengier, Rudolf, Strafrecht AT, 9. Aufl., 2017

Roxin, Claus, Strafrecht AT Bd. II, 2003

Roxin, Claus, Strafrecht AT Bd. I, 4. Aufl., 2005

Roxin, Claus, Täterschaft und Tatherrschaft, 8. Aufl., 2006

Rudolphi, Hans, Die Gleichstellungsproblematik der unechten Unterlassungsdelikte und
    der Gedanke der Ingerenz, 1966

Rudolphi, Hans, Systematischer Kommentar(=SK) zum StGB, Bd. 2, 1989

Satzger, Helmut/ Schmitt, Bertram/ Widmaier, Gunter, Kommentar zum StGB, 2009

Schönke, Adolf/ Schröder, Horst(=S/S), StGB Kommentar, 29. Aufl., 2014

Schröder, Friedrich-Christian, Der Täter hinter dem Täter, 1965

Schwab, Hans-Jörg, Täterschaft und Teilnahme bei Unterlassungen, 1996

Sering, Christian, Beihilfe durch Unterlassen, 2000

Sofos, Themistoklis, Mehrfachkausalität beim Tun und Unterlassen, 1999

Spendel, Günter, Die Kausalitätsformel der Bedingungstheorie für die Handlungsdelikte, 1948

Steininger, Einhard, Strafrecht AT, 2. Aufl., 2013

Stratenwerth, Günther/ Kuhlen, Lothar, Strafrecht AT, 6. Aufl., 2011

Stein, Ulrich, Die strafrechtliche Beteiligungsformenlehre, 1988

Walter, Tonio, Der Kern des Strafrechts, 2006

Wessels, Johnnes/ Beulke, Werner/ Satzger, Helmut, Strafrecht AT, 46. Aufl., 2016

Welzel, Hans, Das deutsche Strafrecht, 11. Aufl., 1969

Wolff, Ernst Amadeus, Kausalität von Tun und Unterlassen, 1965

(*약어: AT=Allgemeiner Teil / StGB=Strafgesetzbuch)

吉田敏雄, 不真正不作為犯の体系と構造, 成文堂, 2010

大塚仁, 刑法概設 (総論) 第4版, 有斐閣, 2008

大谷實, 刑法講義総論 新版第4版, 成文堂, 2012

山口厚, 刑法総論 第3版, 有斐問, 2016

山中敬一, 刑法總論 第3版, 成文堂, 2015
山中敬一, 刑法における客観的帰属の理論, 成文堂, 1997
山中敬一, 刑法における因果関係と帰属, 成文堂, 1984
小林憲太郎, 因果関係と客観的帰属, 弘文堂, 2003
小林憲太郎, 刑法的帰責-フィナリスムス·客観的帰属論·結果無価値論, 弘文堂, 2007
林陽一, 刑法における因果関係理論, 成文堂, 2000
曽根威彦, 刑法における結果帰属の理論, 成文堂, 2012
浅田和茂, 刑法總論(補町版), 成文堂, 2007

2. 논문

Ambos, Kai, Tatherrschaft durch Willensherrschaft kraft organisatorischer Machtapparate: Eine kritische Bestandsaufnahme und weiterführende Ansätze, GA, 1998, 226ff.

Arzt, Günther, Zur Garantenstellung beim unechten Unterlassungsdelikt, JA, 1980, 553ff.

Bachmann, Mario/ Eichinger, Matthias, Täterschaft beim Unterlassungsdelikt, JA, 2011, 105ff.

Beulke, Werner/ Bachmann, Gregor, Die „Lederspray-Entscheidung" - BGHSt 37, 106, JuS, 1992, 737ff.

Bloy, René, Anstiftung durch Unterlassen?, JA, 1987, 490ff.

Bottke, Wilfried, Pflichtwidrigkeit: das Täterkriterium unechter Unterlassungsdelikte?, FS-Rudolphi, 2004, 15ff.

Brammsen, Joerg, Erfolgszurechnung bei unterlassener Gefahrverminderung durch einen Garanten, MDR 1989, 123ff.

Brammsen, Joerg, Kausalitäts-und Täterschaftsfragen bei Produktfehlern, Jura 1991, 533ff.

Buri, Maximilian Busch von, Über die Begehung der Verbrechen durch Unterlassung, GerS 1869, 196ff.

Derksen, Roland, Heimliche Unterstützung fremder Tatbegehung als Mittäterschaft, Zugleich ein Beitrag zur Struktur der Mittäterschaft, GA, 1993, 163 ff.

Engisch, Karl, Das Problem der psychischen Kausalität beim Betrug, FS-Weber, 1963, 247ff.

Franke, Einhard, Kiminologische und strafrechtsdogmatische Aspekte der Kollegial-delinquenz, FS-Blau, 1985, 227ff.

Frisch, Wolfgang, Faszinierendes, Berechtigtes und Problematisches der Lehre von der objektiven Zurechnung des Erfolges, FS- Roxin, 2001, 213ff.

Gallas, Wilhelm, Strafbares Unterlassen im Fall einer Selbsttötung, JZ 1960, 649ff.

Geppert, Zur Problematik des §50 Abs. 2 StGB im Rahmen der Teilnahme am unechten Unterlassungsdelikt, ZStW 82, 1970, 40ff.

Greco, Luis, Kausalitäts- und Zurechnungsfragen bei unechten Unterlassungsdelikten, ZIS, 2011, 674ff.

Gropp, Walter, Die fahrlässige Verwirklichung des Tatbestandes einer strafbaren Handlung - miteinander oder nebeneinander, GA, 2009, 265ff.

Gössel, Karl-Heinz, Zur Lehre vom Unterlassungsdelikt, ZStW 1984, 321ff.

Grünwald, Gerald, Beteiligung durch Unterlassen, GA 1959, 110ff.

Hilgendorf, Eric, Fragen der Kausalität bei Gremienentscheidungen am Beispiel des Lederspray-Urteils, NStZ 1994, 561ff.

Hoffmann-Holland, Klaus, Die Beteiligung des Garanten am Rechtsgutsangriff, ZStW 2006, 620ff.

Honig, Richard, Kausalität und objektive Zurechnung, FS-Frank, Bd.1, 1930, 174ff.

Hoyer, Andreas, Die traditionelle Strafrechtsdogmatik vor neuen Herausforderungen: Probleme der strafrechtlichen Produkthaftung, GA, 1996, 160ff.

Jakobs, Günther, Anmerkung zu BGHST 40, 218, NStZ, 1995, 26ff.

Kaufmann, Armin, 'Objektive Zurechnung' beim vorsatz delikt?, FS-Jescheck, 1985, 271ff.

Kaufmann, Arthur, Die Bedeutung hypothetischer Erfolgsursachen im Strafrecht, FS-Eb. Schmidt, 1961, 200ff.

Kielwein, Gerhard, Unterlassung und Teilnahme, GA 1955, 225ff.

Kindhäuser, Urs Konrad, Zurechnung bei alternativer Kausalität, GA 2012, 134ff.

Kölbel, Ralf, Objektive Zurechnung beim unechten Unterlassen, JuS 2006, 309ff.

Kühl, Kristian, Kausalität und objektive Zurechnung, JR 1979, 562ff.

Maiwald, Manfred, Zur strafrechtssystemtischen Funktion des Begriffs der objektiven Zurechnung, FS-Miyazawa, 1995, 465ff.

Meier, Bernd-Dieter, Verbraucherschutz durch Strafrecht?, NJW 1992, 3193ff.

Nagler, Johannes, Die Problematik der Begehung durch Unterlassen, GerS 1938, 1ff.

Otto, Harro, Grenzen der Fahrlässigkeitshaftung im Strafrecht - OLG Hamm, NJW 1973, 1422, Jus 1974, 702ff.

Otto, Harro, Risikoerhöhungsprinzip statt Kausalitätsgrundsatz als Zurechnungskriterium bei Erfolgsdelikten, NJW 1980, 422ff.

Puppe, Ingeborg, Die Lehre von der objektiven Zurechnung und ihre Anwendung - Teil 2, ZJS 2008, 600ff.

Puppe, Ingeborg, Anmerkung zum Urteil des BGH v. 6.7.1990 -2 StR 549/89, 'Lederspray-Urteil', JR 1992, 30ff.

Puppe, Ingeborg, Der Erfolg und seine kausale Erklärung im Strafrecht, ZStW 1980, 899ff.

Ranft, Otfried, Garantenpflichtwidriges Unterlassen der Deliktshinderung, ZStW 1982, 815ff.

Röckrath, Luidger, Kollegialentscheidung und Kausalitätsdogmatik, NStZ 2003, 641ff.

Roxin, Claus, Kausalität und Garantenstellung bei den unechten Unterlassungen, GA 2009, 73ff.

Samson, Erich, Probleme strafrechtlicher Produkthaftung, StV 1991, 182ff.

Schaffstein, Friedrich, Die Risikoerhöhung als objektives Zurechnungsprinzip im Strafrecht, insbesondere bei der Beihilfe, FS-Honig, 1970, 169ff.

Schünemann, Bernd, Moderne Tendenzen in der Dogmatik der Fahrfässigkeitsund Gefährdungsdelikte, JA 1975, 435ff.

Schünemann, Bernd, Die Unterlassungsdelikte und die strafrechtliche Verantwortlichkeit für Unterlassungen, ZStW 1984, 287ff.

Schünemann, Bernd, Entscheidungsanmerkung zu BGH, Beschl. v. 3.5.1984-4StR 266/84, StV 1985, 229ff.

Schünemann, Bernd, Die unechten Unterlassungsdelikte: Zehn Kardinalfragen, -fehler und -fixpunkte, GA 2016, 301ff.

Sowada, Christoph, Täterschaft und Teilnahme beim Unterlassungsdelikt, Jura 1986, 399ff.

Staffler, Lukas, Presseinterview als fahrlässige Tötung: Der italienische Strafprozess gegen die Expertenkommission zum Erdbeben von L' Aquila(2009), ZIS 2017, 125ff.

Stratenwerth, Günther, Bemerkungen zum Prinzip der Risikoerhöhung, FS-Gallas, 1973, 227ff.

Spendel, Günter, Zur Unterscheidung von Tun und Unterlassen, FS-Eb. Schmidt, 1961, 183ff.

Spendel, Günter, Condicio-sine-qua-non-Gedanke und Fahrlässikeitsdelikt, JuS 1964, 14ff.

Spendel, Günter, Zur Dogmatik der unechten Unterlassungsdelikte, JZ 1973, 137ff.

Spendel, Günter, Kausalität und Unterlassung, Strafrecht zwischen System und Telos, FS-Herzberg, 2008, 247ff.

Vogler, Theo, Zur Bedeutung des §28 StGB für die Teilnahme am unechten Unterlassungsdelikt, FS-Lange, 1976, 265ff.

Wachsmuth, Werner/Schreiber, Hans-Ludwig, Sicherheit und Wahrscheinlichkeit – juristische und ärztliche Aspekte, NJW 1982, 2094ff.

Zimmermann, Frank/ Linder, Benedikt, Die Unterlassenskausalität im Fall Jalloh: Ein Schrift zur Anerkennung der hypothetischen Genehmigung?, ZStW 2016, 713ff.

(*약어: FS=Festschrift

GA=Goltdammer's Archiv für Strafrecht

GerS=Gerichtsaal

JA=Juristische Arbeitsblätter

JuS=Juristische Schulung

JIS=Zeitschrift für Internationale Strafrechtsdogmatik

JR=Juristische Rundschau

JZ=Juristenzeitung

JZS= Zeitschrift für das Juristische Studium

MDR=Monatsschrift für deutsches Recht

NJW=Neue Juristische Wochenschrift

NStZ=Neue Zeitschrift für Strafrecht

StV=Strafverteidiger

ZJS=Zeitschrift für das Juristische Studium

ZStW=Zeitschrift für die gesamte Strafrechtswissenschaft)

甲斐克則, "過失の競合", 刑法雑誌 52巻2号, 日本刑法学会, 2013

高橋則夫/杉本一敏, "ロー・クラス 刑法理論の味わい方(3)不作為犯(1)不作為犯の結果回避可能性: 「危険の現実化」か「負担要求可能性」か", 法学セミナー 57巻6号, 2012

高橋則夫/仲道祐樹, "ロー・クラス 刑法理論の味わい方(4)不作為犯(2)不作為犯における「可能性」", 法学セミナー 57巻 7号, 2012

大塚裕史, "過失の競合と過失犯の共同正犯の区別", 野村稔先生古稀祝賀論文集, 成文堂, 2015

嶋矢貴之, "過失競合と過失犯の共同正犯の適用範囲", 三井誠先生古稀祝賀論文集, 成文堂, 2012

北川佳世子, "過失の競合と責任主体の特定問題", 刑法雑誌 52巻2号, 日本刑法学会, 2013

山下裕樹, "不作為犯における救命可能性と因果関係及び作為義務についての一考察", 法学ジャーナル, 第88号, 関西大学大学院 法学研究科院生協議会, 2013

小林憲太郎, "過失犯における注意義務と「作為義務」", 刑法雑誌, 日本刑法学会, 56巻 2号, 2017

松宮孝明, "「不真正不作為犯」について", 西原春夫先生古稀祝賀論文集 第1巻, 成文堂, 1998.

松宮孝明, "不作為犯と因果関係論(特集 不作為犯論をめぐる諸問題)", 現代刑事
　　　法, 4巻 9号, 現代法律出版, 2002

松宮孝明, "刑事判例研究(10)三菱自工車両車輪脱落事件最高裁決定" 立命館法学
　　　343号, 立命館大学法学会, 2012

松宮孝明, "過失の競合", 刑法雑誌 52巻2号, 日本刑法学会, 2013

松澤伸, "不真正不作為犯の実行行為と未遂について‐作為可能性と結果回避可
　　　能性の機能‐", 早稲田大学大学院法研論集 第74号, 1995

神山敏雄, "過失不真正不作為犯の構造", 福田平・大塚仁博士古稀祝賀‐刑事法学
　　　の総合的検討（上）, 有斐閣, 1993

安達光治, "危険の現実化論について‐注意規範の保護目的との関連で‐", 浅田
　　　和茂先生古稀祝賀論文集 上巻, 成文堂, 2016

安達光治, "不作爲の因果関係・殺人罪と保護責任者遺棄致死罪との関係", 判例刑
　　　法演習, 法律文化社, 2015

塩見淳, "不作為犯の着手時期", 刑事法・医事法の新たな展開 上巻 (町野朔先生古
　　　稀記念), 信山社, 2014

奥村正雄, "不作為犯における結果回避可能性", 同志社法学 62巻 3号, 同志社法学会,
　　　2010

林幹人, "結果回避可能性と「危険の現実化」", 刑事法・医事法の新たな展開 上巻
　　　(町野朔先生古稀記念), 信山社, 2014

酒井安行, "不真正不作為犯のいわゆる因果論的構成の可能性と限界", 西原春夫
　　　先生古稀祝賀論文集 第1巻, 成文堂, 1998

찾아보기

■ 김정현

서울대학교 사회과학대학 심리학과 졸업
서울대학교 대학원 법학석사
이화여자대학교 법학전문대학원 법학전문석사
서울대학교 대학원 법학박사
(現) 서울대학교 법무팀장(변호사)
(現) 숭실대학교 법학과 겸임교수

주요논문
범죄사건 언론보도의 한계에 관한 비교법적 고찰(2019, 비교형사법연구 제21권 제2호)
집단적 의사결정의 부작위적 접근(2018, 비교형사법연구 제20권 제2호)
부작위범의 인과관계(2018, 형사법연구 제30권 제2호)
현행 학교폭력 관련법제의 문제점 및 개선방안(2012, 법교육연구 제7권 제2호)

부작위범의 인과관계

초판 1쇄 인쇄 ∣ 2023년 8월 4일
초판 1쇄 발행 ∣ 2023년 8월 11일

지 은 이   김정현

발 행 인   한정희
발 행 처   경인문화사
편   집   이다빈 김지선 유지혜 한주연 김윤진
마 케 팅   전병관 하재일 유인순
출판번호   제406-1973-000003호
주   소   경기도 파주시 회동길 445-1 경인빌딩 B동 4층
전   화   031-955-9300 팩   스   031-955-9310
홈페이지   www.kyunginp.co.kr
이 메 일   kyungin@kyunginp.co.kr

ISBN   978-89-499-6690-8   93360
값 23,000원

서울대학교 법학연구소 법학 연구총서

● 학술원 우수학술 도서

▲ 문화체육관광부 우수학술 도서